中学教育师范技能提升系列教材
黔南民族师范学院教材出版基金资助

中学思想政治

教师职业技能训练

ZHONGXUE SIXIANG ZHENGZHI
JIAOSHI ZHIYE JINENG XUNLIAN

主　编　袁吉萍　吴晓蓉
副主编　肖洪云　韦性吕　罗亚娜
参　编　张　红　邰剑江　马昌富
　　　　李　姝　王国进

ZHONGXUE JIAOYU SHIFAN
JINENG TISHENG XILIE JIAOCAI

西南大学出版社
国家一级出版社　全国百佳图书出版单位

图书在版编目(CIP)数据

中学思想政治教师职业技能训练 / 袁吉萍, 吴晓蓉主编. -- 重庆 : 西南大学出版社, 2022.8
ISBN 978-7-5697-1486-9

Ⅰ. ①中… Ⅱ. ①袁… ②吴… Ⅲ. ①政治课—教学研究—中学—师资培训—教材 Ⅳ. ①G633.202

中国版本图书馆CIP数据核字(2022)第140377号

中学思想政治教师职业技能训练

袁吉萍　吴晓蓉　主　编

策　　划：杨　毅　杨景罡　翟腾飞
责任编辑：曹园妹
责任校对：张　琳
书籍设计：起源
排　　版：瞿　勤
出版发行：西南大学出版社
地址：重庆市北碚区天生路2号
邮编：400715
市场营销部电话：023-68868624
印　　刷：重庆紫石东南印务有限公司
幅面尺寸：185 mm × 260 mm
印　　张：17
字　　数：320千字
版　　次：2022年8月　第1版
印　　次：2022年8月　第1次印刷
书　　号：ISBN 978-7-5697-1486-9

定　　价：49.00元

中学教育师范技能提升系列教材
编委会

总 序

ZONG XU

新中国历经了由教育弱国到教育大国的发展之路，而今正处在迈进教育强国的伟大征程中。随着中国特色社会主义进入新时代，我国教育发展的基本矛盾已发生重要转变，即从“人人能上学”转向“人人上好学”的需求，反映出人民群众对发展高质量教育的强烈呼唤。可以说，加快发展中国特色世界先进水平的优质教育，已是迫在眉睫的时代重任。

要建设高质量教育体系，关键在教师。习近平总书记指出，教师是人类灵魂的工程师，是人类文明的传承者，承载着传播知识、传播思想、传播真理，塑造灵魂、塑造生命、塑造新人的时代重任。教师是教育发展的第一资源，是国家富强、民族振兴、人民幸福的重要基石。中共中央、国务院印发的《关于全面深化新时代教师队伍建设改革的意见》提出，到2035年，教师综合素质、专业化水平和创新能力大幅提升，培养造就数以百万计的骨干教师、数以十万计的卓越教师、数以万计的教育家型教师。教育部等八部门联合印发的《新时代基础教育强师计划》也提出，到2035年，适应教育现代化和建成教育强国要求，构建开放、协同、联动的高水平教师教育体系，建立完善的教师专业发展机制，教师数量和质量基本满足基础教育发展需求，教师队伍整体素质和教育教学水平明显提升。

众所周知，高质量教育的核心是人才培养，人才培养的核心是课程，课程体系建设深刻影响着教育质量的发展与走向。因此，教师教育课程关系到未来教师的培养质量，是教师教育改革和发展的关键所在。当前，我国教师教育课程改革的目标和方向，就是要贯彻落实教育部颁布的《教师教育课程标准(试行)》和《师范生教师职业能力标准(试行)》，围绕有理想信念、有道德情操、有扎实学识、有仁爱之心的好老师培养，突出师德师风第一标准，着力培养师范生的师德践行能力、教学实践能力、综合育人能力和自主发展能力，引导广大教师以德立身、以德立学、以德施教、以德育德，坚持教书和育人相统一、言传和身教相统一、潜心问道和关注社会相统一、学术自由和学术规范相统一，全心全意做学生锤炼品格、学习知识、创新思维、奉献祖国的引路人，加快推进教育现代化相匹配的教书育人能力素质提升。

黔南民族师范学院紧扣教师教育发展的趋势和教师教育课程改革的时代要求，坚持“学生中心、产出导向、持续改进”的师范专业认证理念，突出师范性、民族性、地方性和应用型的办学定位，组织编写了中学教育师范技能提升系列教材，供高等院校中学教育师范生以及中学教师使用。这套教材有不少探索和创新之处，突出了以下几个特点：

第一，坚持育人导向。在教材编写过程中，基于专业课教学逻辑，通过名人名言、案例等充分挖掘思想政治教育课程资源或有机融入社会主义核心价值观，如中国传统文化、爱国精神、爱岗敬业精神等，培养德智体美劳全面发展的新时代卓越教师，切实贯彻落实立德树人根本任务。

第二，紧扣标准要求。根据教育部颁布的《教师教育课程标准（试行）》和《中学教师专业标准（试行）》，结合新修订的《义务教育课程方案和课程标准（2022年版）》等文件，对教材内容进行整体规划和设计，压实学科基础，体现科学性与先进性，力求符合新时代教师教育的实际需要。

第三，强化实践导向。根据西部地区基础教育的实际情况，对接中学教师职业岗位实际需要，从培养全面发展的学生角度出发，将教材编写的立足点放在中学教育的全过程、职前职后一体化培养，打通理论学习与岗位实践之间的壁垒，着力培养师范生的实践智慧。

第四，突出能力培养。针对传统师范教育普遍存在的重理论、轻实践问题，教材围绕师范生的师德践行能力、教学实践能力、综合育人能力和自主发展能力培养，突出对学生综合实践能力和创新能力的培养，特别是教师口语表达能力、组织管理能力、书写能力以及情绪调节能力等教师岗位必备的基本能力。因此，在编写过程中，特别注意采用最新实践案例，强化技能训练。

第五，注重融合拓展。在教材编写的过程中，编者特别关注不同教材内容之间的连续性、系统性，既有区分，又有融合。与此同时，注意统筹考虑配套数字化课程资源，将教材分析、教案编写、课件制作、示范课录制等数字化资源建设同步推进，丰富教材内容，强化拓展性。

总之，这套系列教材涵盖了语文、数学、政治、英语、历史、地理、物理、化学、生物、美术、音乐等十一个学科，包括教育与活动指导和职业技能训练两大类别，具有一定的开拓性，是教师教育课程改革领域里的可贵探索。

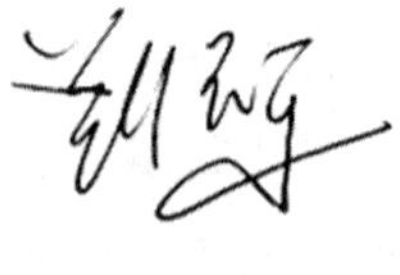

2022年6月12日

靳玉乐，二级教授、博士生导师，西南大学原党委常委、副校长，现任深圳大学教育学部主任，中国教育学会教育学分会副理事长，中国高等教育学会常务理事。

前言

QIAN YAN

放眼当今国际社会形势，世界各国之间综合国力的竞争已经转变为以科学技术和教育为主的竞争。我国基础教育新课程改革的实行和推进，彰显了中国当代教育与时俱进的进取精神，为我国在国际竞争大潮中屹立不倒，为中华民族的复兴奠定了不可动摇的根基。基础教育新课程改革的逐渐深入，推动了中学思想政治教育的发展与变革，同时也促进了中学思想政治教师的教育理念和教学行为的转变与创新。习近平总书记在党的十九大报告中对教育提出了“立德树人”的新要求，赋予了中学思想政治课程与中学思想政治教学在这个时代里新的责任与使命。面对时代赋予的新征程，中学思想政治教师如何紧密配合基础教育新课程改革的发展，为推动基础教育新课程改革的进程贡献自己的力量？如何在中学思想政治教育中秉承“立德树人”的理念，在实际教学中真正贯彻执行“立德树人”的本质要求？如何优化教学方法，将新的教学方法与教学理念实现辩证统一？面对这些现实问题，本书试图在中学思想政治课程教学设计领域深入探寻这些问题的答案，提升中学思想政治教育专业学生教学技能的同时，也为广大中学思想政治教育工作者提供一些可供实践的参考与帮助。

在应试教育模式的影响下，传统的课堂教学是一种以追求传授学科理论知识为主体，以分数为目标的教学。这种教学实现了学生对中学思想政治理论知识的掌握和对高分数的追求，却从根本上失去了中学思想政治的学科精神，忽略了把我们的学生培养成为一个兼具良好思想道德与丰富知识的接班人，忽略了一切为了学生的发展而实践的初心。这种教学不能很有效地实现教书育人，与基础教育新课程改革“以学生为本”的理念产生了极大偏差，不利于学生这一鲜活的生命个体从本质上接受中学思想政治课程带来的精神洗礼，不利于促进学生生命意识的唤醒和个性成长，更不利于学生的全面发展。中学思想政治教学不仅担负着学科理论知识的传授和对学生学习能力的培养任务，而且承担着引导学生形成良好的思想道德修养、心理素养、健康人格的任务和成为合格的社会主义建设者与接班人的任务。这就要求广大中学思想政治教师在实际教学当中,要以新的教学理念为指导,充分提升课堂教学技能,真正做到传授知识与立德树人的统一。同时,在教学实践当中,熟练掌握教学技能是对一名合格教师的基本要求。基础教育新课程改革推动了教师教学技能的变革,但在这种革新的历程中,教师或多或少对教学技能的操作存在一定的疑惑和误区。这就需要教师及时补充教学技能操作的相关理论知识,将这些知识融入实际教学当中,融会贯通,提升课堂教学效果。

本书为中学思想政治教师和师范生学习中学思想政治教学技能提供了一个范本,着眼于实际课堂教学,总共设十四章内容。分别是:第一章 中学思想政治教师课前教学行为;第二章 中学思想政治课程教学设计;第三章 中学思想政治教师的教学语言技能;第四章 中学思想政治教学中的媒体使用与板书设计;第五章 中学思想政治教师教学导入技能;第六章 中学思想政治课堂讲授技能;第七章 中学思想政治课堂情境的创设;第八章 中学思想政治课堂中的提问与讨论技能;第九章 中学思想政治教师课堂观察技能;第十章 中学思想政治教师课堂调控与管理技能;第十一章 中学思想政治教师课堂结课技能;第十二章 中学思想政治课教学评价与反思;第十三章 中学思想政治教师听课、说课与评课技能;第十四章 微课制作与中学思想政治教学。

在各章节的编写过程中,编者走访了初中道德与法治和高中思想政治一线优秀教师,走进中学思想政治课堂教学中进行观摩和调研,精心编纂了初中道德与法治和高中思想政治教学案例与教学设计。这些教学案例和教学设计各有特色,凝结了中学思想政治教师教学技能的智慧和创意,充分显现了中学思想政治教学的人文性、科学性、时代性和创造性特征。每一个案例和教学设计都有一线高级教师或教育专家扎实独特的点评,为中学思想政治教师和师范生充分掌握和提升教学技能与实际操作能力提供了真实可行的经典范例。

本书的编写目的从教师教学的层面而言,是指在中学思想政治教师和师范生的教学实践活动中,期望通过聚焦中学思想政治教学发展中遇到的问题,借鉴国内外教育改革的研究成果和成功经验,为广大中学思想政治教育工作者掌握和提升教学技能提供指导和帮助。从基础教育新课程改革的层面而言,本书是对基础教育新课程改革的深入研究和探讨,从多个角度、多个方面提出了诸多切实可行的真知灼见,展现了编者对教育改革实践的认识,从而更加适应基础教育新课程改革的实践需求,为推动基础教育新课程改革的有力发展添砖加瓦。

《中学思想政治教师职业技能训练》是由黔南民族师范学院组织编写的校本教材。本书由袁吉萍、吴晓蓉主编，参加初稿写作的有肖洪云、韦性吕、罗亚娜、马昌富、李姝、郜剑江、王国进。参加统稿修改的有袁吉萍、肖洪云、韦性吕、罗亚娜。最后由袁吉萍、吴晓蓉修撰定稿。

在本书的写作过程中，为了让内容通俗易懂，由点到面，重点突出，努力做到理论和实践相结合，我们摘引了一些期刊上的相关文献资料。但因本书体例的需要，未一一注明出处，在此谨向原作者表示歉意和感谢。此外，由于时间仓促，加之水平有限，不妥之处在所难免，恳请专家、学者、读者批评指正。

编者

目 录

MU LU

第一章　中学思想政治教师课前教学行为

第一节　教学背景分析

一、正确理解教材内容

如果说“课程内容”是学科课程静态层面的概念，主要解决“教什么”的问题，那么“教材内容”则是教材动态层面的概念，它主要解决“怎么教”的问题。“正确理解教材内容”是教师进行教学设计的基础之一。

这里的“教材”是指学生和教师使用的教科书。它既是教师授课和学生学习的基础，又是教师和学生开展互动教学活动最基本、最直接的物质资源和参考资料，同时也是教学信息交流的媒介。为了让大多数学生更好地掌握既定的教学内容，教材编撰者通常会提供关于“怎么教”的建议。

充分利用教材不仅是教师备课、上课、实现教学目标、完成教学任务的前提，也是教师教学智慧的具体体现。《义务教育道德与法治课程标准》(2022年版)及《普通高中思想政治课程标准》(2017年版2020年修订)，都倡导“用教材教，而不是教教材”，这是教学理念的转变。正确理解教材内容并不等于机械地呈现教材，也不是教师不需要“按书讲解”，而是要对教材进行深入、全面、系统的解读。只有真正准确地理解和把握教材的编写意图，才能理解教材的精神，挖掘教材的内涵，实现教材的“二次创造”，甚至超越教材。

正确理解教材内容，首先要尊重教材。一方面，因为现行教材是由教学编写专家，以及在教研、教学等方面具有丰富经验的专家经过反复审议后编写的，只有尊重教材，研究教材的编写意图，才能深刻理解表层材料背后所隐藏的丰富内涵。另一方面，只有尊重教材，仔细推敲，字斟句酌，才能做到深入浅出。这里所讲的深入浅出即教材的“深入”，否则课堂上就不会有“浅出”。

正确理解教材内容,其次要钻研教材。只有在把握新课程标准要求的基础上,才能透彻理解教材,厘清教材的体系结构,准确把握教材之间的纵向和横向联系,才能正确理解教材内容。一般来说,泛泛阅读,一知半解,都不可能有效地驾驭教材,提高教学质量。正如苏霍姆林斯基在《论教育素养》中所说:“教师越是能够运用自如地掌握教材,那么他的讲述越是情感鲜明,学生听课以后需要花在抠教科书上的时间就越少。”

正确理解教材内容,还要善用教材。目前的教材都是相关领域的学科专家编排的,这就要求教师在教学设计的过程中,在充分了解学情的基础上改进教材,做到“形异神同”,努力将其转化为动态而具体的东西。

二、对不同层次教师能力达标的要求

新课程标准要求合格的教师能够分析教材中涉及的基本内容,梳理单元知识结构框架。也就是说,通过研读教材,教师需要准确地理解作者编写教材的意图,将教材的内容放在教材所在的单元中(这里的单元指的是自然单元,如数学中的“章”、语文中的“单元”等),而不是孤立地解释知识点。新课程标准对优秀教师的要求是:能够准确描述知识的纵向和横向联系,并在一定的知识或能力范围内解读教材。

知识之间的逻辑关系是指知识之间的纵向关系。新一轮课程改革提出并强调人文精神在各学科中的渗透,主要体现在“以人为本”,即关注人的自然发展与生命的健康成长、认识个体差异、尊重人格的健康发展、注重情感的熏陶和感染、尊重个性的独特体验。在思想政治各阶段的学科教材中,都蕴含着丰富的素材,这些素材可以有效地培养学生的情感、态度和价值观。因此,作为一名教师,我们需要深入挖掘教材的人文特征和内涵,把握有形与无形之间的教育契机,充分发挥思想政治学科教学的育人功能。教师能力标准参照下表。

表1-1　教师能力标准表

关键表现领域	能力要点	合格	良好	优秀
一、教学背景分析能力	(一)正确理解教材内容	能够分析教材所涉及的基本内容,并梳理出单元知识结构框架	能够准确描述知识的纵向与横向联系,并能将知识置于某一个知识或能力框架内解读	能够深入挖掘本单元知识在学生发展中的教育价值
	(二)实证分析学生情况	能够关注学生的学习基础,分析学生在新知识形成过程中可能遇到的困难	能够根据调研资料和数据调查学生的学习基础,分析学习新知识过程中可能遇到的认知困难	能够根据研究材料和数据,理性分析学生在形成新知识时可能遇到的认知和情感方面的困扰
	(三)科学确定教学内容	能够根据课程标准的要求和教材内容确定教学重点和难点	能够根据课程标准、教材和学生学习基础,确定教学重点和难点	能够根据课标要求、教材内容和学生的学习基础,整合教学内容
二、教学目标制定能力	(一)清晰确定课时目标	能够依据教学内容和学生情况确定符合课标要求的教学目标	能够依据教材分析和学情分析确定符合课标要求的教学目标	能够依据教材分析和学情分析,以及二者之间的密切联系确定符合课标要求的教学目标
	(二)科学表述三维目标	能够正确选择表述三维目标的具体内容,逻辑严谨	能够恰当表述具有可操作性的三维目标	能够将三维目标进行有机整合,使其具有可测评性

三、案例与评析

案例1.教材“薄”与“厚”之间的转化

下图是高中《思想政治》必修二《经济与社会》第二单元“经济发展与社会进步”第三课《我国的经济发展》整课的知识结构图。此结构图是为帮助学生理解和掌握我国的经济发展形势而设计的知识关系结构图。

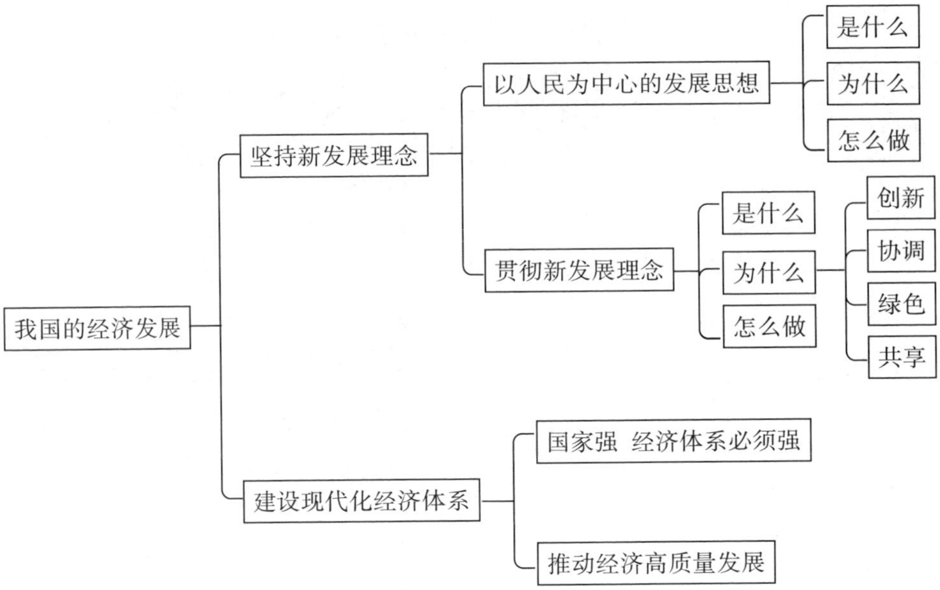

图1—1 知识关系结构图

评析：

该结构图主要围绕我国经济发展问题，从坚持新发展理念和建设现代化经济体系两个方面着手，其中坚持新发展理念这一知识点包含“以人民为中心的发展思想”和“贯彻新发展理念”两个方面的内容，教师分别从“是什么”“为什么”“怎么做”三个方面进行分析和阐述。

该结构图有助于学生快速掌握经济常识的主要内容和主要知识，掌握经济问题和经济活动的本质，使教材由厚变薄，提高学生的学习效率。同时，该结构图还将社会热点问题与书本知识相结合，有助于学生在学习经济知识的基础上更好地把握当今社会热点问题，提高学生综合运用学科知识的能力。

此案例直观地反映了高中思想政治教师对教材各单元课程、框架、目的及基本内容的清晰把握和理解。在梳理知识结构的过程中，准确、创造性地绘制了整个课时的知识结构框架图，清晰地展示了教师对各知识点之间逻辑关系和各知识之间内在关系的理性思考，它还显示了教师对社会关键和热点问题的敏锐洞察力。因此，我们认为此结构图的设计者是一位达到了良好水平的教师。

案例2.思想政治课教学设计举例

教学内容：《道德与法治》八年级上册第一单元“走进社会生活”第一课《丰富的社会生活》第二课时《养成亲社会行为》。

(一)教学背景分析

表1-2 教学设计表

<table>
<tr><th>课题</th><th>知识结构</th><th>教 学 要 点</th></tr>
<tr><td rowspan="2">走进社会生活</td><td>在社会中成长</td><td>1.个人的成长离不开社会
2.了解社会变化
3.人的成长是一个社会化的过程
4.正确对待社会的影响
5.提高自身素质,紧跟社会发展步伐</td></tr>
<tr><td>养成亲社会行为</td><td>1.亲社会行为的含义及其主要表现
2.培养亲社会行为,要学会谦让
3.培养亲社会行为,要学会分享
4.培养亲社会行为,要学会助人
5.培养亲社会行为,更关心社会发展,自觉服务社会、奉献社会</td></tr>
<tr><td colspan="3">“走进社会生活”这部分的内容包含“在社会中成长”和“养成亲社会行为”两个方面。亲社会行为是新课程标准引入的一个新概念,它通常指所有对他人和社会有益的行为。培养亲社会行为是本课程的最终目标和落脚点。教师针对教材的这一部分首先用一组图片导入,使学生对亲社会行为有一个感性的理解。然后通过演绎法介绍亲社会行为的含义和主要表现,以及如何培养亲社会行为。为了便于学生理解和接受,每种表现都设置了与学生现实生活密切相关的互动环节。
教学重点:什么是亲社会行为及亲社会行为的表现。
教学难点:如何理解亲社会行为,如何将亲社会行为应用到现实生活中。
教学知识准备:
1.亲社会行为的表现形式是多种多样的,不必拘泥于教材所讲的几种。
2.在分析亲社会行为时,我们必须注意引导学生认识到亲社会行为不仅有益于他人和社会,而且有益于自己。它能满足学生自身的归属感、爱、尊重和自我实现的需求,并与学生的内在需求相结合,使学生意识到亲社会行为不是与自己无关的,不是外部世界强加的,是可以被内心认可的。
学情分析:
1.生活背景:学生有很强的自我意识。他们往往是从自己出发,以自我为中心,很少考虑他人和社会的利益。因此,学习这部分内容对培养学生良好的个性品质和适应社会的能力具有重要作用。
2.学习能力:亲社会行为是新课标引入的一个新概念,对学生来说,有可能会感觉比较陌生。
教学方法:
1.情境教学法。
2.头脑风暴法。
3.讨论交流法。
技术准备:多媒体。</td></tr>
</table>

（二）教学目标分析

知识目标：通过对“奥运志愿者”工作的回顾，初步了解什么是亲社会行为，通过介绍学生周围的事迹，总结亲社会行为的表现。

能力目标：在讨论和分析“人有时候不去做出亲社会行为的原因”，寻找问题的解决方案的过程中，学生反思自己，提高分析和解决问题的能力，在日常生活中培养亲社会行为习惯，提高关心他人和服务社会的能力。

情感、态度、价值观目标：通过本课程的学习，学生可以感受到亲社会行为不仅有益于他人和社会，而且自己在亲社会行为中也能感受到幸福和自我存在的价值。增进学生关心他人、关心社会的兴趣和情感，学会谦逊、分享、助人、奉献，积极参与社会公益活动，尽可能为社会服务，做一个对社会有益的人。

（三）教学过程

表1-3　教学过程设计表

环节	教师活动	学生活动	设计意图
导入新课	导语：北京冬奥会和残奥会这两大体育赛事已经圆满结束，但有许多人和许多事情是人们无法忘记的。接下来，我们将再次访问这样一个团队。请想想为什么他们赢得了所有人的尊重。 （播放视频《奥运会志愿者宣传片》） 设问：这是哪一个群体？为什么他们会赢得所有人的关注和赞赏？ 点拨：这些笑脸，无论是演艺工作者、运动员，还是普通人，凭借对他人和社会的热爱，赢得了人们的尊重，并对他人和社会产生了积极影响。我们把这种对他人和社会有益的行为称为亲社会行为，我们今天探讨的就是这种亲社会行为。 板书：亲社会行为	欣赏 思考 回答	借助学生熟悉的活动，以视频和图片为载体，激发兴趣，创设情境，导入新课程。 通过回顾“奥运志愿者”的事迹，学生可以对亲社会行为有一个初步感知。

续表

环节	教师活动	学生活动	设计意图
讲授新课	当我们被志愿者的行为所感动时，我们注意到一个事实，他们中的大多数人都是普通人。你认为在我们身边，在我们熟悉的老师、同学、朋友甚至父母中，有相似的人和相似的故事吗？让我们一起思考，一起说。	学生思考	
活动一：身边的感动	预设：如果学生的思维不能流畅展开，可采取同桌、前后桌、小组讨论交流的方式先进行小范围探讨。如果效果依然不明显，可出示教师事先搜集到的图片资料以便于学生理解。 对学生的介绍给予积极的评价，并做出适当的补充。同时书写副板书，归纳总结出亲社会行为的表现。	学生介绍 小范围交流	学生通过述说身边人的事迹，明确亲社会行为的表现。
	学生回答后，老师可对本班同学进行采访：做过这件事后，你心里有什么感受？当各地给武汉疫区捐钱捐物的时候，你心里有什么感触？ 点拨：亲社会行为不仅有益于他人和社会，而且使我们认识到幸福和自我存在的价值。	学生感受所做出的亲社会行为并交流想法	学生进一步深化对亲社会行为的含义及其意义的认识，懂得亲社会行为不仅有利于他人和社会，而且也能使自己体会到快乐和自我存在的价值。
活动二：讨论分析	过渡：一般来说，亲社会行为有很多好处。每个人都应该主动去做，但为什么我们中的许多人有时不主动去做呢？ 讨论：阻止我们从事亲社会行为的原因是什么？如何对待和解决这些问题？ 教师及时对学生的发言进行评论，并给予正确的引导。		

续表

环节	教师活动	学生活动	设计意图
活动三:故事启发	点拨:经过刚才的分析,我们对谦逊、分享、帮助他人和奉献有了进一步的理解。有没有人觉得亲社会行为需要相当多的技术含量?我们一起看一部视频。 设计问题:哪个情节给你的印象最深?为什么?(播放视频《美丽的谎言,为绝症女孩圆梦》)	学生讨论并交流自己的感受	学生通过讨论交流分析、解决现实中存在的问题,指导自己的行为,把亲社会行为内化为自己的行动,在生活中实施。
小结	在实现小欣悦梦想的过程中,市民的行为是自发的、自愿的。如果我们每个人都能在别人需要的时候主动伸出援助之手,那么我们将生活在一个多么温馨和谐的社会里啊!事实上,每一天,每一个人,一张笑脸,一份礼让,一点分享,一份奉献,都足以让我们感受到社会的温暖。帮助他人,为社会做出贡献,不仅会提高我们的素质,也是我们幸福的源泉!	学生观看 学生思考 学生回答	学生在观看短片,感悟真情后,能够对亲社会行为进行更深层次的思考。本课的情感、态度、价值观目标得以落实。
实践延伸	以小组为单位,策划一份创意方案——街区志愿者行动方案。国庆节后上交,为我们后续活动做初步准备。		通过活动,从中体会到责任和幸福。增进关注社会的兴趣和情感。

四、评价效果及评价方式设计

(1)观察:学生课堂的表现。教师通过对学生课前、课中、课后的表现,可以了解学生对本节课知识的掌握程度,如果学生在课前做了预习,课中听课认真,表现积极,课后及时复习,那么教学效果就会比较好;反之,教学效果会不理想,甚至没有效果。

(2)比较:学生回答问题的准确性。在课堂教学中,教师可以通过提问的方式了解学生对知识的掌握程度。如果学生回答问题积极且正确,说明学生已经掌握了本节课的知识;反之,学生对本节课的知识的掌握存在一定的难度,教师的教学目标有可能无法实现。

（3）小组测评：实践活动参与情况及表现。在教学活动中，为了提升学生的团队协作、组织管理、沟通协调等方面的能力，教师往往会组织学生通过讨论、辩论、实地参观、观摩等形式展开教学，如果学生在实践活动中表现积极，说明教师的教学活动效果明显；反之，则没有达到理想的效果。

第二节　学情分析

一、实证分析学生情况

学情分析是教学设计过程中的一个重要环节。教学活动是师生之间的双边活动，学生在教学活动中处于主体地位，教师在教学活动中处于主导地位，教学设计的所有活动都是为了学生的学习。教学目标的实现与否应体现在学生自主认识和发展的学习活动中。学生是学习活动的主体，在学习过程中，教师应根据学生特点和学习方法，通过对知识结构的重组或重构，以使学生获得更好的学习效果。因此，在教学设计过程中，教师不仅要深入理解课程标准，分析教材内容，还要重视对学习者的分析。可以说，准确的学情分析是教师进行教学设计的重要基础之一。

（一）学情分析是进行系统教学设计不可或缺的重要组成部分

在教学设计过程中，学情分析是影响教师进行教学设计的重要因素之一。科学的学情分析是教师因材施教、提高教学效果的前提，也是教师必须掌握的基本技能之一。学情分析包括：了解学生的知识基础、学习兴趣、学习需求、学习态度、学习习惯、学习能力、学习风格和学习效果，以及学生的年龄特征、班级总体情况、学生的生活经历和学习环境等。

在思政课教学中，最重要的是找出学生在学习过程中存在的问题，并总结这些问题形成的原因，通过教学设计，将学生的学情与教学内容、教学目标有机地结合起来，使课堂教学更有针对性。目前，很多教师在教学设计中都有“学情分析”，但往往都是流于形式和表面，缺乏实证性和针对性。我们知道，实证研究方法是通过对研究对象进行大量观察和调查,从现象中获取客观材料,总结归纳出事物的本质属性和发展规律的研究方法。因此,实证学情分析强调教师分析和整理自己课堂上观察到的现象、学生作业和考试中的问题,以及在与学生的交流访谈或问卷调查中发现的教学问题,通过深入思考和理性分析,获得对教学设计和教学实施具有指导意义的材料。

事实上,教师通过全面细致地观察学生在课堂上的表现和反应,准确判断学生对问题的回答,仔细分析学生的家庭作业,尤其是对家庭作业中出现的错误进行准确的评估,以及课前和课后与学生沟通和交流的情况,全面、客观地了解和分析课前(课后)试卷结果等,是教师进行实证学情分析的基本途径和方法。

作为教师,不仅要灵活运用上述方法,还要避免把对学情的分析放在表面上,要努力把“学情”作为教学资源,通过实证研究和科学合理的学情分析来研究和掌握教材,确定教学计划,选择教学方法,调动学生学习的积极性和主动性。

(二)对不同层次教师的能力达标要求

作为一名合格的教师,其基本要求是要关注学生的学习基础,分析学生在学习新知识时可能遇到的困难。由于所有学习者都面临着相同的课程标准和要求、教材及教学目标,在教学设计过程中,教师应根据不同的学习者的学习基础和学习需要,根据教材的实际情况和学生的实际需要确定教学重点和难点,并采用相应的教学方法和教学策略,有效地突破重点和难点,使各个层次的学习者达到相应的学习目标。

对良好水平教师的能力要求是:对学生学习基础的关注不应只停留在自身教学经验的层面上,还要通过调研获得实证材料,并根据调研资料和数据分析学生在学习新知识过程中可能遇到的认知困难。事实上,对教师来说,尤其需要对调查资料和数据进行全面、客观、准确的分析,并结合学生要学习的新知识,预设学生在学习新知识过程中可能遇到的认知困难,开展教学设计和教学实施活动,以达到为学习者设计教学、优化教学过程、提高教学效率的目的。

对优秀水平教师的能力要求是:根据调查研究数据,理性分析学生在新知识形成过程中可能遇到的认知和情感困难。事实上,许多教育工作者和学科专家都从各个角度、各个不同的层面对学习困难学生进行了大量研究,并得出了许多重要结论。然而,目前对学习困难学生的研究主要侧重于对其认知因素方面的研究,而对各学科学习困难学生的非智力因素即情感因素的研究较少。动机与焦虑是两项与学生的学习紧密相关的情感因素,正如苏霍姆林斯基说:“情感如同肥沃的土壤,知识的种子就播种在这片土壤上。”事实上,尽管认知困难和情绪困难有不同的侧重点,但它们密切相关,有时可以相互转化。因此,优秀的教师尤其需要关注学生的学情,要能够根据学情的实证分析,判断学生在学习新知识的过程中可能遇到的困惑。

二、对“科学确定教学内容”的要点说明

所谓教学内容,是指学生为实现教学目标而系统地掌握的知识、技能和行为经验的总和。在这里,经验包括直接经验和间接经验。直接经验是学生通过实践活动,探索获得的经验;间接经验是学生通过书本、教材、电影、录像等形式获得的知识与信息。思想政治课程的性质决定了该门课程应该是直接经验和间接经验的统一。因此,科学确定教学内容就显得尤为重要,教学内容的确定主要受以下三个方面的影响。

(一)教学内容不等于教材内容

在教学中,教师确定教学内容的过程就是对教材的再加工过程。一方面,在对教材进行加工的过程中,教师要结合课程标准对教材的设计思路、案例呈现、语言表达、教学目标等内容进行分析并进行教学设计;另一方面,教师需要根据教材和学生的学情及学习习惯来裁剪、选择、加工、重构教学内容。这一过程在逻辑上包含了教师参与课程研究、使用教材教学和为学生服务的理念。

(二)“以学生为中心”设计的教学内容

1.教师应了解学生的学习情况

首先,教师要针对学生的学习基础、精神面貌、学习环境等方面的实际情况来确定教学重难点,并以此作为教学设计的出发点。其次,要认真解读教材,结合学生的学习基础充分利用和筛选教材中的案例:对那些教材中的经典案例,教师在进行教学设计时要考虑如何发挥它的作用和优势;对那些不太贴合学生学习实际的案例,教师在进行教学设计时要果断舍弃。最后,教师应了解学生是否掌握了与新知识相关的知识与技能,并在课前预习和课后复习过程中进行教学反思。

2.教学内容容量应适当

思想政治课教师在进行教学设计过程中，要根据教材、教学目标、教学重难点、教学学时等方面的因素对教学活动、教学时间进行恰当的安排。值得注意的是，教师对教学内容的设计，一定不是把教材的内容简单、机械地堆砌，而是在对教材进行分析的基础上，对课程内容进行调整，使整节课既内容翔实，又能做到重难点突出，详略得当，能在规定的时间内完成教学内容，达成教学目标。

3.充分体现以“学生为中心”的教学理念

学生是学习的主体，思想政治课教师在进行教学设计时，必须充分考虑学生的认知水平和现有的知识经验，避免用学生陌生的、在日常生活中难以接触到的内容来替代学生熟悉的、在日常生活中经常接触的内容。同时，要改变教学模式和教学方法，改变“满堂灌”的教学思维，采用适当的教学策略，为学生创造宽松愉悦的学习环境，引导学生积极主动地思考问题，提高学生解决问题的能力，提高学生的学习兴趣。

4.设计趣味性的教学活动

思政课教师在进行教学设计的过程中，要想达到理想的教学效果，促使学生积极参与教学，就需要有丰富的教学活动作为支撑。教师在设计教学活动时要注意，一方面教学活动的设计要有指向性，教学活动的开展必须围绕教学目标展开；另一方面，教学情境的创设要符合学生的身心发展特点，具有趣味性和可操作性，且在时间上分配合理。

（三）教学内容选“点”得当

1.教学内容要突出重点和难点

在思想政治课教学中，教师能否合理地理解教材和处理教材是影响教学效果、达成教学目标的关键，其中，在课堂教学中如何突出教学的重点和难点至关重要。在选择和组织教学内容时，教师可以通过适当的教学策略组织教学内容，突出教学重点，突破教学难点。要在教学过程中突出重难点，可以从以下五个方面着手：一是通过新课导入吸引学生的注意力，激发学生的求知欲；二是通过生活实例创设教学情境，对学生设疑，让学生由浅入深、由易到难，逐步解决课程难点问题；三是围绕教学重点和难点，设计生动有趣的教学活动，寓教于乐；四是合理运用现代教学手段，通过使用多媒体教学方式，激发学生的学习激情，借此突破教学重点和难点；五是教师有效的指导直接关系到学生的学习效果，这就要求教师在备课的过程中认真地备教材、备学生、备问题等，有效地对学生进行调控和指导，突破教学重点和难点。

2.选择“点”贵在精，不在多

思想政治课是一门以立德树人为根本任务的课程，它具有思想性、指导性、综合性等特征。思想政治课教师在对教学内容的讲授过程中，不要眉毛胡子一把抓，分不清主次，可以针对一个要点，深入、准确、恰当地加以发展和挖掘。这就要求教师首先在课前吃透教材和课程标准，找准方向，把课程标准和教材整合起来；其次要结合教学和学生实际，了解学生的知识基础、学习兴趣、思想状况等，通过分析典型案例或分层设问，突出重点，化解难点；最后对教学要点的讲解要具体、深入、明确，对非重点的教学内容要适当精简，简单概述即可。

第三节　初中教材解读与分析

一、初中《道德与法治》教材的结构和特点

（一）结构

1.尊重、关爱、责任是整个初中阶段《道德与法治》课程的基本价值目标

根据现代教育强调“学会做人、学会做事、学会合作、学会学习”的育人要求，根据我国提出的要注重富强、民主、文明、和谐、自由、平等、公正、法治、爱国、敬业、诚信、友善的社会主义核心价值观的科学内涵，根据我们对课程标准的总体把握，我们确定社会主义核心价值观为整个初中阶段《道德与法治》课程的基本价值目标。这一基本价值观的培养以不同的方式体现在初中各年级的教学内容中，已成为整合各年级教学内容、确定各年级教育的核心理念。然而，社会主义核心价值观的理念并没有以标题的形式出现在教科书中，而是隐含在教科书的所有教育内容中。

2. 学生生活主题是整个初中教材内容的主线

根据课程标准的精神，教材内容有三个维度。

一是学科的维度，包括心理健康、道德、法律、国情和政策等方面。

二是课程目标的维度，包括情感、态度、价值观、能力、知识等方面。

三是学生生活的维度，即以“成长中的我”“我与他人”“我与集体、国家、社会”的逻辑逐步扩展。

其中，学生生活的维度是组织整个初中教材的主线。具体来说，教师应根据学生实际成长过程的特点和需要，安排教材的内容及顺序。同时，应结合初中生身心发展特征，确定各年级的教育主题，围绕教育主题拓展教学内容。根据课程标准的要求，新教材从宏观和微观两个层面将心理健康、道德、法律、国情和政策的内容有机地结合起来。从宏观上看，心理健康、道德、法律、国情和政策的内容被有机地渗透到七年级、八年级和九年级的教材中。这意味着新教材不再是传统的七年级以心理为主、八年级以法律为主和九年级以国情为主，而是四者的有机结合。当然，不同的章节有自己的侧重点。相比之下，七年级和八年级的国情和政策知识较少，而九年级的法律和心理内容较少。这主要考虑到学生的成长规律和接受程度。从微观上看，可以说每一单元、每一节课都涉及课程标准中规定的各种内容，这些内容并没有按照课程标准中固有的顺序编写。

3. 以三级标题组织所有教学内容

一级标题是以有意义的生活为主题，建立相对独立的单元结构，重点落实新课程标准中关于“选取现实生活中的素材”和“心理健康、道德、法律、国情和政策等学习内容的有机结合”，以生活主题模块的编写方式，统筹设计教材结构的要求。二级标题是从体现价值取向的角度表达主题，作为支撑生活主题的重要环节，贯彻新课程标准中关于“导向正确，内容科学”的要求。三级标题是以充满生活气息、有寓意和个性化的标题作为单元的分解和细化，着重贯彻新课程标准中有关“呈现方式要生动活泼、丰富多样，有利于学生自学”的要求，同时充当量化教学内容的基础。

4. 七至九年级的教材整体结构介绍

(1)七年级上册教材不仅是学生的学习起点，也是全套教材构建的逻辑起点。这个起点包含了社会主义核心价值观的萌芽，反映了学生成长的实际，融合了心理健康、道德、法律、国情和政策等方面的内容，以学生的生活为基础，选取和确定了关注成长、学会相处、感悟生命等不同维度的学习主题，核心词是成长，以成长为核心，涵盖、整合有关学习、自我探索、交往和生命的话题。从引导学生生活、满足学生成长的需要出发，依据新课程标准中内容标准的相关要求，本册教材设计了“成长的节拍”“友谊的天空”“师长情谊”“生命的思考”四个相对独立的单元。七年级下册教材在设计中遵循学生的成长规律，以学生成长中的问题为基础，确定了青春时光、情绪和情感、集体建设和法治生活等四个学习主题，通过主题探究、问题解决、方法引领，引导学生过有意义的青春生活。

(2)八年级上册教材以学生生活空间和范围的进一步扩展为起点，引导学生在家庭和学校生活的基础上，进一步扩大自己的认识视野，从一般意义的社会生活层面加深对社会的理解，进而让学生发现参与社会生活的基本规则和要求。下册教材以宪法教育为主要内容。教材明确提出自由平等、公平正义是法治的价值追求，引领学生更深刻地理解法治的原则，从内心深处崇尚法治精神。该册教材分别从“公民”与“国家”两方面对宪法的具体内容进行展开:从“公民”方面，主要讲述公民的基本权利和义务，引导学生理解权利与义务的关系，重点进行公民意识教育，树立权利义务相统一观念;从“国家”方面，主要讲述国家制度与国家机构，引导学生认识人民当家作主的国家本质，重点进行国家意识教育，强化国家认同。

(3)九年级上册教材以社会主义核心价值观中的“富强、民主、文明、和谐”为思想主轴，展现中国腾飞的历史进程、取得的伟大成就、面临的时代挑战和作出的积极应对，引导学生心怀祖国，倾听、讲述和思考中国故事，感受与弘扬中国精神，凝聚与传递中国力量，追梦出彩，共享同祖国和时代一起成长与进步的机会，做自信中国人。九年级下册着力于拓展学生的国际视野，进一步培养学生的爱国主义精神。教材内容设计立足于全球视野，从学生身边的生活出发，引领他们逐步把视野投向广阔的世界，了解当今世界的总体格局与发展趋势，引导学生从世界发展的趋势和格局中审视中国的地位与发展，进一步理解个人与国家和世界的关系，思考自己未来人生的发展道路。

(二)特点

《道德与法治》教材注重发挥学生的主体性，培养学生的参与性、实践性和思维能力。教师不仅要重视传授相关知识，更要注重培养学生正确的世界观、人生观和价值观，激发学生的学习积极性，引导他们积极学习和思考，帮助他们提高道德判断、道德选择和道德实践能力，该教材主要体现情境化、生活化、思维化、活动化、综合化等特点。

1.情境化

《道德与法治》教材通过情境导入展开内容，呈现过程与方法、知识与技能，注重将知识学习、能力培养和情感体验有机结合。例如七年级上册第四单元“生命的思考”第八课《探问生命》第一课时《生命可以永恒吗？》的开始，设计了两幅画，一幅是“我的邻居张爷爷今年已年过百岁，他是我见过的最长寿的人”，另一幅图是传说中的彭祖，活了八百多岁，是最长寿的人。随后的一个设问是：“我们的生命可以永恒吗？如果不可以，为什么？如果可以，它将会怎样实现？”通过设问引出“生命有时尽，生命有接续”的内容，最后总结出要“敬畏生命”。

2.生活化

《道德与法治》教材注重引导学生从自己的生活中感悟教学内容。例如，七年级下册第二单元“做情绪情感的主人”第四课《揭开情绪的面纱》一开始就设计了一个在同学们的学习生活中经常遇到的事情，让学生从自己或别人的亲身经历和体会中知道人的情绪的复杂性。

3.思维化

《道德与法治》教材注重概念、观点和结论的形成过程，鼓励学生去感悟和思考。例如，七年级上册第一单元“成长的节拍”第三课《发现自己》第一课时《认识自己》通过“三个镜头”让学生展现自己的形象，并对自己的形象进行评价，让同学知道“人贵自知”的道理。

4.活动化

《道德与法治》教材的内容主要是培养学生勤于思考、善于分析和感悟生活的能力，最后做到对知识的内化。例如，七年级上册第一单元“成长的节拍”第三课《发现自己》第一课时《认识自己》中有这样一个活动：“多把尺子量自己”——谈谈对自己的认识，越多越好。通过这样一个活动，引导学生正确地认识自己，这样的活动设计和案例分析在课文中比比皆是。这种教材呈现方式，一是使得教材的内容生动形象，具有可读性和可操作性；二是能激发学生的学习积极性和主动性，使学生自然而然地参与到教学过程中来。

5.综合化

《道德与法治》教材注重相关学科的综合。这种综合有两种形式，一种是宏观上的综合，另一种是微观上的综合。宏观综合是指在对教材内容的设计中，不仅要包含生活内容，还要包含心理和道德，以及法律方面的内容。微观综合是指在对教材的处理上可以从心理学、道德、法律和国情的角度对同一事物、同一问题进行讨论。例如，七年级下册第四单元“走进法治天地”第九课《法律就在我们身边》一课中，谈到法律就在我们身边时，教材从心理、道德、学习、法律等方面来加以说明。

从以上五个特征，我们可以看出，思想政治课程需要教师依据教学内容和学生实际情况，从不同的角度，采取不同的教学策略，创设教学情境，引导学生学习相关的知识，培养他们正确的世界观、人生观和价值观。

（三）主题探究

在单元学习开始时，《道德与法治》教材将体现综合性、合作性和实践性的主题探索作为常规的安排。且结合本单元的学习内容，它将持续很长时间，因此取消了课后安排练习的传统做法。例如，七年级下册第三单元“在集体中成长”第六课《“我”和“我们”》的篇首有一个主题探究：“在你的生活经历中，有过哪些让你印象深刻的集体？请用一些关键词描述你对集体生活的感受。”整个单元的学习大约需要一个月。换句话说，这样的主题探究活动应该至少持续一个月甚至更长时间。一方面，教师在课堂上教学；另一方面，学生在课堂外进行主题探究活动。两者必须发挥互补作用。就像物理学中的共振激荡现象一样，它们使教学效果以几何级数增加，从而实现教学目标。

总之，现在的《道德与法治》教材一改过去以说教为主（由师向生的教，自上而下的灌），转变为与学生平等对话，学生之间合作学习，师生之间共同探究，在活动中学习，在实践中学习，强调体验和内化，较大地改变了学生的学习方式和教师的教学方式。

二、《道德与法治》七年级上册教材内容解析

初中《道德与法治》课程在教材内容上力求改变以“学科为中心”的课程理念，打造以道德与法治教育为框架，有机融入国家安全教育、生命安全与健康教育、劳动教育等相关主题，强化中华民族传统美德、革命传统和法治教育等内容，建构学段衔接、循序渐进、螺旋上升的课程体系。下面以《道德与法治》七年级上册教材为例进行内容解析。本册教材共分为四个单元，即第一单元“成长的节拍”、第二单元“友谊的天空”、第三单元“师长情谊”和第四单元“生命的思考”。

第一单元:成长的节拍

本单元包括《中学时代》《学习新天地》《发现自己》三课内容。

1.主要内容

第一课《中学时代》,从初中生面临的新的学习生活开始,谈到成长的礼物,谈到少年有梦。从被动适应到主动创建,这是从面上落实七年级的教育主题。

第二课《学习新天地》,是从点上落实七年级的教育主题——适应问题。这一课主要围绕着学习问题,设立了《学习伴成长》和《享受学习》两课时内容。第一课时《学习伴成长》,从学习的新特点谈起,谈到如何管理自己的学习,怎样采取更高效的学习方式来适应初中阶段的学习。第二课时《享受学习》,从学习中有苦也有乐谈起,谈到如何从学习知识、探索世界的奥妙中,享受学习的快乐。

第三课《发现自己》,本课设立《认识自己》《做更好的自己》两课时内容,其主要内容包括两个方面:第一,要用全面的、发展的眼光看待自己。第二,认识自我的途径有自我观察,通过他人了解自己,通过他人的态度与评价了解自己,通过集体了解自己,通过自我检查来反省自己,以及通过处理自己跟他人的关系来认识自己,等等。

2.基本要求

本单元主要落实以下五个方面的要求。

(1)积极与同学、朋友交往,养成热情、开朗的性格。

(2)养成团结合作、乐于助人的品质。

(3)形成良好的学习习惯。

(4)了解教师工作的特点,积极与教师进行有效的沟通。

(5)正确对待学习压力,培养正确的学习观念。

第二单元:友谊的天空

本单元包括《友谊与成长同行》《交友的智慧》两课内容。

1.主要内容

第四课《友谊与成长同行》,从人为什么需要友谊谈起,谈到随着年龄的增长,孩子的交往范围扩大,朋友圈也扩大,交往的内容更丰富了,再谈到友谊的力量、如何选择朋友、朋友之间应该怎么相处、交友的原则等。

第五课《交友的智慧》，从“让友谊之树常青”这一知识点出发，帮助学生寻找建立友谊的方法，并懂得如何呵护友谊，当朋友之间产生冲突的时候，我们应该采取哪些策略，以及当被朋友伤害的时候，或当朋友做出伤害友谊的举动的时候，我们应该如何应对。通过“网上交友新时空”的学习，让学生懂得网上交友会有很多不确定的因素，必须具有自我保护意识，在遇到问题的时候，学会求助。

2.基本要求

本单元主要落实以下四个方面的要求。

(1)知道友谊的特征，友谊对学生的重要性，理解获得真正的友谊对学生个人的重要性。

(2)了解朋友的不同类型，获得友谊的方法和途径。

(3)正确认识异性同学的情感、交往和友谊，运用恰当的方式与异性交往。

(4)正确认识网络交往的利与弊，网上交友我们应该注意哪些问题。

第三单元：师长情谊

本单元包括《师生之间》《亲情之爱》两课内容。

1.主要内容

第六课《师生之间》包含两课时内容。第一课时《走近老师》中，第一目“了解教师的职业”从让学生描述遇到过的老师说起，谈到教师这个职业，提出教师的使命。第二目“风格不同的老师”，每个人心目中都有好老师的形象，我们喜欢的老师，风格可能不尽相同，我们要学会接纳每一位老师。第二课时《师生交往》第一目“教学相长”，主要谈在教与学上师生相互陪伴、相互促进、共同成长的过程。面对老师的引领和指导，学生应该如何与老师沟通和交流，如何对待老师的批评和表扬等。第二目“亦师亦友”，主要从三个方面讲述教师与学生的交往。第一，用王亚南的故事分析师生之间建立良好关系的开始应该是彼此尊重。第二，通过相关链接指出学生可以和老师成为好朋友。第三，在师生交往过程中如何处理师生之间的矛盾。

第七课《亲情之爱》。第一课时《家的意味》，从学生的生活体验入手，谈到什么是“家”，家庭的功能，人的“家”以及如何孝亲敬长。在第一课时的基础上，第二课时《爱在家人间》，通过体味亲情、爱的碰撞、沟通传递爱等内容，让学生体会到家和亲人的重要性，学会与亲人相处，和父母沟通，才能让家更美好。

在这一单元的学习探究中，教材指出构建和谐的家庭需要孩子的主动参与，家庭成员之间和睦相处是家庭幸福美满的重要条件。指导学生追求这样的生活，充分展示他们每个人健康、积极、向上的生活，有利于学生养成自信、乐观的心态。在本单元的学习中，教师让学生带着问题展开对本单元内容的学习，可以充分调动学生的思维，发挥学生的主观能动性，引导学生逐步培养自主学习的习惯，提高学生的思想道德素养。

2.基本要求

本单元主要落实以下六个方面的要求。

(1)认同教师职业所蕴含的价值取向，培养学生尊重老师的道德品质。

(2)接纳不同风格的老师，积极与老师进行有效沟通，构建和谐的师生关系。

(3)正确对待老师的引领和指导，师生相互结伴、相互促进、共同成长。

(4)理解"家"的内涵和功能，知道"家"对我们成长的意义。

(5)理解亲子之间发生冲突的原因，学会沟通的技巧和智慧，体会亲情之爱。

(6)了解家庭结构的演化和现代家庭的特点，增强构建和谐家庭的责任意识和实践能力。

第四单元：生命的思考

本单元包括《探问生命》《珍视生命》《绽放生命之花》三课内容。

1.主要内容

第八课《探问生命》，包括《生命可以永恒吗?》和《敬畏生命》两课时内容。教材将培养学生热爱生命、珍视生命、生命的价值高于一切的意识作为学生学习的目标，让学生懂得生命具有短暂性和接续性，我们要从容面对生命，勇于担当使命。

第九课《珍视生命》，从培养学生健康的生活意识出发，引导学生树立珍爱生命、维护健康的积极情感，弘扬我国优秀的传统文化，认识到挫折是我们生命成长过程中的一部分，我们要学会面对挫折、克服困难，不断追求真善美，增强生命的力量。

第十课《绽放生命之花》，主要通过让学生明晰生命的意义，激发学生热爱生命，勇于创造生命价值的情感，让学生思考到底什么样的人生才是有意义的，让学生懂得生命是一个逐渐丰富的过程，我们要善待生命，在平凡的生命中创造伟大。

2.基本要求

本单元主要落实以下四个方面的要求。

(1)认识生命来之不易,是独特的,我们对生命要有敬畏。

(2)让学生学会珍爱生命。

(3)形成科学的生命价值观,实现学生知、情、意、行的全面发展。

(4)明晰生命的意义,激发学生要勇于创造生命价值的意识,不断丰富自己的生命,温暖他人。

三、教学实施建议

对教师来说,教材的使用不是简单地向学生传授书本知识的过程,而是充满智慧地将书本与学生的个性、爱好、兴趣、生活等实际情况进行创造性结合。这就要求教师不能就教材谈教材,而是要立足于教材而不拘泥于教材。要一切从实际出发,激活教材,激活学生,使课堂充满生机和活力。

(一)突出情感、态度和价值观目标的主导地位

新课程标准以情感、态度和价值观为首要目标,兼顾能力和知识目标。因此,在教学中,我们应该根据新课程标准的要求,更加关注学生的学习过程和方法,尤其是伴随这一过程而产生的积极的情感体验和正确的价值观。现在使用的《道德与法治》教材更注重对学生思维、情感和行为的培养。在教学过程中,教师应引导和促进学生知识、能力、情感、态度和价值观方面的和谐发展,并充分突出情感、态度和价值观的主导地位。

(二)采用“以学生为中心”的教学策略,改变传统的教学方式

中学思想政治课程旨在通过采用一种基于自主学习、探究学习、合作学习为主的新的学习策略,使学生真正成为学习的主体。在教学中,教师通过探究式教学可以给学生带来学习上的挑战;通过系统教学,可以丰富学生对教学内容的体验;通过合作教学,可以使学生在合作交流中获得积极而深刻的学习体验。由此可见,给学生足够的自主空间和活动机会的教学,能真正实现“以参与求体验、以创新求发展”的教学,可以有效促进学生的发展。特别是教材内容的生活化,意味着可以让学生更多地参与课堂活动,可以让学生对相关知识产生新的疑问,这也是教学过程顺利进行的关键。需要指出的是,教学活动不是可有可无的摆设,而是帮助学生走向生活的平台,是激发学生问题意识和探索的关键,是培养学生学习兴趣、增强学生合作能力的重要环节。如果我们仍然将活动视

为一种“装饰”，或视为一种激活气氛的手段，这表明我们还没有真正意识到活动的重要地位和作用。

（三）转变传统的教师角色观，树立新的教育观念

根据教材改革的新理念，教材不再是“支配者”“说教者”，而是学生的“对话者”和“商谈者”。教材的功能也从教学型文本转变为学习型文本。在设计教材时，教材编写者充分注重发挥学生的主动性，更加注重学生的参与、实践和思考。鉴于此，教师在教学过程中应改变传统的教育观念，充分尊重和理解学生，平等对待学生。在教学中，要营造和谐的教学环境，与学生建立民主、平等、和谐的关系，与学生亲切交流和探讨。教学的过程就是不断激发学生的道德需求，鼓励他们主动学习，主动思考和理解课程目标，产生成为高素质的社会主义接班人的强烈愿望。

第二章　中学思想政治课程教学设计

第一节　中学思想政治课程标准解读

一、《义务教育道德与法治课程标准》(2022年版)解读

(一)课程性质与理念

《义务教育道德与法治课程标准》(2022年版)(以下简称“新课程标准”)明确指出了《道德与法治》课程的课程性质为:思政课是落实立德树人根本任务的关键课程,道德与法治课程是义务教育阶段的思政课,旨在提升学生思想政治素质、道德修养、法治素养和人格修养等,增强学生做中国人的志气、骨气、底气,为培养以实现中华民族伟大复兴为己任的有理想、有本领、有担当的时代新人打下牢固的思想根基。课程具有政治性、思想性和综合性、实践性。

新课程标准的课程理念主要表现在以下四个方面:第一,以立德树人为根本任务,发挥课程的思想引领作用;第二,遵循育人规律和学生成长规律,强化课程一体化设计;第三,以社会发展和学生生活为基础,构建综合性课程;第四,坚持教师价值引导和学生主体建构相统一,建立校内与校外相结合的育人机制。

(二)新课程标准修订的背景分析

作为在义务教育阶段落实立德树人任务的关键课程,《道德与法治》课程要聚焦全面贯彻党的教育方针,解决好培养什么人、怎样培养人和为谁培养人这些根本问题,实现中华民族伟大复兴,用习近平新时代中国特色社会主义思想铸魂育人,发挥道德与法治课

程在立德树人方面的关键作用。由此，教育部于2022年颁布了新的《义务教育道德与法治课程标准》，其修订的背景主要表现在以下四个方面。

1.中国特色社会主义进入新时代要求培养时代新人

一方面，新中国成立以来，我们国家经历了从站起来、富起来到强起来三个非常重要的阶段，这就要求我们培养堪当民族复兴大任的时代新人。另一方面，日益复杂的国际环境使世界面临更多的不稳定性和不确定性，进入一个动荡变革期，中国也面临着世界未有之大变局，这就更加要求我们坚持用习近平新时代中国特色社会主义思想教育人，用党的理想信念凝聚人，用社会主义核心价值观培育人，用中华民族伟大复兴历史使命激励人，培养造就大批具有国家认同、文化认同、价值观认同的有理想、有本领、有担当的时代新人，构建中华民族共同体意识。

2.坚持价值导向，突出政治性

新课程标准充分反映了党领导人民进行革命、建设、改革的光辉历程和伟大实践，充分反映党的十八大以来党的重大理论创新、实践创新、制度创新成果，充分反映了马克思主义政党学说及其中国化最新理论成果。该课程坚持以马克思主义、习近平新时代中国特色社会主义思想为指导，旨在提升学生思想政治素质、道德修养和法治素养，是集道德教育、国情教育、中华优秀传统文化教育、革命文化教育、社会主义先进文化教育和法治教育等为一体的综合性课程，具有政治性、思想性和实践性。

3.坚持核心素养培育

《道德与法治》课程的核心素养培育，是课程育人价值的集中体现，是学生通过课程学习逐步形成的正确的价值观，它是党的教育方针的具体化、精细化，是介于党的教育方针、落实立德树人根本任务与具体课程内容目标之间的中观概念。基于课程本质的核心素养，包括了政治认同、道德修养、法治观念、人格修养、责任意识五个方面的内容，是对学生“知识与能力、过程与方法、情感态度和价值观”三维目标进行整合，呈现课程目标的新模式。

4.注重对内容的整合与统筹，推进《道德与法治》课程大中小一体化

新课程标准整合2011年版义务教育品德与生活、品德与社会、思想品德三个课程标准，按照学段要求进行一体化设计。对课程性质、课程理念、核心素养、课程目标、课程内容、学业质量、课程实施等各部分内容进行了规划和统筹，使课程标准从小学、初中、高中到大学既形成一个有机整体，又体现不同学段的特殊性，充分考虑不同学段学生随着年龄增长由浅入深、由感性到理性的认知发展过程，确定各学段的学习内容安排、载体形式，更加贴近学生生活、学习和思想实际。

（三）新课程标准的变化与突破

根据新课程标准，初中《道德与法治》课程的内容应实现两个目标：一方面，通过课程学习达到立德树人的效果；另一方面，通过课程学习，培养学生的学科核心素养，从而实现基于知识、超越知识、实现价值导向的效果。与之前的版本相比，新课程标准的内容更加全面，结构更加完整，层次更加清晰。其变化主要体现在以下五个方面。

1.提炼了五大核心素养

学科核心素养是学科育人价值的集中体现，是通过学科学习而逐步形成的正确价值观念、必备品格与关键能力。初中《道德与法治》新课程标准把该课程的核心素养归结为政治认同、道德修养、法治观念、人格修养、责任意识五个方面，这五个方面的内容并不是孤立存在的，而是相互交融、各有侧重，不可相互替代，五大核心素养覆盖了《道德与法治》课程的全部内容，既突出了《道德与法治》课程在培养时代新人方面的重要作用，符合义务教育阶段学生发展的基本特征，又与高中思想政治学科核心素养相衔接，充分体现了育人方式的阶梯式上升和培养目标的一致性。

2.课程目标是核心素养在课程中的转化与落实

修订后的课程目标基于核心素养来描述，课程总目标与五大课程核心素养对应，修订后的课程标准按照“二二二三”（1—2年级，3—4年级，5—6年级，7—9年级）铺展，根据各个学段学生的年龄特征，分别阐述了四个学段的具体目标，各学段课程目标之间呈现出较好的连续性和进阶性。新课程标准的目标是对学生学习本课程之后应达成的正确价值观、必备品格和关键能力的综合性表述，每个核心素养都涉及知识与技能、过程与方法、情感态度价值观三个维度，基于核心素养的课程目标整合了知识与技能、过程与方法、情感态度价值观三个维度，强调了三维目标之间密不可分的关系，体现了课程实施更加注重三维目标整体推进的取向，是对2011年版课程标准三维目标的传承与超越。

3.课程结构发生了新的变化

与2011年版课程标准相比，修订后的课程内容有较大变化，主要体现在以下三个方面。

第一，课程内容基于五个方面核心素养选择和建构主题，以学生不断扩大的生活范围为暗线，明线上突出道德与法治的基本内容。以主题形式组织课程内容，包含国情教育、道德教育、法治教育、中华优秀传统文化与革命传统教育、生命安全与健康教育、入学教育六大课程主题，强化中华传统美德、革命传统和法治教育，有机融入国家安全、劳动教育以及信息素养、金融素养教育等相关主题。

第二，课程内容选取更加突出政治性和时代性。在2011年版课程标准基础上，删除与课程性质不一致以及与其他学科重复的内容，着力确立学生学会做人、做事的道德与法治基础，增加党的领导、伟大建党精神、人民民主等党和国家发展中的重大理论创新、实践创新和制度创新成果，增加反映文化传承创新、最新社会发展热点、国内外重大时政事例、与学生生活密切结合的各类情境内容。

第三，进行一体化的课程内容设计。一方面，遵循大中小学德育一体化的思想，与高中思想政治课在课程内容和学业水平上保持一致性和进阶性，基于核心素养，对1—9年级课程内容进行一体化统筹设计；另一方面，根据不同学段学生的发展特点和生活经验，分学段设置差异性课程主题，构建学段衔接、循序渐进、螺旋上升的课程内容体系。

4.学业质量标准发生了变化

2011年版课程标准中没有学业质量标准。在修订后的课程标准中，学业质量标准以五个核心素养及其学段表现水平为主要维度，结合课程内容，对学生学业成就具体表现进行整体刻画，实现了核心素养与课程内容的融合，是所有过程评价、结果评价与考试命题的依据。比如在政治认同方面，主要从政治方向、价值取向、家国情怀三个方面进行考查；在道德修养方面，主要从个人品德、家庭美德、社会公德、职业道德四个方面进行考查；在法治观念方面，主要从宪法法律至上、法律面前人人平等、权利义务相统一、守法用法意识和行为、生命安全意识和自我保护能力六个方面进行考查；在健全人格方面，主要从自尊自信、理性平和、积极向上、友爱互助四个方面进行考查；在责任意识方面，主要从主人翁意识、担当精神、有序参与三个方面进行考查。

5.教学建议、评价与考试命题发生了变化

在教学建议方面，2022年版课程标准强调生活导向，坚持素养导向，强化学科实践，推进综合性学习，关注因材施教，深入贯彻落实习近平总书记在学校思想政治理论课教师座谈会上提出的思想政治课教学“八个相统一”要求，将课程内容与学生真实生活相融合，生活逻辑与学科逻辑相融合，强化实践性，引导学生自主、合作和探究学习，在实践的

体验感悟中发展学生核心素养。在评价与考试命题方面，基于核心素养考查学生分析和解决实际问题的能力，并注重知行合一。对评价原则、评价内容、评价主体、评价过程及评价标准进行说明，体现评价对教学的引导作用，实现教、学、评一体化。

（四）教材编写建议的变化

与2011年课程标准相比，新课程标准突出了立德树人的要求和对学科核心素养的培养。在教材编写原则上主要体现三个方面的内容：一是坚持正确的政治方向和价值导向，与党和国家的重大理论同步推进；二是教材的内容设计遵循学生的身心发展规律，着重发展学生的核心素养；三是紧密结合社会现实，按照大中小德育一体化的要求建构内容。在教材内容的选择上，始终坚持马克思主义的指导地位，充分体现马克思主义中国化、党和国家对教育的基本要求、国家和民族基本价值观、人类文化知识积累和创新成果等方面的内容，遵循思想政治理论教育规律、充分体现《道德与法治》课程的综合价值。

二、《普通高中思想政治课程标准》（2017年版2020年修订）解读

（一）课程性质与理念

《普通高中思想政治课程标准》（2017年版2020年修订）明确指出高中思想政治课程的课程性质为：高中思想政治以立德树人为根本任务，以培养社会主义核心价值观为根本目的，是帮助学生确立正确的政治方向、提高思想政治学科素养、增强社会理解和参与能力的综合性、活动型学科课程。

《普通高中思想政治课程标准》（2017年版2020年修订）明确指出高中思想政治课程的基本理念主要表现为以下四个方面。一是坚持正确的思想政治方向；二是构建以培育思想政治学科核心素养为主导的活动型学科课程；三是尊重学生身心发展规律，改进教学方式；四是建立促进学生思想政治学科核心素养发展的评价机制。

（二）《普通高中思想政治课程标准》（2017年版2020年修订）的背景分析

随着我国经济文化的不断发展，国家对人才的培养提出了更高的要求，经过十多年

的实践证明,2003年版课程标准已经不能适应社会的发展。其修订的背景主要表现在三个方面。

1.是落实立德树人根本任务的基本要求

党的十八大提出“把立德树人作为教育的根本任务,培养德智体美劳全面发展的社会主义建设者和接班人”,党的十九大进一步强调“落实立德树人根本任务,发展素质教育”,这些内容需要全面落实到普通高中课程方案和课程标准之中。

2.是解决高中课改面临的问题和挑战的需要

随着我国经济与科技的日益发展,综合国力的日益增强,我国对人才的培养也提出了更高的要求,2003年版课程标准显然不能满足时代的需要,在实践过程中存在着亟待解决的问题。因此2014年教育部开始启动普通高中课程标准的修订工作,全面深化普通高中课程改革,为促进学生的全面发展打下坚实的基础。

3.是推进与高考综合改革相衔接的需要

我国在2014年启动考试招生制度改革试点,2017年全面推进,到2020年基本建立中国特色现代教育考试招生制度,形成分类考试、综合评价、多元录取的考试招生模式,这就要求对高中思想政治课程和高考改革进行统筹谋划,做好衔接。因此,2017年版课程标准应运而生。

(三)新课程标准的变化与突破

通过将《普通高中思想政治课程标准》(2017年版2020年修订)与旧课程标准进行对比,我们发现新2017年版课程标准在文本结构、编写依据、课标内容及课程结构等方面都有很大的改进和完善。

1.文本结构发生了变化

旧课程标准的结构包括四个部分,分别是:前言(课程性质、课程基本理念、课程设计思路)、课程目标、内容标准、实施建议(教学建议、评价建议、教科书编写建议、课程资源的开发与利用建议)。新课程标准的结构变为六个部分,分别是:课程性质与基本理念、学科核心素养与课程目标、课程结构(设计依据、结构、学分与选课)、课程内容(必修课程、选择性必修课程、选修课程)、学业质量(内涵、水平、学业质量水平与考试评价的关系)、实施建议(教学与评价建议、学业水平考试命题建议、教材编写建议、对地方和学校实施本课程的建议)以及附录部分(思想政治学科核心素养水平划分、教学与评价案例),主要新增了学科核心素养和学业质量要求两个部分,内容更全面,结构也更加完整,整个课程标准在整体上有较大提升。

2.编写依据发生了变化

旧课程标准的编写依据是中央关于学校德育工作的有关文件,《国务院关于基础教育改革与发展的决定》及教育部《普通高中课程方案(实验)》。新课程标准的编写依据是党的十九大提出的关于党的教育的方针和教育思想、教育部印发的普通高中课程方案和课程标准实验稿及十余年来高中课程改革的实践经验。

3.课标内容发生了变化

在课标内容方面,努力凸显思想性、时代性和整体性等。进一步强化社会主义核心价值观教育,中华优秀传统文化、革命文化和社会主义先进文化教育等内容,充分反映马克思主义中国化最新成果以及经济社会发展、科技进步新成就,更加关注学科之间的内在联系及学科间的相互配合,克服内容碎片化及彼此间的脱节等现象。具体内容的变化主要体现在以下三个方面。

第一,课程性质中的“变”。旧课程标准主要从高中思想政治课程的基本观点、内容、学习高中思想政治的好处、高中思想政治课程在整个思想政治课程中的地位这四个方面来介绍课程性质。并没有明确地告知高中政治课是一门怎样的课程。而新课程标准明确地指出高中思想政治课程是一门怎样的课程,这门课程讲授了哪些内容,目的是培养什么样的学生,以及高中思想政治课的根本任务等。新课程标准突出体现了党中央十九大精神的重要性,将其融入学习的全过程,重在把握思想政治课程的思想性和方向性,理解中国特色社会主义进入新时代的历史方位。它与初中道德与法治(旧课程标准为《思想品德》)、大学思想政治理论等课程相衔接,与时事政治教育相补充,与高中其他学科教学及相关德育工作相配合,共同承担思想政治教育中的立德树人的任务。

第二,课程基本理念的“变”。课程的基本理念由过去的五点变成了四点,而且在这四点中只能看到旧课程标准中的“政治方向”和“评价机制”的相关表述,且表述内容和方向也发生变化。具体来说,新课程标准的课程基本理念变化如下:一是“加强思想政治方向的引导与注重学生成长的特点相结合”变为“坚持正确的思想政治方向”;二是由“建立促进发展的课程评价机制”变为“建立促进学生思想政治学科核心素养发展的评价机制”，将“思想政治学科核心素养”提到了十分重要的地位。除此之外，新增加的表述有“构建以培育思想政治学科核心素养为主导的活动型学科课程”以及“尊重学生身心发展规律，改进教学方式”。被删掉的基本理念有三点，分别是“坚持马克思主义基本观点教育与把握时代特征相统一”“构建以生活为基础、以学科知识为支撑的课程模块”“强调课程实施的实践性和开放性”。总之，新课程标准中课程基本理念的变化的一个突出特点就是要更加强调学生学习的主体性，从以往的基本理念是以课程为核心，转变为以学生为核心的课程理念。

第三，学科素养从无到有，课程目标发生了变化。旧课程标准中没有学科核心素养的相关阐述，2017年版新增了“学科核心素养”的相关内容。新增“学科核心素养”这一部分的主要目的是将党的教育方针中关于人的全面发展要求具体化、细化到学科课程之中，培养学生包括政治认同、科学精神、法治意识和公共参与方面的素养，以期达到立德树人的目的。旧课程标准分为总体目标和子目标，子目标包括知识、能力、情感态度和价值观三个维度。新课程标准中的课程目标以“学科核心素养”为中心，目标变为“通过对思想政治课程的研究，学生能够具有思想政治学科核心素养”。目的是培养四类学生：具有政治认同素养的学生、具有科学精神素养的学生、具有法律意识素养的学生和具有公共参与素养的学生。总之，高中思想政治课程目标的变化与教学目标进一步融合，更加突出了“学科核心素养”的重要性。

4.课程结构的优化调整

考虑到高中生多样化的学习需求和升学考试的要求，在保证共同基础的前提下，适当增加课程的选择性，为不同发展方向的学生提供可选择的课程。规定学生应学习所有科目，达到教学的基本要求；有特定学科潜力和发展需求的学生可以在相关学科中学习更多、更深的内容，从而充分发挥自己的优势。旧课程标准在前言中介绍了课程设计思路，只阐述了课程模块的学分管理、必修课程和选修课程三个概念。新课程标准将课程结构作为一个专题，并从课程设计基础、结构、学分和选课三个方面进行展开。从总体上看，高中思想政治课教材发生了变化。具体而言：旧课程标准中的必修课包括《经济生活》《政治生活》《文化生活》《生活与哲学》四个模块及六门选修课。新课程标准根据教学与考试的关系，将学习内容分为必修、选择性必修和选修三类。其中《中国特色社会主义》《经济与社会》《政治与法治》《哲学与文化》四个模块为必修课；《当代国际政治与经济》《法律与生活》《逻辑与思维》为选择性必修课；《财经与生活》《法官与律师》《历史上的哲学家》为选修课。最大的变化是把大量的大学知识放入高中阶段，为学生进入大学的学习打下坚实的基础。下面我们重点分析新课程标准的课程体系。

第一，课程模块的交叉与变化。

必修课程模块1为《中国特色社会主义》，主要包括人类社会发展的过程和趋势，以及中国特色社会主义的开创和发展。这一模块为新课程标准新增的模块。它与大学政治课程《毛泽东思想和中国特色社会主义理论体系》有一定关联，本模块使学生掌握中国特色社会主义的相关内容，是高中思想政治的起始课程。

必修课程模块2为《经济与社会》，主要包括经济制度与经济体制两个部分，这一模块与旧课程标准中经济生活的第三、四单元的内容基本一致，本模块使学生掌握中国特色社会主义经济的相关内容。

必修课程模块3为《政治与法治》，主要包括中国共产党的领导、人民当家作主、依法治国三部分内容，其中前两部分与旧课程标准中《政治生活》第二、三单元的内容基本一致，依法治国为新增内容，是初中《道德与法治》的部分内容的深化，本模块使学生掌握中国特色社会主义政治的相关内容。

必修课程模块4为《哲学与文化》，主要包括探索世界与追求真理、认识社会与价值选择、文化传承与文化创新三部分内容。前两部分与旧课程标准中《生活与哲学》的内容基本一致，第三部分与旧课程标准中《文化生活》第二章的内容基本吻合，本模块使学生重点掌握马克思主义哲学的基本原理和中国特色社会主义文化的相关内容。

选择性必修课程模块1为《当代国际政治与经济》，主要包括各具特色的国家、世界多极化、经济全球化、国际组织四部分内容。此模块与旧课程标准中《政治生活》第一、四单元的内容基本一致。

选择性必修课程模块2为《法律与生活》，主要包括民事权利与义务、家庭与婚姻、就业与创业、社会争议解决四部分内容，此模块与旧课程标准中《生活中的法律常识》内容基本一致。

选择性必修课程模块3为《逻辑与思维》，主要包括学会科学思维、遵循逻辑思维要求、运用辩证思维方法、提高创新思维能力四部分内容。此模块与旧课程标准《科学思维常识》内容基本一致。

选修课程模块1为《财经与生活》，主要包括货币与市场、收入与支出、投资与理财、企业与就业四部分内容。此模块与旧课程标准中《经济生活》第一、二单元内容基本一致。

选修课程模块2为《法官与律师》，主要包括法官的职责、审判程序、律师的职责、辩护和代理四部分内容，此模块为新增内容。

选修课程模块3为《历史上的哲学家》，主要包括百家争鸣的时代、理学与心学的演变、西方哲学的起源、西方哲学的发展四部分内容，此模块为新增内容。

综上所述，《经济生活》的第一、二单元变为《财经与生活》，《经济生活》的第三、四单元变为《经济与社会》，《政治生活》的第一、四单元变为《当代国际政治与经济》，《政治生活》的第二、三单元变为《政治与法治》的前两部分。《文化生活》的第二单元和《生活与哲学》变为《哲学与文化》。《科学思维常识》变为《逻辑与思维》，《生活中的法律常识》变为《法律与生活》，此外，《中国特色社会主义》《政治与法治》中“依法治国”，《法官与律师》《历史上的哲学家》为新增内容，《文化生活》的第一、三、四单元，《科学社会主义常识》《经济学常识》《国家和国际组织常识》《公民道德与伦理常识》删除。

第二，学分的变化。

学分方面，旧课程标准的所有必修课和选修课均为2学分，新课程标准的《中国特色社会主义》与《经济与社会》课程为1学分，其他必修课和选择性必修课为2学分，选修课没有学分。在选课方面，旧课程标准中的必修课是高考考核的主要内容，选修课是教学的拓展和延伸。在新课程标准中，必修课是所有学生必须完成的学习，而选择性必修课是选择该课程作为学业水平等级考试的学生必须完成的学习，包括选修课程委托站、提高型课程和校本课程。高中思想政治课程结构的设计，以思想政治学科核心素养为重点，讲述马克思主义基本原理，紧跟以实践为基础的理论创新过程，阐明习近平新时代中国特色社会主义思想，落实立德树人的根本任务，全面加强爱国主义、集体主义和社会主义教育，体现思想政治课程的性质和理念，遵循教育规律和学生成长规律，课程设计兼顾基础性和选择性的要求，重在提高学习效率，减轻学生的学习负担，促进学生的全面、个性化发展。

总之，从整个课程结构的调整可以看出，修订后的课程结构全面贯彻了十九大精神。党的十九大后，编者结合学科性质和学生年龄特点，将习近平新时代中国特色社会主义思想充分融入课程中。主要体现在以下两个方面：一是强调党的领导的重要性。在思想政治“政治与法治”部分，要求学生理解坚持党对一切工作的领导的重要性。二是强调坚持走中国特色社会主义道路，在“中国特色社会主义”思想政治部分阐明转变社会主义初级阶段主要矛盾的意义等。

第三，学业质量要求的补充。

学业质量是学生完成本学科课程后的学业成绩表现。《学业质量标准》是以学科的核心素养和表现水平为基础，结合课程内容，对学生学业成绩的全面反映。《学业质量标准》

明确将学业质量划分为不同层次，并描述了不同层次学习成绩的具体表现。思想政治学科的学业质量是阶段性评价、学术水平资格考试和学生水平等级考试命题的重要依据。

(1)学业质量水平与考试评价的关系

学生学业质量主要包括三个层次：第一层次是高中毕业生在该学科应达到的合格要求。第二层次是学业水平等级考试的命题依据。第三层次的相关表现可在综合质量文件中列出，作为普通高校招生和自主招生的参考。新课程标准增加了“学业质量”，明确了学业质量是对学生多方面发展状况的综合衡量，树立了新的质量观，改变过去单纯对知识和技能的掌握，引导教学更加注重育人目标。制定学业质量标准，将学业质量划分为不同的层次，可以帮助教师更好地把握教学要求，因材施教，并为考试评估提供依据。

(2)实施需求

新课程的实施主要基于新课程的指导性和可实施性。加强教材编写、教学实施和考试评价的具体指导。增加教学评价案例和命题建议，准确理解和把握课程标准的实质，确保课程标准能够有效实施，并发挥统领性作用。旧课程标准中的“实施建议”主要包括四个方面：教学建议、评价建议、教材编写建议、课程资源的开发与利用建议；新课程标准中的“实施建议”也包括四个方面。唯一不变的是教材编写建议，其他方面则变成了：教学与评价建议、学业水平考试命题建议、对地方和学校实施本课程的建议。具体而言，新课程标准将以前的“教学建议”和“评价建议”合并为“教学与评价建议”；原“课程资源的开发与利用建议”改为“对地方和学校实施本课程的建议”。此外，还增加了“学业水平考试命题建议”。具体来说，每个部分的内容主要包括以下更新。

第一，教学与评价建议。

新课程标准强调思想政治课程的实施，以课程标准为基础，以培养学生思想政治学科的核心素养为目标。努力把学业质量转化为具体的教学要求，体现教学与评价的一致性。本课程需要运用多种方式和方法引导学生的自主学习、合作学习和探究学习，强调学生的活动体验是培养思想政治学科核心素养发展的重要途径。评价应将过程性评价与终结性评价相结合，注重评价学生解决情境化问题的过程和方法，反映学生所表现出的思想政治学科核心素养水平。具体教学目标的制定和评价方法的选择，应着眼于学生思想政治学科核心素养的培养，将知识与技能、过程与方法、情感态度与价值观融为一体。这就要求全面把握思想政治学科核心素养各要素与其独特价值观的关系。我们应该看到，它们不是孤立存在的，而是一个有机整体，在内容上相互融合，在逻辑上相互依存。思想政治学科核心素养要素的独特价值可以概括为：信仰、思想、尊严和责任。

由此可见，新课程标准对课程教学特别要求活动型学科课程的教学设计、辨析式学习过程的价值引领、综合性教学形式的有效倡导、系列化社会实践活动的广泛开展。即：一是围绕议题，设计活动型学科课程的教学；二是强化辨析，选择积极价值引领的学习路径；三是优化案例，采用情境创设的综合性教学形式；四是走出教室，进入社会实践活动的大课堂。修订后的教学与评价建议主要强调思想政治课的活动性、思想性、综合性和实践性。

第二，新增学业水平考试命题建议。

学业水平考试命题建议主要体现在把握学业水平考试的目标和要求；制定学科任务导向型的学业水平考试命题框架；测试学科核心素养发展水平的命题要求三个方面。在把握学业水平考试目标和要求方面，表现在以下三个方面：一是根据完成任务的表现评价学科核心素养发展水平；二是注重情境对展示学科核心素养发展水平的价值；三是注重学科内容的整合性对评价学科核心素养的意义。在制定学科任务导向型的学业水平考试命题框架方面，表现在以下三个方面：一是构建评价学科核心素养发展水平的关键行为表现指标体系；二是界定学科任务的类别及影响任务难度的因素，确定复杂程度不同的典型情境；三是明确要考查的学科内容及其结构。在测试学科核心素养发展水平的命题要求方面，表现在以下三点：恰当选择学科任务，任务指向要明确；创设评价情境，情境设置要结构化；确保试题的科学性、公平性和难度适宜。

第三，教材编写建议的变化。

新课程标准突出了立德树人的要求和学科核心素养的培养。具体建议如下：一是突出立德树人要求，努力培育思想政治学科核心素养；二是依据课程标准，体现课程理念；三是利用多种课程资源，拓宽学生视野；四是体现活动型学科课程实施的新要求；五是坚持政治性与科学性相统一的原则，组织编撰团队。旧课程标准的教材编写建议主要体现在以下五个方面：一是明确反映思想政治教育的目标和要求；二是把握内容标准要求与教材编写的关系；三是探索教材对教学活动的引导作用；四是满足不同层次和类别学生的需求；五是倡导结合生活实际，生动形象的表达方式。由此可见，新课程标准教材编写建议主要突出了立德树人和学科核心素养培养的要求。在编写教材时，强调案例的呈现和使用，以反映体现活动型学习课程的要求。

第四，新增对地方和学校实施本课程的建议。

旧课程标准这部分体现为“课程资源的开发与利用建议”，强调课程资源是课程设计、课程编制、课程实施、课程评价等整个课程开发过程中所能利用的所有人力、物力和自然资源的总和。新课程标准对地方和学校实施本课程的建议主要体现在：一是全面落实课程标准的要求，加大对课程实施的培训指导；二是根据课程方案，开足开齐必修课程，开好选修课程；三是结合实际，确保社会实践活动的有效开展；四是采取多种途径加强课程资源建设。由此可见，新课程标准更加强调对学生的培训指导，对开设必修课和选修课的数量和质量提出了明确要求。

三、新课程标准背景下中学思想政治课教材的主要特点

（一）以社会主义核心价值观为引领

近年，我国经济文化事业取得了前所未有的发展，但学校德育工作却面临着严峻的挑战，主要表现在部分学生存在集体主义观念淡薄、享乐主义、拜金主义、盲目从众等思想。因此，中共中央办公厅在2015年发布的《关于培育和践行社会主义核心价值观的意见》中明确指出：培育和践行社会主义核心价值观要从小抓起、从学校抓起。坚持育人为本、德育为先，围绕立德树人的根本任务，把社会主义核心价值观纳入国民教育总体规划。在新课程标准的背景下，中学思想政治课教材所涉及的内容，或显性或隐性地反映了社会主义核心价值观所蕴含的自由、平等、公平、正义、爱国、敬业、诚信、友善等内容。通过教师对相关知识的讲解，努力达到使学生内化于心、外化于行的目的。

（二）注重传统文化的渗透

新课程标准背景下的思想政治教材中，不仅注重培养学生的社会主义核心价值观，而且注重将中国传统文化融入课程教学。通过中学思想政治教材，我们可以在教科书中的经验、文本、探索与分享或相关链接中找到传统文化的身影。教材通过对传统文化的渗透，激发学生的学习兴趣，为学生创造良好的学习氛围，全面提高学生的综合素质。如《道德与法治》七年级上册第一单元“成长的节拍”第二课《学习新天地》第一课时《学习伴成长》中《运用你的经验》一栏中就设计了“学”和“习”两个繁体字。

再如高中《思想政治》必修四《哲学与文化》第一单元“探索世界与把握规律”第一课《时代精神的精华》第一课时《追求智慧的学问》第一目“哲学的起源”《相关链接》中就引用了《尔雅》《说文解字》中的“哲”字的来源的阐述。

通过案例，我们认识到，中华优秀传统文化已经融入中学思想政治课程中，这些优秀

传统文化穿插在活动中、正文中、相关链接中。这不仅有利于学生理解思想政治课程中的相关知识点,同时也让学生增加了对历史文化的了解,丰富了自己的知识面,陶冶了情操。

(三)注重教材内容与学生现实生活相结合

中学思想政治课程教材的内容设计十分重视学生的身心发展规律。所有内容都以"我"为中心。学生可以从心理、道德、法律、国情和政策等方面,理解成长中的我、我与他人、我与集体的关系、我与社会及我与国家的关系。这些内容的大量案例设计来源于现实生活。如关于"学习"的问题,《道德与法治》七年级上册第一单元"成长的节拍"第二课《学习新天地》第二课时《享受学习》第22页的《探究与分享》就是运用学生生活中的例子来说明。让学生在分析案例的同时,也学会分析自己学习中的困扰,并把课堂上学习的解决问题的方法运用于实际生活和学习过程中。

再如关于"友谊"的问题,在《道德与法治》七年级上册第二单元"友谊的天空"第五课《交友的智慧》第53页的《探究与分享》中,通过学生在学习生活中遇到的问题,教会学生认识友谊,学会交友。

以上两个案例,主要是通过让学生重现他们在成长和生活过程中实际遇到的问题,思考他们在学习或交友的过程中遇到的问题,以及遇到这些问题时"怎么办?",帮助学生解决生活中的困难,从而达到让学生认识自我、提高自我、完善自我的目的。

(四)注重国情教育,培养学生的国际视野

通过对思想政治课程进行多方位、多角度的讲解,教师可以让学生了解国内外形势和政策,将生活实际与国家法治安全结合起来,这对提高学生的思想政治素质,把学生培养成为中国特色社会主义事业的建设者和接班人,具有重大而深远的意义。如《道德与法治》八年级上册第四单元"维护国家利益"第九课《树立总体国家安全观》第96页《运用你的经验》栏目:"认识总体国家安全观",结合生活实际,通过图片展示,让学生对人民幸福生活与国家安全的关系有清晰的认识。

(五)教学内容的呈现更具科学性

中学思想政治课程在课程结构和内容呈现上遵循两条逻辑规律:第一,从课程内容

呈现逻辑上看,《道德与法治》教材各单元的栏目包括《运用你的经验》《方法与技能》《探究与分享》《阅读感悟》《相关链接》《拓展空间》等。第二,从思维逻辑的角度来看,教材内容的处理主要是通过创设情境体验、面对矛盾与困惑、道德判断与价值选择、体验道德成长、引导相关行为、提升行为能力和方法等环节来解决相关知识点。通过对教材的加工,学生不仅可以加深对实际问题的理解,还可以从感性认识上升到理性认识,提高理解问题和解决问题的能力,开阔视野。当然,这两条逻辑法则并不是孤立存在的,它们是相互联系、相互依存的关系。《运用你的经验》实际上是为创造情境提供好的素材,通过设计《方法与技巧》《探究与分享》《阅读感悟》《相关链接》等板块,让学生面对矛盾和困惑,做出正确的道德判断和价值选择,促进道德成长;通过《拓展空间》,让学生加深对知识的理解和掌握,真正让学生把知识点内化于心,外化于行。

四、中学思想政治课程实施注意事项

通过对中学《道德与法治》《思想政治》课程标准的解读,我们知道思想政治课是立德树人的关键课程,它以社会主义核心价值观为引领,着力解决培养什么人、怎样培养人、为谁培养人的问题。所以思想政治课教师在课程实施过程中要特别注意以下三个方面。

(一)关注核心素养,不能忽视学生知识的学习

在新课程标准出来以后,有的教师认为我们现在着力培养学生的核心素养,往往忽视了学生知识的学习。有的教师没有认真研读新课程标准,只注重学生知识的学习,往往又会忽视对学生核心素养的培育。在实际的思想政治课教学中,我们在关注核心素养的同时也不能忽略学生知识的学习,知识和素养之间往往是正相关的关系,素养的提升离不开对学生知识的灌输,只有在学习知识的基础上,学生的素养才能培育得更好。

(二)育人方式的多样化

思想政治课程是一门综合性课程,教师在教授知识的过程中,不能只注重课堂教学,让学生死记硬背,而是应该把学校的小课堂与社会的大课堂紧密联系起来,通过诸如参观、访问、调查、实践等形式开展教学,达到立德树人的目的。

（三）教师教学研修方式的变化

因为思想政治学科涉猎的内容非常广泛，包括经济、政治、科技、社会科学等方面的知识，而且这些知识又不是一成不变的，它会随着时代、社会的变化而不断发生变化，这就会导致教师知识体系发生变化，这就要求思想政治课教师顺应时代的发展改变研修方式，比如疫情期间，思想政治课教师的教学研修方式就可以从线下转移到线上，或者通过线上线下相结合的方式展开。

第二节　中学思想政治教学目标确定

教学目标是教师进行课堂教学设计的基础，是课堂教学的总体指导思想，它既是课堂教学的起点，也是课堂教学的最终归宿，准确、务实的课堂教学目标是保证教学质量的关键。教学目标就像前进的指路明灯，有了它的闪光和指引，教师的教学才不会迷失方向。只有关注教学目标的教师，才能打造出高效的、深受学生喜爱的课堂。要准确把握思想政治课程的教学目标，思想政治教师应从以下三个方面入手。

一、认真熟悉大纲和教材

熟悉大纲，就是对教材内容的融会贯通。熟悉教材，就是对教学资料及教学重难点进行梳理，包括教学的目标、重点、难点、要点、点面知识、价值、能力等。教师熟悉教学大纲和教学内容，在教学中就可以准确地确定教学目标，比如教师在讲授高中《思想政治》必修二《经济与社会》第一单元“基本经济制度与经济体制”第二课《我国社会主义市场经济体制》这一课内容时，教师首先要熟悉教学大纲和教材，了解本课的教学目标要求为：理解社会主义市场经济的含义、国家宏观调控的手段和目标；了解社会主义市场经济的基本特征；能够针对宏观经济运行问题，提出合理的对策；培养学生观察经济生活的能力、综合分析问题的能力及理论联系实际的能力，感受到社会主义制度的优越性。鉴于此，教师在教学过程中可以结合国家的、社会的、学校的及学生身边的例子，充分地挖掘身边的民族文化、红色文化资源，使所授知识贴近学生实际生活，让学生从具体的问题体验中了解当今的社会资源配置问题，充分调动学生分析问题的主动性和积极性，培养他们主动解决实际问题的能力，从而达到教学目标。

二、教学目标的制定要符合学生的认知规律与认知水平

教师在制定教学目标时必须认真剖析教材，分析学生，要求过高过低都不利于学生身心发展。要求过高，会导致学生的认知水平跟不上教师的背景节奏，出现听不懂，甚至厌学的情况；要求过低，会导致学生对学习失去兴趣。因此，教学目标的制定要依据课程标准，符合学生的认知水平。比如在制定高中《思想政治》必修二《经济与社会》第一单元“基本经济制度与经济体制”第二课《我国社会主义市场经济体制》这一课内容的教学目标时，某教师对学生的学习情况进行了认真分析：(1)学生已有的认知水平和能力分析。这一课时的内容学生在生活中有接触到，但是也只是停留在自己的视角中，对理论的掌握程度不深。(2)学生存在的学习困难分析。缺乏对理论具体的理解，理论联系实际的能力不强，难以分析现实生活中的问题。(3)学生的学习需要。学生应该通过理论联系实际、体验生活，学会关注社会、关注身边的事儿，更深刻地理解社会主义市场经济的特征，了解国家宏观调控的具体做法，感受社会主义制度的优越性。

三、要注意三维目标的整合

教师在研究课程标准时，应在了解学生实际、研究教学内容、开发教学资源的基础上，整合和优化知识与技能、过程与方法、情感态度与价值观等立体化教学目标，使教学目标更贴近学生需求、教学要求和教学条件，从而达到教学目标。如在制定知识与技能目标时，要明确学生在各单元教学中应掌握的基础知识，对知识内容的把握提出明确要求。通过课堂学习和社会实践活动，明确学生应掌握的基本技能，并与学生的认知水平和能力基础相适应；在制定过程与方法目标时，应结合学生的学习基础和发展需要，使学生有各种各样的学习体验，如接收和处理信息、探索和讨论问题、观察和服务社会等；根据教学内容，确定具体的教学方法，给予学生相应的学习指导，明确学生在本单元教学中应关注的重点和难点问题；在制定情感、态度与价值观目标时，要结合相关教学内容，课前了解学生的思想认识和行为习惯中存在的问题，根据学生的实际情况，确定课堂教学中提高学生思想品德和思想政治素质的具体要求，有效引导学生的情感、态度与价值观。

第三节　教学模式与教学策略的选择

一、教学设计的基本特征

（一）发展性

所谓发展，简而言之，是指学生经过学习产生的变化、取得的进步和获得的积极情感体验，即让学生在每堂课上都有收获。这种收获表现为从不懂到懂、从少知到多知、从不会到会、从不能到能、从不想学到想学、从想学到学好的变化上，特别是学习方法的掌握和学习能力的提高。教学设计体现在学生个体上，还要充分考虑学生个体的差异，不硬性规定“步子”大小，不强求全班同步进行，也不强迫整个课程同时进行。学生可以根据自己的学习需要、学习方法和学习能力选择自己的发展目标。教学设计可以体现适合不同学生个性化学习的“异步运行”学习环节。

（二）开放性

教学设计以课堂教学为基础，这里的课堂教学是一个开放的生态系统，主要体现在教学内容、教学方式、教学过程和问题解决等方面。在教学内容上，教师把教材作为学生生活和学习体验的重要内容，从生活、生产和学习环境等方面拓展学生的知识面；在教学方式上，由以教师为中心向以学生为主体转变，倡导“自主、探究、合作”的研究性学习；在教学过程上，注重师生之间的沟通、互动，使学生有更多的感知和体验，有更多的参与热情和动力；在问题解决上，可以从唯一的答案和唯一的解决方案转变为条件、问题、解决方案和结果的适度开放，最大限度地促进学生的学习，培养学生的主体意识和创造性思维，提高学生的学习能力。

（三）生成性

现代教学把预设作为生成的前提，没有充分的预设，就不会生成预期的结果。传统课堂在应对预设之外的情境时，被视为意外收获和教学智慧，在现代教学中却把预设之外的情境视为价值追求和展现课堂生命活力的常态。因此,课堂教学设计是一个动态发展的概念。教师应该根据学生在教学过程中出现的各种问题,及时修改原有的教学设计,灵活、机智地选择教学策略,帮助学生实现预期的学习目标。

(四)反思性

教学设计是一个不断改进、动态联系和发展的过程。它需要教师在课前构思,在课中实施和调整,在课后改进。教学设计只有符合学生认知水平和学生身心发展规律,才是好的。而做出符合学生实际的教学设计就要求教师进行教学反思,教学反思是修订和完善教学设计的前提,是改进后续教学设计的必要环节。课前反思可以让教师有备而教,教而有思、思而有得;课中反思可以让教师及时发现问题,并提出解决问题的办法;课后反思可以让教师对教育的得失进行深入思考,并总结经验,改进教学。

二、教学设计的基本策略

(一)教学目标明确化

教学目标是预期的学习结果和课程目标的进一步细化。它在教学过程中起着导向和定向作用,为教学评价提供标准和依据。课堂教学要求制定明确的教学目标,并将目标的导入作为课堂教学的重要组成部分。这样不仅有利于激发学生对学习内容的期望和实现学习目标的愿望,而且有利于调动学生学习的积极性和主动性,也有助于教师对学生的学习活动和学习效果的评价。教师可以及时反思和纠正他们的教学行为,为获得最佳教学效果奠定基础。

(二)知识呈现情境化

一位德国学者在教学过程中指出情境教学与教学知识就像盐和汤的关系。如果你把几克盐放在面前,你无论如何都很难下咽。然而,当你把这些盐加入一碗美味的汤中,你会在享受美味的同时吸收所有的盐。思想政治教学也像盐和汤一样,需要融入教学情境,融入学生的实际生活,融入国情,使之能被学生积极吸收,展现出生机与活力,被学生理解和掌握。因此,对于思想政治学科的教学来说,将教学知识融入教学情境是非常重要的。

(三)学习方式多样化

在现代教学设计中,教师的教学设计倾向于引导学生改变原有的单一的、被动的学习方式,倡导充分发挥学生的主体性作用,采用多样化的学习方式,在教师的指导下更好地促进学生主动学习、个性化学习,发现和探索学习过程中遇到的问题,提高学生提出问题、分析问题、解决问题的能力。同时,它可以让学生理解课程内容,在课堂上解决与知识内容相关的问题。

(四)课堂总结图示化

课堂总结的作用不言而喻,方法灵活多样。在课堂教学中,因为课堂总结接近课堂教学的尾声,一些学生认为这是下课的前奏,他们的注意力开始分散。因此,课堂总结应该更多地让学生参与。在教学中,教师可以围绕学习目标设计课堂教学的“关系图”,用关系图勾勒出课程的知识体系、学习的重点和难点、解决问题的思维方法和基本模式,以吸引学生的注意力,使课堂总结具有归纳引导、简洁直观的特点,起到画龙点睛、强化目标、点拨校正的作用。

第四节　同课异构教学模式

由于中学思想政治课程内容涉及时事政治,所以随着时代的发展进步,中学思想政治课的教学内容也在不断发生改变。思想政治课教师对社会环境的变化予以及时关注,才能够达到思想政治课堂联系实际的目的。但是对学生而言,思想政治课教材内容的知识点较为抽象,学习较为乏味,因此,教师也很难提升思想政治课教学的环境氛围。而对于“同课异构”而言,它能够很好地解决这些问题,在思想政治课程教学中,教师可以结合当前社会所发生的各种政治事件,吸引学生的注意力,再结合学生所表现出的实际情况合理选择对应的教学方式。

一、"同课异构"教研模式的实践意义

(一)实施同课异构能够从整体上提升教师团队的业务能力

在中学的思想政治课教学中,针对同样的教材内容,每个老师都会首先从自身出发去解读教材,对教材中的知识点进行梳理,提炼出教材内容中的重点和难点,并采取相应的教学策略,使学生掌握基本的理论知识。但是,由于教师的认知水平不同,对问题的认识角度也会不一样,他们所采取的教学方法也会各种各样。通过"同课异构"教研活动的开展,教师们可以相互交流教学经验,拓宽教学思路,完善教学内容 ,改进教学方法,本身枯燥乏味的思想政治课程也会变得更加生动有趣,从整体上提升教师团队的业务能力。

(二)提升学生学习思想政治课的积极性

中学生普遍存在自身思想行为不稳定,容易受到外界信息影响的情况。究其原因,一方面是因为随着中学生身心的发展,他们会对新奇的事物产生强烈的兴趣。另一方面由于生活环境的原因,外界信息对中学生固有的思想体系形成强烈的冲突;并且随着年龄的增长,他们的思想行为会越来越开放,并逐渐产生质疑教师、质疑思想的想法;再加上移动互联网的普及,使得大量纷繁复杂的网络信息快速冲击中学生的思想和意识,如果一味地采取按部就班的教学模式和方法,只会让他们对思想政治课教学产生消极抵触的情绪。通过"同课异构"教学模式对教学环境进行创新,可以有效地活跃思想政治课堂教学的氛围,吸引学生积极参与到思想政治课堂教学中,从而不断提升他们在思想政治方面的学习水平,并掌握更多的学习内容。与此同时,教师在教学过程中可以有效地提升学生在各个方面的能力。通过对诸如实践、创新以及自主学习等方面能力的提升,促进学生未来的学习与发展。

二、中学思想政治同课异构教研模式在实践中的问题

(一)教师对"同课异构"教研模式的参与度不高

在对思想政治教师的走访和调查中我们发现,虽然大多数的中学思想政治课教师对

"同课异构"教研模式很认可,但是,在实施的过程中却有一定的困难,归纳起来主要有以下三个方面:第一,一部分教师认为,采用"同课异构"这种教学模式,要经过备课、磨课、听课、反思、修改等一系列的程序,会占用他们很多的时间,如果每一堂课都采取这种教学模式,教师会很辛苦。第二,由于国内外形势的发展及中国经济的腾飞,学生的思想也呈现出多元化的发展态势,思想政治学科课程内容也时常会发生变化,这也给思想政治课教学带来了压力,再加上现在我国的应试教育制度,教师们更加关注的是学生的成绩,对上课的技能和形式可以忽略不计。比如,有的思想政治课教师在讲课的过程中只讲考试重点,对那些非考点的东西则是一句话带过,甚至是不讲。第三,部分思想政治课教师对"同课异构"教研模式的认识还不够清晰,他们已经习惯了自己固有的教学模式,不能接受或者不敢尝试去接受别人的教学方法或是教学风格,对自己没有信心,导致自己的教学水平在短期内得不到相应的提高。

(二)思想政治课教师在"同课异构"教学中反思意识淡薄

教育家陶行知先生认为"如果教学成为教师常态化的生活,当自己的教学习惯成为教学特点的时候,我们已无力也无意去教学反思了,无意也无力去开发实践智慧了"。教学反思一直以来都是教师提高自己业务水平的一种有效手段,有很多教师在教学过程中都非常重视教学反思,但是,有部分学校和教师对教学反思这一环节的认识不够具体,归纳起来,主要存在以下几个方面的原因:一方面是缺乏"同课异构"教研模式的相关培训。很多教师认为,"同课异构"教研模式就是几个教师在一起把自己备好的课上一遍就完了,他们普遍缺乏反思意识,认为课上完就没有必要再进行反思,这是对"同课异构"教研模式的误解。"同课异构"教研模式不仅仅就只有备课、上课、评课等环节,更重要的是反思,因为只有进行了教学反思,取长补短,才能打破自己原有的思维定式,接受先进的教学理念和教学方法。另一方面,由于现在很多学校的思想政治课教师教学任务繁重,忙完一天的工作身心疲惫,以至于自己很少进行教学反思,甚至是不反思。

(三)学生参与度不高

学生作为课堂教学活动的主体,对教师的整体课堂教学的反馈及教师教学方式的改进起着巨大的作用。但在"同课异构"实践活动中普遍出现学生参与度不高、学生对思想政治学科缺乏兴趣,课堂主人翁意识不强等问题。在日常教学过程中,大部分学生还没有转换自己的角色，课堂主体意识薄弱，他们习惯接受知识，不敢质疑老师，从来都不认为自己是这个课堂的主体，未意识到学生自身对课堂、对教师教学的反馈是帮助教师改进教学的关键。比如，高中生在长期高考的重压之下，把教师的教学当成权威。在调查中发现，至少一半的学生对当前教师的课堂教学存在不满，但并未向任课教师直接提出改进意见，并未做到及时反馈。

三、“同课异构”教研模式的优化措施

（一）结合实际情况确定较为合理的教学目标，不应当过度求异

在“同课异构”教学模式中，尽管“异”较为重要，但是也不应当忽略“同”的必要性和重要性。“同”实质上是指拥有相同的教学目标，所以在教学过程中，需要结合实际情况确定合理的教学目标，教师围绕这一教学目标开展授课，并在其中逐渐达到“异”的效果，而不是本末倒置，过度追求“异”，从而忽略了应有的教学目标。例如在进行民族精神相关知识点讲解的时候，教师需借助各种方式让学生认识到何为民族精神，并最终帮助学生明确和弘扬民族精神，而不是单纯地展示和分析民族精神，却不注重对学生个人民族精神的培养。

（二）课堂教学过程中应当尽量保持特色，避免出现强调“同”忽视“异”的情况

“同课异构”教学模式属于新发展出的一种教学模式，尚处于不断完善的状态。所以为了能够取得较好的教学效果，教师可以在完成教学活动之后积极与其他教师分享自己的教学经验。例如可以邀请其他教师前来听课，在教学结束之后互相交流，听取别人的意见和建议，学习他人的长处，弥补自身的不足。但需要注意的是，当前中学中诸多教师都错误地理解了听课学习的目的，只是单纯模仿授课教师的教学风格与方法，却完全没有批判和筛选的意识，如此理念是错误的。教师去向其他教师进行听课学习，本身就是在对自身进行优化，而不是一味地求“同”，需要在优化教学活动的同时，使得自身的课堂教学独具特色。

（三）要将学生的实际学习情况作为关注的重点，而不是刻意地求“异”

中学思想政治课程在“同课异构”教学模式下，应当与学生的实际情况充分结合。通过结合学生的成长环境以及生活中的经验，原本抽象的理论知识向生活化的方向转变，大大降低了学生在思想政治课学习过程中的难度，同时还能够积极主动地参与到思想政治学习中去。此外还需要对学生的实际学习情况进行及时了解，合理调整教学的方法与策略，结合学生的学习水平与学习特点，使其能够更加符合学生的实际要求，而不是盲目地追求新颖和创新的教学模式。

第三章　中学思想政治教师的教学语言技能

第一节　教学语言技能概述

一、教学语言

随着科学技术的进步，科技媒体语言变得越来越重要，但有声语言在课堂教学中仍然是不可替代的。一些教育家认为，教师的教学语言应该结合广播员的清晰、相声大师的幽默、讲故事者的流利和故事王的激情。虽然这是教学语言的理想境界，不是每个教师都能实现的，但它必须是每个热爱教育的教师一生追求的境界。

对于教学语言，中国古代教育史上对其有过深刻的探讨。《礼记·学记》中说："善歌者，使人继其声。善教者，使人继其志。其言也，约而达，微而臧，罕譬而喻，可谓继志矣。"孟子也曾说："言近而指远者，善言也；守约而施博者，善道也。"可见语言是交流思想的工具，在教育教学中作为教学信息的载体，是教师圆满完成教学任务的必备技能，这对每一个从事教师职业的人来说都是尤为重要的。优秀教学语言的魅力在于它能在教学过程中化深奥为浅显，化抽象为具体，化平淡为神奇，从而激发学生学习的兴趣，吸引学生的注意力和唤起学生的求知欲。作为一名合格的教师，应该根据课程标准和教材内容，推敲、斟酌教师用语的语法、修辞、逻辑，正确使用教学语言，向学生传授知识，传递情感，激发学生的学习兴趣，培养学生的创造性思维和逻辑思维能力。

二、教学语言技能

教学语言技能是一切教学活动（如传授知识和技能、培养能力和方法、表达思想和情感、激发学习兴趣等）的最基本的教学技能。教学过程不仅是学生对客观世界特殊的认识过程,也是学生发展的过程。首先这种特殊性是我们对前人已经“发现”的结果的概括和总结;其次,在学生认知过程中,教师起着引导、指导和疏导的作用,为学生的学习开辟“导航”之路;最后,教师的课堂教学应以研究教材的深度和广度以及知识的逻辑关系为基础,根据学生的认知顺序(从感性认识到理性认识、从已知到未知、从外到内、从普遍到特殊、从巩固到运用、从模仿到创造、从易到难、从简单到复杂)和学生的心理发展顺序(主要指学生认知能力的发展),精心组织教材内容,使用清晰准确、简洁生动、启发性强的语言,促进和帮助学生对知识的感知和理解。因此,教师的教学语言水平是影响学生学习质量和智力素质(思维能力、观察能力、注意力、记忆力、想象力等)的直接而重要的因素,是课堂教学有效运行的关键。

第二节　教学语言的功能及组成要素

一、教学语言的功能

对于思想政治课而言,课堂教学仍然是教师完成教学任务的主阵地,课堂教学中除了要求教师熟悉教材内容、了解学生基本情况、教学目标外,还需要用幽默风趣、生动准确的教学语言,与其他教学技能相结合,充分发挥教师在教学中的主导作用,完成教学任务,实现教学目标。在这里,我们只解释思想政治学科教学语言最基本的特征和功能。

(一)传递政治学知识信息

政治科目的教学活动需要教师通过教学语言来表达和交流,通过使用教学语言,教师可以引导学生观察他们所研究的对象或现象,并科学、清晰、准确地传达政治学的知识和信息。由此可见,只有教师使用规范、准确的教学语言,学生才能扎实地掌握基础知识,教师教学语言水平的高低直接关系教学的质量和效果。有研究表明“学生的知识学习同教师表达的清晰度有显著的正相关”,教师如果对知识点的讲解含糊不清,会直接影响学生对知识的理解和把握,最终会影响学生的学习成绩。所以准确、清晰地传递知识信息是教学语言的基本功,也是对教师进行教学语言训练的基本要求。

（二）组织课堂教学

不同的教学语言，会对学生产生不同的影响。恰当的教学语言可以明确学生的思维方向，集中学生的注意力；鼓励性语言可以激发学生的求知欲，调动他们的学习积极性；激发强化性语言可以吸引学生学习的兴趣，稳定课堂纪律；发自肺腑的教学语言可以促进师生的情感交流。例如，当学生的注意力不集中时，老师说："我看到××同学非常专注，眼睛一直盯着老师看，生怕自己错过了老师讲的每一个字，我相信他一定能把这个知识点学好。"或者说："老师有一个难题，想请同学们帮忙解决一下，看看谁能做得最好。"这样的教学语言可以有效地组织课堂。

（三）激发学生学习政治学科的兴趣

学习兴趣是促进学生积极愉快地探索知识的巨大动力，是发明创造的源泉。由于思想政治课相对其他学科而言比较枯燥、乏味，学生极易产生厌学心理。教师可以用有趣、幽默、艺术的教学语言来激发学生的学习兴趣，引导学生关心自己及自己身边的事情，关注国家的实事热点问题，促进学生的情感转移，培养学生对思想政治学科的热爱，促进学生形成正确的世界观、人生观和价值观。

（四）发挥语言表达的示范带头作用

中学教育是学生成才、学习基本知识和基本技能、发展学生思维、培养学生语言表达能力的阶段，而教师的教学语言是对中学生最具体、最直观的展示，对培养学生的语言表达能力起着重要作用。具有较高教学语言技能的教师可以在教学中对学生产生潜移默化的影响，很难想象，一个语言表达不清晰、缺乏逻辑思维的老师能培养出语言流畅、表达层次清晰的学生。因此，教师有必要加强教学语言技能的训练，以提高教学语言的效果。

（五）实现师生情感交流

著名教师于漪说："教师的语言要深于传情。语言不是无情物，情是教育的根。教师的语言更是应该饱含深情。带着感情教，满怀深情说，所教的课、所说的道理就能在学生中引起共鸣，从而心心相印。"[①]由此可见，课堂教学是教师和学生之间的双边活动，教师

① 时孝蓉：《讲究语言艺术 优化师生情感》，教师之友，2000.01

在传递知识和信息的同时，必须伴随着师生之间的情感交流。教师的语调、节奏和语气的变化，或舒缓平稳，或慷慨激昂，或清新闲谈，或委婉动人，或欢快昂扬、或庄严郑重……这些都能有效地表达教师的情感，影响师生之间的情感交流，在此基础上形成的师生之间的心理联系反过来又影响着师生间知识和信息交流的效率。

二、教学语言技能的组成要素

（一）语音和吐字

语音是语言的物质材料，是语言的基本构成单位。由各种有意义的音节信号组成的语言可以使内部信息以声音的形式发送和传递。首先，在课堂教学中，语音的基本要求是规范，即用普通话发音说话，不能模棱两可，含混不清，那些发音含混不清的人多数是因普通话不标准导致的，有的人地方口音比较重，有的人平翘舌不分，有的人n和l的音不分，就像"嘴里有个热饺子"，通常结尾不清楚或被吞没，有头无尾或有尾无头，说半天不知道他想表达什么。其次，音节是由嘴唇、牙齿、下巴和舌头的不同运动产生的。一些所谓的"大舌头"的人并非大舌头，而是不能发出卷舌音。唇是发音的出口，对控制吐字的质量有明显的影响。例如，发音时唇向前突出，会使字音包在口中，给人以压抑沉闷的感觉，如果适当地把唇收拢使唇齿相依，声音就会明朗、清晰许多。因此，为使声音集中，还必须加强唇的收撮力，如果唇的收撮力弱，就容易使声音发散，不清晰，所以，唇在控制普通话的吐字发音中具有特殊意义。同时我们要注意唇、齿、舌在发音中是一个整体，这三者相互协调才能完成准确、清晰发音的任务。只要认识到发音问题对学生学习造成不良的影响，注意每一个音节的发音部位，有意识地矫正，并且经常练习，是完全可以解决的。

（二）音量和语速

首先，音量是指语言的音强，它由发声时的能量大小来决定，教师要在课堂教学中使学生听得真切、清楚，教学语言必须有合适的音强，也就是音量要适宜。一方面，讲话声音的底气要足，就是通过肺部的运动产生足够的发音动力，使声音有足够的底气和动力，但是音量也不能过大，教室回声较大，高于65分贝，声音就可能成为噪声，干扰学生思维。另一方面，音量也不能过小，少气无力，容易使学生的注意力分散，学习气氛懈怠，缺乏生气和活力，低于45分贝就成了微语，学生听得很吃力而且听不清楚，也就无法刺激学生保持注意。一般上课的音量，应保持在45—65分贝之间，教师在进行教学活动时，一定要掌握好音量，克服语尾弱化、虚化、最后一个字的字音消失，或者说讲述长句子时不能连贯和完整的毛病，力求做到使最后一排学生听清楚，又不使第一排学生感到震耳。

其次，音量要有变化。教师在教学过程中，不仅要注意调整自己的音量，同时为了适应教学内容发展的需要和师生交流情感的需要，还要善于“控嗓”，这是教师进行语言调控的常规手段，用以显示教师教学语言的层次感和声音的错落美感。

最后，教师语速的快慢也会对教学效果产生影响。教学语言是一门专门的工作语言，不应该用日常习惯的语言速度去讲课，必须受课堂教学规律的制约。讲话的速度以平均每分钟多少字为适度呢？中央电视台播音员的语速为每分钟350字左右，中学课堂口语的速度要慢些，以每分钟180—250字为宜，过快或过慢都会影响学生的听课效果。一般地说，在学生注意力集中、精神饱满时，讲话速度可以快一些，声调可以低一些；在学生思维疲劳、注意力分散的时候，讲话速度可以慢一些、语调可以高一些。

（三）语气、语调和节奏

苏联的彼得罗夫斯基在他主编的《普通心理学》中说：“说话者在自己的语言中应当反映出各种不同等级的肯定语气、各种不同的问题形式，甚至是同一个词的发音，可能有不少于90种不同的语调，从其中每一种不同的语调中我们的交谈者便获得某种附加信息。”这里所说的语气是指句子中声音强弱、虚实的变化，可以用来表达不同的思想和情感。例如，“坐下”这个词用不同的语气可以表达不同的情感，比如温柔、善良、命令、愤怒、无聊等等。教师应当掌握“不同等级”的语气、语调变化，使传达的教学信息更生动、更丰富。语气修饰训练首先要求教师明确教学内容中的情感需求和师生之间的情感交流，分析教学内容中哪些部分要用疑惑的语气，哪些部分要表达严肃感、兴奋感、紧迫感等，使教师的语气满足教学内容的情感需求。同样，教师在与学生交流的过程中，说话的语气要尊重学生的个性，形成真诚、相互理解、相互尊重的良好氛围。在教学中，哗众取宠和用吹嘘的语言以及用挖苦、揭短、定论等语气，都会伤害学生的自尊，而教学语言的形式通过教师个人的素质修养得以真正体现。

教学语言节奏是指教师在一个相对完整的表述中，其语速的快慢、语音的强弱形成的语言态势，与教学内容表达和教师情感的表露密切相关。节奏与语速有联系，但不是一回事。语速是讲话的平均速度，并不意味着讲话中的每个字所占的时间一样长。有的字音长一些，有的字音短一些，句中、句间还有长短不一的停顿，如果伴随相应的语音强弱、力度的大小和句子长短的有规律变化，就会产生教学语言的节奏变化。由此可见，在教学过程中，教学语言的节奏也是影响学生学习效果的重要因素。

第三节　即兴讲演技能训练

一、即兴讲演

即兴讲演又称即兴演讲。它是一种因时而发、因事而发、因景而发、因情而发的语言表达方式。相对而言，即兴讲演，不可能拿稿子去念，它就像同志之间的激烈辩论、朋友间的交谈、宴会上的问候祝词、谈判过程中的有条不紊的应对等等。即兴讲演具有形式自然、灵活多变、相互制约、听说并行、语言精练、意义卓越、针对性强、即兴而发等特点，因此，即兴讲演对每一位政治教师来说都是非常重要的，在课堂教学中，如果没有即兴讲演的技巧，很容易出现无言以对，语言表达颠三倒四的现象。

二、即兴讲演技能训练

（一）即兴讲演的思维训练

口头表达是思维的外化和工具。思维是语言的内容，没有思维，就没有语言，语言表达的过程实际上就是表达思维结果的过程，说话的过程就是从内部言语到外部言语的转换过程。思考如何说话是一种思维活动，特别是即兴讲演，是一个激烈的思维过程。它经历了思想—句子—词汇—语音的快速转换过程，这个过程是完整的。如果任何环节出错，都会影响语言表达能力。思维训练通常有以下三种方法。

1.定向思维训练法

这是一种传统的恒定思维方式。这种思维可以培养我们深入思考的能力，帮助我们形成深入分析问题、透过现象看本质的良好习惯。

2.逆向思维训练法

就是把肯定变成否定，把否定变成肯定，把积极变成消极，把消极变成积极的思维方式。这种思维方式具有独立表达意见的特点。

3.联想思维训练法

是由一事物联想到其他事物的训练方法。其特点是闻一知十，触类旁通，使即兴讲演具有流畅性与变通性。

（二）即兴讲演的教学技能训练

白居易在《琵琶行》一诗中所描述的琵琶女弹奏的琵琶声："大弦嘈嘈如急语，小弦切切如丝语，嘈嘈切切错杂弹，大珠小珠落玉盘。"即兴讲演就要像这首诗所述的一样抑扬顿挫，错落有致，发音响亮，平仄相间，轻重得体，高低有度。首先，讲演前的准备。教师需要认真构思腹稿，在稳定情绪的同时要理清讲演思路，到讲台上胸有成竹。其次，讲演时的技巧。教师需要关注开头、过程与结尾。

1.开头的技巧

美国著名口才大师洛克伍德·桑佩说过："在整个讲演过程中做到轻松地、巧妙地和大家交流思想是困难的。然而，做到这一点的关键是讲演开头的表达。"即兴讲演是一种随行就市、临场发挥的行为。所谓万事开头难，要把讲演开头讲好也不容易，但是也不要把开头看得过分重要，规定得过于死板，这样会限制讲演的临场发挥。

下面引用几个讲演开头的例子，供大家参考。

举例1：直入式。直入式就是开门见山，直指主题。闻一多先生在他的《最后一次的讲演》中说道，"这几天，大家晓得，在昆明出现了历史上最卑劣，最无耻的事情！李先生究竟犯了什么罪，竟遭此毒手？他只不过用笔写写文章，用嘴说说话，而他所写的、所说的，都无非是一个没有失掉良心的中国人的话！大家都有一支笔，有一张嘴，有什么理由拿出来讲啊！有事实拿出来说啊！为什么要打要杀，而且又不敢光明正大的来打来杀，而偷偷摸摸的来暗杀！这成什么话？"[①]《最后一次的讲演》的开头语，闻一多先生几乎没有做任何铺垫，一开始就一连串激昂的感叹句把讲演直接引入正题，给听众一种畅快淋漓的印象。

---

① 王学珍，张万仓主编《北京高等教育文献资料选编1861—1948》，首都师范大学出版社，2004，第869页。

举例2:引用式。毛泽东同志在《为人民服务》中说道,“人总是要死的,但死的意义有不同。中国古时候有个文学家叫做司马迁的说过:人固有一死,或重于泰山,或轻于鸿毛。为人民利益而死,就比泰山还重;替法西斯卖力,替剥削人民和压迫人民的人去死,就比鸿毛还轻。张思德同志是为人民利益而死的,他的死是比泰山还要重的。因为我们是为人民服务的,所以,我们如果有缺点,就不怕别人批评指出。不管是什么人,谁向我们指出都行。只要你说得对,我们就改正。你说的办法对人民有好处,我们就照你的办。‘精兵简政’这一条意见,就是党外人士李鼎铭先生提出来的;他提得好,对人民有好处,我们就采用了。只要我们为人民的利益坚持好的,为人民的利益改正错的,我们这个队伍就一定会兴旺起来”[①]。

举例3:提问式。毛泽东同志在《论持久战》中说道,“伟大抗日战争的一周年纪念,七月七日,快要到了。全民族的力量团结起来,坚持抗战,坚持统一战线,同敌人作英勇的战争,快一年了。这个战争,在东方历史上是空前的,在世界历史上也将是伟大的,全世界人民都关心这个战争。身受战争灾难、为着自己民族的生存而奋斗的每一个中国人,无日不在渴望战争的胜利。然而战争的过程究竟会要怎么样?能胜利还是不能胜利?能速胜还是不能速胜?很多人都说持久战,但是为什么是持久战?怎样进行持久战?很多人都说最后胜利,但是为什么会有最后胜利?怎样争取最后胜利?这些问题,不是每个人都解决了的,甚至是大多数人至今没有解决的。于是失败主义的亡国论者跑出来向人们说:中国会亡,最后胜利不是中国的。某些性急的朋友们也跑出来向人们说:中国很快就能战胜,无需花费大气力。这些议论究竟对不对呢?我们一向都说:这些议论是不对的。可是我们说的,还没有为大多数人所了解。一半因为我们的宣传解释工作还不够,一半也因为客观事变的发展还没有完全暴露其固有的性质,还没有将其面貌鲜明地摆在人们之前,使人们无从看出其整个的趋势和前途,因而无从决定自己的整套的方针和做法”[②]。总之,即兴讲演的开头方式很多,除了以上,还有故事式、悬念式、自我介绍式等等,在中学思想政治课教学中,可以逐一实践应用。

2.教学讲演中的技巧

讲演中,多采用数字来增加讲演的表现力和说服力。如习近平2015年9月26日在联合国峰会上的讲演:改革开放30多年来,中国立足自身国情,走出了一条中国特色发展道路。中国基本实现了千年发展目标,贫困人口减少了4.39亿,在教育、卫生、妇女等领域

---

① 张平江主编《党性修养简明大词典》,内蒙古人民出版社,2018,第179页。

② 韩扬主编《学习中共党史必读》,经济日报出版社,1991,第131页。

取得显著成就。中国发展不仅增进了13亿多中国人的福祉，也有力促进了全球发展事业。60多年来，中国积极参与国际发展合作，共向166个国家和国际组织提供了近4000亿元人民币援助，派遣60多万援助人员，其中700多名中国好儿女为他国发展献出了宝贵生命。

3.结尾的技巧

讲演的结束语用好了能起到意想不到的效果。结尾的方式有：总结式、升华式、启发式、号召式等。结尾应该努力增强说服力，如法国著名总统戴高乐的即兴讲演成为讲演的教科书案例。戴高乐在《谁说败局已定》中说道，“那些多年身居军界要职的将领们已经组成了一个政府。这个政府以我们的军队吃了败仗为由，同敌人接触，意在谋取停战。毫无疑问，我们确是吃了败仗，我们陷于敌人陆、空军的机械化部队的围困之中。我们之所以受挫，不仅是因德军人数众多，更重要的是他们的飞机、坦克和战略。正是德军的坦克、飞机和战略，使我们的军队不知所措，置他们于今天的境地。但是难道已一锤定音，胜利无望，败局已定吗？不，绝不如此！请相信我，因为我对自己说的话胸有成竹。我告诉你们，法兰西并没有失败。我们完全可以以其人之道还治其人之身，并有朝一日扭转乾坤，取得胜利”①。戴高乐在分析了敌我双方的形势后，他以一位领袖所具有的宏大气魄，断然否定了暂时的失败，表现出了对困难的极大蔑视和对胜利的坚定信心。这种结尾方式使得讲演者的情感得到突出和升华。

总之，通过教学语言技能的训练，中学思想政治教师的语言表达更加清晰了，语言组织能力提高了，遣词造句的能力也得到了锻炼和提升，这也对教师的思维敏捷性和用词的准确性起到了良好的训练作用。同时，教学语言也是教师思想的反馈，有了这些反馈，将有助于修正和提升中学思想政治教师的思维品质，更加有利于语言能力的发展。

三、练习：请从以下选题目中抽取一个或两个进行讲演

1.浅谈学校教育与家庭教育之间的关系。

2.如何理解“我爱我师，我更爱真理”？

3.有人说，教师从事的是“太阳底下最光辉的职业”，有人说教师职业“两袖清风”……你认为教师从事的是一种什么样的职业？

① 向弓主编《名家经典散文精选珍藏版第4卷演说、情书》，四川文艺出版社，1995，第154页。

4.“用教材教”不等于“教教材”,你赞成这种观点吗,为什么?

5.教学过程是一个开放的、互动的、对话的、生成的过程,请你阐述你对该观点的理解。

6.请阐述对下列观点的理解:学生是成长发展中的、活生生的生命个体。

7.多媒体课件在今天的课堂教学中已经越来越发挥着不可替代的作用,请你结合自己的课堂教学,谈谈怎样运用多媒体课件才是恰当地发挥了课件的功能。

8.俗语说,“要给学生一杯水,教师要有一桶水”,在新课程改革背景下,教师应如何应对学科知识不断更新的挑战?请阐述你的观点。

9.教学语言是教师传递信息、提供指导的重要手段和工具,举例谈谈教师的教学语言特点。

10.俗话说:“编框编篓,全在收口。”在教学过程中,有一些教师忽视结课的作用,常常出现虎头蛇尾、草草收场的情况,或是提前下课,或是拖堂等等。请结合课堂教学实例谈谈课堂结课的功能。

11.问题是学习的起点,新课程提倡通过创设问题情境,让学生在活动中自主建构知识,但这样的做法往往耗时、耗力,学生的考试成绩却不一定比通过教师讲授式教学习得的来得高。试谈谈你的观点。

12.新课程改革强调教学方式与学习方式的改进,在教学中是否只有活动式教学,也就是发现式教学、探究式教学,才能体现学生的主体地位,谈谈你的看法。

13.随着多媒体辅助教学的运用,很多教师把制作课件(PPT)的过程等同于备课过程,备课就是制作PPT,上课就是播放PPT,你是如何看待这一现象?

14.课堂教学既要放得开,又要收得拢,请说说你对此的理解。

15.教学是一门技术还是一门艺术,你倾向哪一种看法?若两者都不同意,请谈谈你的看法。

第四节　教学体态语言及应用

《礼记·乐书》记载:“说之,故言之;言之不足,故长言之;长言之不足,故嗟叹之;嗟叹之不足,故不知手之舞之,足之蹈之也。”[①]这里“手之舞之,足之蹈之”说的就是体态语言。

① 子思:《中国古典名著百部　礼记·孝经·大学·中庸》,远方出版社,第127页。

体态语言是人的身势语或手势语，它通过诸如面部表情、举止、身段、眼睛、仪表、动作神态等表现形式，使人产生情感或情绪上的体验并引起共鸣。正确合理地使用体态语言，以弥补“言之不足”的局限性，对教师和课堂教学来说，具有重要的意义。

一、体态语言的作用

心理学家阿尔伯特·梅鲁宾(Albert merubin)的实验表明：信息的总效果=7%的文字+38%的声音+55%的无声(人体)语言。不难看出，肢体语言所占的比例最高，它在传递信息方面起着重要作用。优美的肢体语言不仅能反映中学思想政治教师的思想感情、知识水平、道德修养、智力和人格特征，而且能使受教育者在不知不觉中得到美的熏陶和享受。经验丰富的中学思想政治教师往往善于运用适当的肢体语言来调节课堂气氛，吸引学生的注意力，激发学生的学习积极性，陶冶学生的情操，从而提高课堂教学效率，达到事半功倍的教学效果。

二、教学体态语言的课堂运用

在中学思想政治课堂教学中，教师的肢体语言是师生交流情感和进行知识信息传递的另一种语言。在整个教学过程中，教师的肢体语言成为另一种感性的、潜移默化的强大力量，从知识、情感、意念等方面塑造学生。如果教师能在思想政治教学中灵活艺术地运用肢体语言，就能使课堂更生动、更富有感染力，达到事半功倍的效果。

(一)艺术地运用眼睛

爱默生说：“人的眼睛和舌头说的话一样多，读懂他们不需要用字典，可以通过眼睛的语言了解他们的一切。”人的眼睛能传神、会说话，最能表达细腻的情感。中学思想政治课堂教学中，教师要艺术地运用眼睛。

1.把目光洒向每个学生

思想政治课堂教学中，中学教师的目光如能自如、合理地投向每一个学生，则表示教师对每个学生的关注。教师在讲课时要不时地用眼睛环视整个课堂，使学生感到你在课堂上对他的关注，调动每个学生的参与感。切记，在教学中教师如果只顾自己的上课内容，没有与学生目光的交流，或者教师在板书的过程中，一边板书一边讲课，没有与学生的目光接触，没有与学生的情感交流，就会让整个课堂失控，使学生产生厌学，教师的教学也就达不到自己想要的教学效果。

2.学会与每个学生的目光交替“对流”

师生眼光的接触，实际上是一种无声的语言交流，其中既有赞赏、期待和鼓励，也有暗示、责备和制止，双方丰富的内心感情都是用眼睛在巧妙地传递和表达。中学政治教师只有从课堂上与每个学生的目光交替“对流”，才能把握信息反馈，及时地调整教授内容、方法和速度，用目光对学生施加赞许、批评、制止、激励等影响，以期在这种相互“对流”中实现教与学的同步运行，高质量地完成思想政治课的课堂教学任务。

（二）巧妙地运用脸语

表情能提供和传递大量的信息。在课堂上，教师的表情应该和谐、亲切、充满工作热情。

1.把微笑带进课堂

作为中学思想政治课教师，学生回答问题的时候，脸上保持微笑是对学生的一种期许和激励，面部表情僵硬，就会使学生感到困惑，觉得自己的回答是不是让老师觉得特别不满意。与此同时，学生在学习思想政治学科过程中常常会伴有困难和疑惑，这就需要教师在课堂上使学生产生乐观、自信、积极向上的心态，而微笑正好有此神效。因此，教师应把微笑带进课堂，用微笑去征服学生的心灵。

2.富有情感、巧妙地运用表情

教师授课要富有情感，这也易于产生情感共鸣，激发学生参与课堂活动的积极性。如教师讲述感情成分浓厚的观点或事件，或分析感情成分浓厚的知识点时，如果语言平平板板，面无表情，学生难免怀疑教师讲的是否发自内心，是否具有真理性，会使讲授内容的可信度下降，减弱教学效果。如果在注意了语气、语调、语速的变化的同时，再伴以或憎恶、鄙视，或兴奋、喜悦的面部表情，则能加强教师情感信息的传递，加深学生对教学内容的理解，从而收到较理想的教学效果。

（三）恰当地运用手语

在课堂教学中准确适度地运用手语，既可以传递思想，又可以表达感情，还可以增加有声语言的说服力和感染力。

1.运用手语组织教学

中学思想政治课堂教学中，恰当地运用手语组织教学，会加快课堂节奏，增加学生练习密度，提高课堂教学效率。如想让学生停止活动，可以使用体育裁判常用的暂停动作；用双臂合围的姿势表示某一个小组或全班学生一起重复或回答；双手交叉表示交换等。

2.运用手语进行教学

课堂教学中教师要自然、协调、恰当地运用手语，使学生更好地理解教学内容。当讲述复杂内容时，手语可以帮助澄清、描绘或强调事实，同时也可以吸引学生的注意力。

总之，教师除了要在有声语言的传递上下功夫，还要加强在课堂上的自身行为修养，努力掌握体态语言的表达艺术，提高体态语言的积极效能。

第四章　中学思想政治教学中的媒体使用与板书设计

随着计算机应用领域的不断扩大，多媒体技术和网络技术的不断进步，多媒体计算机辅助教学已经成为衡量一所学校现代化水平的重要标准，多媒体课件的应用也成为评价一节课质量的主要因素。那么，使用多媒体课件是优化教学效果的唯一或重要手段吗？如何正确使用多媒体课件，达到预期或更好的教学效果？使用多媒体课件的目的是优化教育教学效果，那么，什么是优化呢？通俗地说，就是让学生在相同的条件下，在相同的时间里学习得更多、更快、更扎实。优化有两个标准：最大效果和最短时间。多媒体课件不是优化教育的全部内容，更不是教育的全部内容，却是教学过程中不可或缺的一部分。

第一节　多媒体课件

一、多媒体课件简介

从20世纪80年代中后期开始，多媒体计算机技术成为人们关注的热点之一。多媒体技术是一种迅速发展的综合性电子信息技术，它超越了传统的计算机系统、音频和视频设备，给人们的生活、工作和娱乐带来了深刻的变革。20世纪90年代，信息化发展越来越迅猛，媒体被广泛应用，并发挥着非常重要的作用，改善了人类信息的交流，缩短了人类传递信息的路径。

对于思想政治学科的教学而言，多媒体课件是指思想政治课教师围绕某一个或几个知识点，以知识点讲解、教学重难点和典型问题解决、实践过程演示等为主要内容，通过计算机综合处理多种多媒体信息，如文本、图片、图像、声音、视频等，建立逻辑链接，集成为一个交互性系统。

二、政治学科多媒体课件的设计原则

（一）结构完整清晰

在政治学科教学中，一节40—45分钟的课，PPT幻灯片的制作起码要设计20张甚至更多。假若把教材中的内容或课外的资料不分主次、不分层次地全部都往PPT里面放，会让学生找不到本节课的重点，也给学生记录笔记带来了困难。这就要求教师在设计的过程中把握教学内容，因此，PPT课件的制作应该遵循结构清晰、文字精练、重点突出的原则。

（二）重点难点突出

在多媒体设计过程中，有的教师喜欢使用过多且花哨的东西，这会导致学生把注意力放在教学内容以外的东西上。因此，教师要注意处理教材内容和教学资源，学会在备课的过程中做"加法"，在制作PPT过程中把与教学内容有关的素材（文本、图形、图像、视音频、动画）放到PPT里面去，对那些与教学内容关系不大的内容就一定要学会做"减法"，此来突出教学重点和难点。

（三）篇幅合理，色彩搭配和谐

在制作PPT课件的过程中，每张PPT的字数控制在30—60字为宜，讲的时间以2—5分钟比较合适。如果PPT的内容比较多，比较杂，就应该把内容分成两张或三张PPT，切记在一张PPT上进行堆砌。在色彩搭配上，PPT也不要"五颜六色"，过多的颜色会让人觉得眼花缭乱，一张PPT最好不要超过三种颜色，且所选择的颜色或模板应该与教学内容相匹配。

三、政治学科教学素材的收集途径

现在的中学生生活在一个信息开放的时代，他们获取知识信息的途径非常广泛，书本上的知识已经不能满足他们的学习需求，加上政治学科本身就与社会生活联系紧密，这就要求思想政治课教师在PPT课件制作过程中，除了要研究教材，吃透教材以外，还要广泛涉猎与教学内容相关的知识，比如最近发生的时政要闻、突发事件等。那么，这些素材我们应该去哪里找呢？

（一）收看与时政相关的电视节目

中央或地方电视台每天播放的《新闻联播》《焦点访谈》《地方新闻》等节目涉及的内容非常广泛，不仅包括时政、经济，兼顾军事、工业、农业、商业、科学、教育、文化、卫生等，还包括社会民情、文艺娱乐、外交资讯等内容，教师通过观看电视节目可以了解国家最新的时政信息，并对这些信息进行分析整理，及时与学生分享，使之成为教师讲授知识和学生进行学习的第一手资料。

（二）推荐使用学科网

学科网支持语文、数学、英语、政治、历史、物理、生物、化学、地理等9个科目的筛选 。就政治学科而言，通过学科网，教师可以下载很多与教学内容相关的资源，包括一些专家的教案，还可以下载相关的视频资源、练习题、试卷等。这样，教师在分析教材的基础上就可以丰富自己的教学内容，学习更多教师的教学方法，借鉴更多的教育教学经验，取长补短，制作出符合自己教学风格的、信息丰富的PPT课件，帮助学生掌握新知识，探究新问题。

（三）国家中小学网络云平台

教师通过国家中小学网络云平台也可以搜索到与教学内容相关的信息，在对这些信息进行加工处理的基础上，教师可以更加自如地做好PPT课件的设计，在教学过程中通过PPT展示，引导学生积极思考、讨论和表达自己的观点，使教师的主导性作用，学生的主体性作用发挥得更好。

（四）“学习强国”学习平台

“学习强国”学习平台是由中共中央宣传部主管，以习近平新时代中国特色社会主义思想和党的十九大精神为主要内容，立足全体党员、面向全社会的优质平台，其目的主要通过要闻、短视频等传播正能量、弘扬新思想，这些资源对调动学习者的学习积极性有着极大的帮助，更是我们思想政治学科教师获取信息的主要渠道。

第二节　电子白板

2019年2月23日，中共中央、国务院印发了《中国教育现代化2035》，该文件提出了教育现代化的指导思想，并提出了十大战略任务，其中第八条战略任务就是要加快信息化时代教育变革。其主要内容是要建设智能化校园，统筹建设一体化智能化教学、管理与服务平台，利用现代技术加快推动人才培养模式改革，实现规模化教育与个性化培养的有机结合。由此可见，教育信息化逐渐从边缘走向中心，不是“可有可无”，也不仅仅是“辅助”，而是“利器”“重器”，它为我们探索教育供给的新模式、探索教育治理的新模式、探索人才培养的新模式指明了方向。

一、思政课教师利用多媒体的表现

按照《教育信息化2.0行动计划》《中国教育现代化2035》的部署，我国到2022年要基本实现信息化教学应用覆盖全体教师。因此，中学思想政治课程实行信息化教学已是不争的事实，这就要求思政课教师在日常教学中力图将现代信息技术有效融合于备课、课堂教学以及课后作业测评等教育教学阶段，以期达到备课迅速有效、上课互动生动有趣、作业测评及时精准的目的。

（一）电子备课

1.利用网络搜索、下载中学政治教学资源

采用电子备课的方式，可以更好地利用网络资源，灵活地进行教学设计。备课时我们可以利用网络搜索所需的教学资源。最常用的方法就是通过搜索引擎寻找所需的教学资源。我们可以在搜索引擎中输入关键词，然后点击“搜索”，系统会很快返回查询结果。

2.借助电子白板制作课件

电子白板是一种全新的教学辅助工具。所谓电子白板实际上是一种计算机设备，在使用过程中，通常将摄影机投影在电子白板的背面，计算机图像从白板的背面显示，使用户可以非常自然地操作计算机，而不会遮挡投影光产生的任何阴影，这大大弥补了传统

投影设备的缺陷。随着多媒体在课堂教学中应用的日益频繁,电子白板产品也被应用到教学领域,尤其是交互式电子白板产品。在现代教学资源中,最实用、最容易操作的电子白板最突出的功能是集备课、授课于一体,不管是在办公室,还是在家里,只要安装上相关软件,就可以备课。登录自己的云平台账号,就可以把制作好的课件上传到云平台。平台对上传的课件随时保存,不易丢失。

(二)上课阶段

传统PPT曾极大地方便了日常课堂教学,但信息技术的发展日新月异,目前交互式电子白板日益受到一线教师的喜爱。电子白板有许多新的功能,比如定时功能、屏幕批注、拖放组合、绘画、拍照上传、多媒体播放等功能,极大地方便了教师的课堂教学,通过白板的使用,可以提高学生学习的积极性,有效增强教学效果。

(三)练习、试卷测评阶段

有了电子白板,思政课教师就可以把做好的练习题、试题库或者试卷上传到电子软件中,经过前期的建设,其目的就是要生成相应的练习题或者试卷,并在平时或者考试过程中随机抽题。由于教师的试题都是对知识点的凝练,能够反映出教师的教学水平和学生对知识的掌握程度,电子白板的使用,可以使教师出题的方式灵活多样,试题的内容也更加丰富,对学生的考查也会更加全面。

(四)精准教学分析阶段

教师在评阅完试卷之后,电子软件会针对教师对学生的练习或考试情况做出理性分析和判断,比如知识点的分布、整个班级的考试情况、学生掌握知识的情况,以便教师有针对性地做出教学反思,改进教学方法,促进教师教学水平的提升和教师自身的成长。

二、电子白板的优势

(一)无需粉笔或鼠标

无论是传统的黑板板书,还是普通的多媒体课件,教师在课堂教学中都需要使用粉笔或鼠标。然而,在使用电子白板的过程中,所有操作都只需要用手指就可以完成,简单方便。它不仅可以避免使用粉笔给人的身体造成的危害,减少使用鼠标带来的不便,还可以节省资源。更好地体现了健康、环保、节能的课堂教学新模式。

(二)拥有丰富的多媒体资源

电子白板是在传统多媒体课件的基础上改进的,它拥有丰富的多媒体资源。此外,教师可以在教学过程中随时书写和标记。它还可以记录整个教学过程,将其保存为教学视频并发送给学生,从而将学生从繁重的课堂笔记中解放出来。教师还可以借助教学视频进行远程交流和教学研究,避免不能现场授课给正常教学带来的不便,有助于教师提高教学水平。

(三)功能更加强大

电子白板功能强大。电子白板不仅具有传统多媒体设备的功能,而且还具有许多新功能,比如拖放、拍照、隐藏、拉屏、着色、匹配、及时反馈等功能模块,尤其是在视听功能方面有很大的突破。教师使用这些工具可以提高学生的学习兴趣和注意力,更好地调动学生的学习积极性。

三、课件与电子白板的结合运用

电子白板课件是一种办公教学平台,它是汇集了尖端电子技术、软件技术等多种高科技手段而研发的高新技术产品。电子白板课件与传统的PPT演示有相似之处,即它们都可以将教学内容分成不同的页面进行显示,插入视频和图像,并制作动画等。然而,与传统的PPT演示相比,电子白板有更多创新之处。例如,PPT演示是预设的,是教师为课堂预设,互动性非常有限,开放性较弱,不利于政治课堂教学内容的生成。电子白板课件结合了黑板书写和课件演示的优点,它不仅可以展示视频、图片和制作动画,还可以调动学生积极参与课堂教学,弥补了传统课件的不足。电子白板课件的特性主要有以下三个方面。

（一）交互性强

政治课堂教学强调处理预设与生成的关系。自从PPT演示应用于教学领域以来，许多教师已经陷入了“仅限于课件”的误区。他们认为课堂主要是在PPT上展示和教授预设内容，而不考虑课堂的生成，因此，PPT演示文稿缺乏互动性的问题日益暴露出来。许多专家呼吁教师在使用课件时要配合黑板书写，以弥补课件交互性不足的问题。然而，有的学校由于在安装教学设备时没有充分考虑这一问题，不能同时使用多媒体设备和黑板，电子白板课件在教学领域的应用就很好地解决了这一问题，教师不仅可以在电子白板上显示PPT演示文稿，而且还可以随时在电子白板上补充PPT演示文稿，这样就可以把课堂预设与生成之间的关系处理得很好。

（二）开放性

当教师使用传统的PPT演示进行教学时，整个课堂教学是封闭的。教师只能完全围绕课前设计的PPT演示进行授课，很难在课堂上根据学生的实际学习情况进行调整。学生只能处于被动接受知识的状态，这严重限制了学生的学习积极性，整个课堂教学是按部就班的，缺乏活力。将PPT演示与电子白板相结合制作白板课件，可以弥补传统课件开放性不足的缺陷。同时，白板课件为学生和教师保留了更多的空间，它不仅可以将教学所需的各种资源保存到交互式白板资源库中，而且还可以根据学生的实际情况实时调整原有课件内容，更加开放。

（三）关联性

如前所述，使用多媒体课件是为了达到更好的教育教学效果，而教育教学效果的优化应该通过教师与学生的共同合作来实现，这就要求教师正确把握现代教育理论，合理运用现代教育技术手段开展教学，提高学生学习的积极性和主动性。

1.教师在课堂多媒体教学中的角色和作用

现代教育技术要以教师为中心。在教学过程中，课件起着辅助作用，它不会也不应该超越教师的地位。随着多媒体课件在课堂教学中的使用，我们的课堂内容将变得更加丰富多彩，学生的积极性得到提高。同时，我们也应该认识到，多媒体课件的出现和应用对教师提出了更高的要求，教师的作用也更大。在课堂教学中，教师可以通过学生的反应迅速获得大量有关教学效果的反馈信息，从而调整教学内容和教学策略，提高教学质量。许多教师忽视了这一点，在制作多媒体课件上投入了大量精力，有的教师甚至巴不得把整个教材和所有教学资源全部搬到PPT里面，似乎有了课件，就可以高枕无忧了。然而，事实恰恰相反，教师仍然是课堂教学质量的关键因素，自始至终都承担着完成教学内容，实现教学目标的任务，是学生锤炼品格、学习知识、创新思维、献学祖国的引路人。

2.人的情感在教与学过程中的体现

教育要注重人自身心理的发展和完善，通过情感沟通、表扬鼓励、关心关爱等非智力因素，缩小师生之间的距离，加强师生之间的默契合作，更好地提高学生的学习效果。在使用多媒体课件进行教学时，教师不应过分依赖PPT课件来达到良好的教学效果，而应该把多媒体课件当作辅助工具，使课堂更加生动、形象、有效，而不是成为讲解课件内容的教师。值得注意的是，我们的课堂是多媒体辅助教学，真正的主体还是教师和学生。

总之，随着多媒体技术的不断发展和计算机辅助教学的普及，多媒体课件也发挥着越来越重要的作用，但由此产生的问题也越来越多。如何合理利用多媒体课件，使其真正成为有效的教学辅助工具，已成为教学中的一大难点，这要求教师正确认识多媒体课件与现代教育媒体的关系，合理利用现代教育媒体与传统媒体的结合，使多媒体真正成为优化课堂教学的辅助工具。

四、使用多媒体课件对政治课教学的作用

（一）使用多媒体课件有利于提高教学质量

1.加深学生对知识点的理解

多媒体课件具有持久性，学生可以直观、生动地接收信息，将稍纵即逝的口头知识转化为视觉信息，可以激发学生的视觉注意力，使学生在认知和学习过程中加强理解和记忆。一方面，通过直观、独特的课件设计，可以高度概括教学内容和过程，向学生呈现知识的核心和重点，帮助学生记忆。另一方面，系统完整的教学课件可以起到总结的作用，给学生强烈的愉悦感和美感，清晰地揭示教学内容的内在联系，从简单的句子和图片的排列中找到整个知识的轮廓和顺序，加深对知识的理解，进一步强化对知识点的学习。

2.提升教师教学能力

优秀课件不仅可以提高教师的教学质量和效率，而且可以提高教师的综合素质，让教师在备课、制作课件和教学过程中理清教学思路，也就是说，教师设计多媒体课件的过程，也是教师理解教材、吃透教材的过程，在思想政治课教学中，多媒体课件可以反映教师的审美意识、创新意识、严谨意识等，可以凸显政治教师的教学理念和教学方法，这不仅能体现教师教书育人的能力，而且还是教师的个性、修养和素质的体现。

3.激发学生的学习兴趣

多媒体课件需要通过学生的视觉器官传达信息，这比语言更直观。一方面，多媒体课件可以使用简洁的词语或符号把抽象难懂的知识具体化、形象化，对学生思维的形成起到潜移默化的作用。因此，教师在设计多媒体课件时会运用一些具体的文字和图片来揭示教学知识点之间的关系。另一方面，教师通过对学生正确的思维方法和过程的引导，不仅可以激活学生的思维，还可以帮助学生找到思考问题的方向，从而调动课堂教学氛围，培养学生的整体思维能力，使学生更好地掌握课堂所学知识。

4.提高教师教学效率

近年，多媒体教学成为教师课堂教学的重要方式。提高教师多媒体课件的设计能力是提高教学效果和教学质量的保证。优秀的多媒体课件不仅能吸引学生的注意力，还能为学生解答困惑，一目了然地呈现教学内容，便于学生理解和记忆。设计良好的课件有利于教师理清文章的语境，优化教学内容，便于提纲挈领，实现教学目标。

（二）提高学生学习效率

多媒体课件具有生动、丰富、及时反馈的特点。教师可以根据教学内容为学生提供知识内容、范例、演示和反复学习等便利，这更有利于学生理解和巩固知识，提高教学质量。

1.有利于实现教学目标

教师可以利用多媒体课件呈现教学内容，一方面，教师可以在一定程度上节省写板书的时间，从而有更多的时间与学生进行沟通和交流。同时教师也可以使用和支配更多的信息资源，扩宽教师的知识面，为学生的学习提供更多的帮助。另一方面，它可以在利用图像中呈现视觉和听觉刺激，突出重点，吸引学生的注意力，帮助他们理解教学重难点，加深他们对学习内容的印象；同时多媒体课件还可以使教学内容一目了然，使学生掌握重点和难点，使教师的课堂更加生动，课堂气氛更加活跃，提高学生的学习兴趣和听课效率。

2.清晰呈现教学内容

教师通常有这样的经验：在课堂教学中，有许多任务是传统媒体无法完成的，比如解释更多抽象的知识和人眼无法触及的微观世界。过去，教师在讲解时往往感到无能为力，但今天的多媒体课件解决了这个问题。当然，多媒体课件除了可以弥补传统教学的一些不足外，还可以改进原有的教学方法，使教学内容更加生动、形象。例如，教师在讲解高中《思想政治》必修四《哲学与文化》第一单元“探索世界与把握规律”第二课《探究世界本质》第二课时《运动的规律性》这一课时的内容时，教师就可以通过多媒体课件展示火山爆发及“仙后座A”超新星的美景，让学生懂得运动是物质的运动，脱离物质运动的载体是不存在的。这样，通过课件的演示和教师的指导，学生能充分发挥学习的主动性和积极性，可以达到更好的教学效果。

3.适应学生个别差异，因材施教

现在很多学校都开设了声像阅览室，在互联网上共享多媒体教学资源，这为学生提供了更多的学习机会，解决了在传统课堂中不能理解的问题。同时，大量的信息资源可以丰富学生的知识，学生可以根据自己的兴趣爱好进行广泛的学习，真正达到因材施教的目的。

（三）注重新媒体与传统媒体相结合

多媒体课件是现代教学的重要工具，它可以针对教材中的知识点或教学环节而精心设计一种情境化、趣味性、可视化的数字化资源。但在实际教学中，要注意与传统教学媒体的结合。选择教学媒体时应注意哪些因素和注意事项呢？

1.学习者的原因

学习者的特点是教师选择教学媒体时必须考虑的因素。一方面，它包括学习者的年龄、心理特征、认知结构、知识和经验等。相同特征的学习者在使用不同的教学媒体时，往往会产生不同的教学效果。因此，教师在选择和使用多媒体课件时，应充分考虑和评价学生的特征。另一方面，在制作多媒体课件时，教师应该投学生所好，通过兴趣的调动

来表现教师所期待的学习行为。同时，虽然新鲜、新奇、独特、动态的事物可以激发学生的学习兴趣，但我们必须掌握这个“度”，过分追求新鲜、新奇、独特和动态课件会使学生的注意力分散，尤其是意志力弱、注意力不能长期保持、观察问题能力弱、性格不稳定的中学生。一般来说，学生能从与他们的年龄、心理特征、认知结构、知识经验等匹配的教学媒体中更多地获益。

2. 依据教学内容选择适当的教学媒体

利用多媒体课件进行教学的最终目的是要达到最佳的教学效果。因此，无论是现代媒体还是传统媒体，只要能达到优化的教学效果，它都是最适合这种教学内容的媒体。例如，教师在讲授高中《思想政治》必修四《哲学与文化》第一单元“探索世界与把握规律”第三课《把握世界的规律》第二课时《世界是永恒发展的》这一内容的时候，教师就可以用多媒体展示从“算筹”到“超级计算机”的发展历程，这样可以使学生对知识的理解更加直观。

3. 教学媒体与教师教学能力的匹配

在教学过程中，仅仅看教学媒体的特点和功能是不够的。我们还应该从学校的实际出发，尽量选择教学效果好、成本相对较低的教学媒体。此外，教师应从使用教学媒体的能力出发，选择和使用与自身能力相匹配的多媒体课件。

第三节　板书设计

随着教育科学的发展，我国产生了多种学科，也为教育教学的发展提供了足够的动力。思想政治课具有不同于其他学科的性质和特点，它在教学过程中更加考验教师的教学能力。教学板书设计是政治教师教学技能的重要组成部分。板书的优劣必然会影响学生对思想政治学科知识的吸收。因此，教学板书设计的问题越来越受到相关的教育专家、学者的重视。

一、板书设计的原则

（一）板书要具有实用性

作为课堂教学的重要组成部分，板书有利于学生对教科书知识的概括，有利于教师在传授知识时把握主线，有利于师生之间的双边互动。然而，在设计板书时，教师不应过分追求这些优点，而忽视黑板书写的实用性。在发挥提纲挈领作用时，黑板书写应简洁明了，避免内容过多过满，即内容不应过于庞杂。在抓好主线的作用时，板书要条理清晰、层次分明、避免散乱，也就是说，主线不能太松散、太散乱，以免学生在互动过程中不能准确把握教师的教学意图。

（二）板书要具有政治学科的特色

对于不同的课程，板书的设计应该有自己的特点。例如，对高中思想政治课来说，教师在上课之前应该澄清高中思想政治课程的性质、教学目标以及课程设计等。在阐明这些问题之后，我们应该根据不同的内容设计板书。如高中思想政治课是一门理论性、政治性很强的课程，这就要求教师在设计板书时把理论知识放在最突出的位置，然后对这些理论进行分析和解释。此外，我们应该注意板书各个部分之间的联系。如生产力和生产关系之间的相互关系，我们就可以用表示辩证关系的符号来衔接。

（三）板书要具有醒目性

在板书过程中，教师要有意识地考虑使用彩色粉笔。虽然板书不需要彩色，但如果只使用一种颜色，就会过于单调，不利于突出知识的重点和难点。就像你在调色板上涂颜色一样，你应该考虑颜色如何变化，以达到最佳效果。因此，教师可以根据学生的视觉和心理特点，适当运用一些彩色粉笔，从而达到意想不到的效果。以黑板的颜色为黑绿色为例，黑板书写的主题内容用白色粉笔展示，其余内容可根据教学重点和难点灵活使用彩色粉笔。例如，关键内容可以用红色突出显示，需要注意的地方可以用黄色突出显示。这样，颜色就清晰了，让学生一眼就能看到。但是，在板书的时候所使用的彩色粉笔也不应该过于复杂，容易让人眼花缭乱，这会直接削弱教学效果，影响教学目标的顺利完成。

（四）板书的语言要具有简洁性

教学过程不仅是一个讲授与接受的过程，也是学生之间相互合作与交流的过程。因此，板书语言还应注意交际对象、交际环境、交际手段和交际效果，在什么情况下以及以什么方式，使板书语言能被学生接受，这都需要教师在整体布局的前提下进行详细考虑。教师应做到：(1)掌握板书的语言适宜性，做到语言规范化。力求简单，避免夸张和做作；尽量使用自然流畅的文字，避免刻意雕琢；尽量使用积极的语气，避免歧义和要点。(2)简明扼要，切中要害。衡量语言使用的标准不是以字数来衡量，而是以能否指出主题的意义。特别是板书语言总是在有限的黑板空间中进行操作。它需要简洁明了。同时，我们也应该防止另一种倾向，即整块的黑板上只有几个字。过于简单的黑板语言不足以传达必要的信息。(3)用例典型。板书语言应选择一些典型的、通用的例句作为示范，所展示的语句不仅要具有普遍的指导意义，而且要具有一定的典型特征。典型语言不仅能起到点对面、举一反三的作用，还能帮助学生接受、理解和消化新知识，提高课堂教学效果。

（五）板书要有新颖性

对许多初中生和高中生来说，思想政治课相对单一乏味。有很多学生经常在课上思想开小差，不能专心听讲。这就要求教师在设计板书时增加它的吸引力，使板书内容更加新颖，风格更加多样，避免板书设计的陈规定型。一成不变、枯燥乏味的板书极其单调，这不仅不利于培养学生的智力，也不利于促进思维锻炼。同时，从心理学的角度来看，总是用一个信号来刺激学生的大脑，这不宜调动大脑兴奋，会使学生的学习兴趣逐渐减弱，产生边际效用递减效应。

（六）板书要有创新性

随着新课程标准的实施和现代信息技术的发展，思想政治课的板书设计也应与时俱进。第一，在内容方面，在设计板书时，我们应该在尊重书本知识的前提下，对其进行适当的修改，特别是解释那些困难的、理论性的知识点，教师可以用简单易懂的句子通过黑板书写呈现给学生，以增加黑板书写内容的新颖性。第二，在文体方面，思想政治课的板书可以通过多种形式的组合来设计，使板书的文体更加多样化。第三，就媒体而言，思想政治课的板书不仅可以在教学过程中直接以黑白形式呈现，还可以借助现代高科技教学设备呈现。例如，用PowerPoint制作的多媒体课件。它可以集成文本、图像、音频和视频，内容非常丰富。这对理论性很强的思想政治课程来说是最好的。在思想政治课板书设计过程中，借助多媒体课件，使理论知识以更生动、更丰富的形式呈现出来，从而增加课堂的吸引力。但在使用多媒体课件时也要注意，虽然多媒体课件具有强大的网络功能和丰富的内容，我们不能简单地增加课件的内容来吸引学生的注意力，也不能过分依赖多媒体课件，要保持课件与教材的一致性，做到简洁明了。

二、板书类型

根据中学思想政治课的教学需要，我们可以用文字、图表和符号再现或突出教学内容，设计和优化课堂板书，突出重点，揭示难点，化难为易，化繁为简。把抽象变成具体，把枯燥变成趣味。让学生明确目标，开阔思路，激发兴趣，陶冶情操，降低学生理解和掌握知识的难度，增强学生的学习兴趣，有效提高思想政治课的教学效果。根据中学思想政治课内容、教学过程和教学目的的不同，中学思想政治课板书写作可设计为以下四种类型。

（一）提纲式板书

提纲式板书就是根据教学大纲或教学参考资料，将要讨论的主要思想或观点作为黑板条目依次写在黑板上。提纲式板书既要简洁明了，又要突出重点。当课程内容较长时，采用这种形式的板书。提纲式板书可采用从左到右、从上到下等的布局形式。例如，《深深浅浅话友谊》一课可以设计为：

- 深深浅浅话友谊
  - 友谊的特质
    - 友谊是一种亲密的关系
    - 友谊是平等的、双向的
    - 友谊是一种心灵的相遇
  - 友谊的澄清
    - 友谊不是一成不变的
    - 竞争并不必然伤害友谊
    - 友谊不能没有原则

图4—1

（二）线索式板书

线索式板书是将教材内容的顺序和从属关系用清晰的线条连接起来，便于学生理解和掌握教材的知识体系、知识结构和逻辑关系。线索式板书的具体设计形式可以从左到右、从上到下进行设计。如《道德与法治》七年级上册第四单元“生命的思考”第四课《生命可以永恒吗?》板书可以设计为:

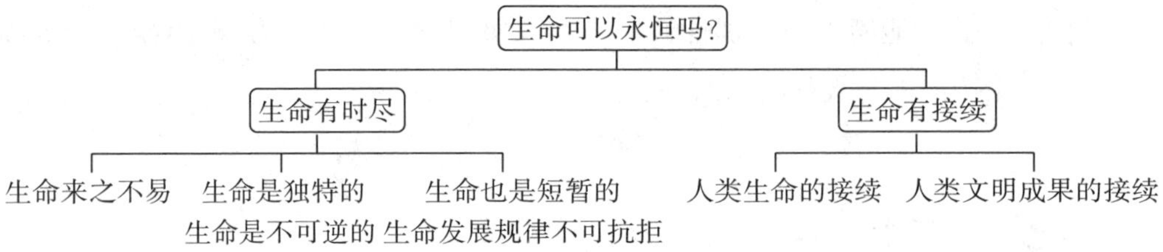

图4—2

(三)图解式板书

图解式板书是通过不同的线条和颜色绘制不同的图像和图表,或使用各种符号图像来表达教材内容的逻辑关系,以便于学生掌握教材内容的内在联系,加深学生对知识点的理解。它具有直观性的特点。我们可以根据不同的内容设计不同的板书。

采用漫画或扇形图、圆形图、柱状图等图形,不仅能揭示抽象的知识,还能激发学生的学习兴趣,如:

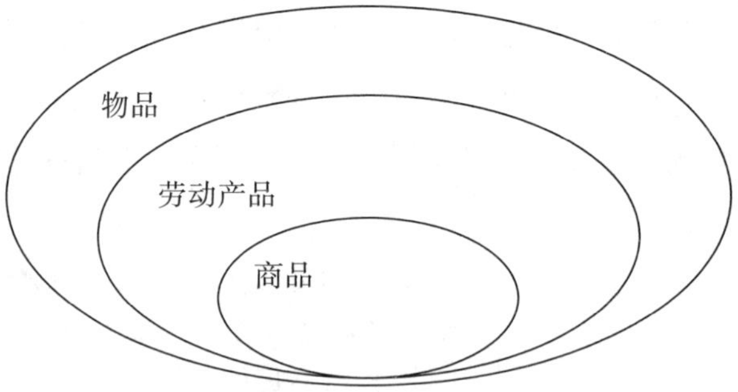

图4—3

对于容易混淆的知识点,我们可以采用表格的形式从不同的方面进行全方位的分析比较,以便学生全面把握该知识点,如:

表4-1

项目内容		概念	
		道德	法律
区别	产生的时间不同	原始社会	奴隶社会
	表现的形式不同	非制度化	制度化，有具体条文
	约束力不同	非强制力	强制力
	作用范围不同	未限定范围	限定范围
	调节的要求不同	较高要求	最低要求
联系		产生的来源有共同点：现实生活等 关系：相互联系、相互包容	

将数学中的坐标式迁移到政治课板书中，既可以激活学生已有的数学知识，又使板书形式丰富变化，让学生耳目一新，引起学生的注意，如：

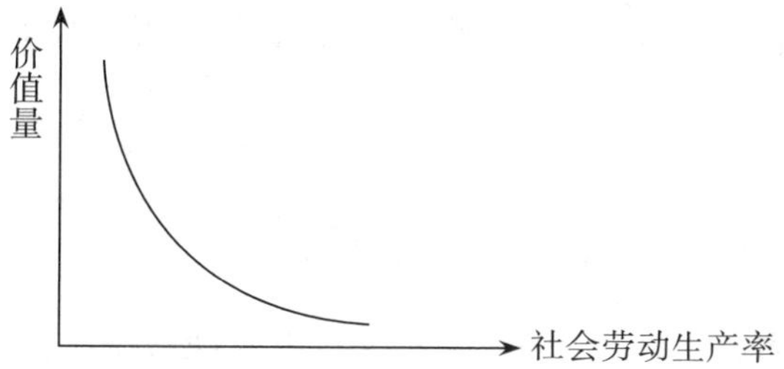

图4—4

在运用图解式板书时，还可以采用一些符号，如“(　)”“______”“→”等，但是不能使板书过于复杂，要注意板书整体的连贯性、协调性。

（四）推导归纳式板书

推导归纳式板书是根据一些已知的知识，设计出归纳结论的板书。这样可以突出教学内容的逻辑关系，使讲解与板书的思路相一致，使讲解更加清晰。在运用推导归纳式板书时，我们可以从黑板的一段扩展到另一段，如：

1. 中国共产党的性质
2. 我国的民主党派多
3. 革命时期各民主党派的重大贡献
4. 新中国成立后各民主党派的重要作用
5. 我国的国情：国体、文化传统

⇒ 我国必须实行中国共产党领导的多党合作制度

图4—5

三、板书设计注意事项

在思想政治课教学中，一方面，设计精美的板书可以更好地突出教学的中心和重点，有助于提高学生的逻辑思维能力。另一方面，它可以帮助学生加深对文本内容的理解，更好地提高学生的阅读、表达和写作水平，注重提高学生的主观能动性和创新意识。告别灌输教育，提高学生学习的内在动力和思想政治素质，从而提高整个思想政治课的教学水平，教师在板书过程中应注意以下三个方面。

（一）板书书写要精练、规范

由于思政学科的特殊性，教学知识点较多，内容较为庞杂，教师不能把大量的时间用于板书，否则就会导致教师教学任务无法完成，教学目标无法实现，但是重要的知识点一定要写清楚，写正确，防止倒笔画、错别字、书写凌乱、潦草、歪斜等现象的发生。建议板书书写不规范的教师，平时可以买小黑板在家练习，每天坚持10分钟，并持之以恒，一定会达到理想的效果。

（二）板书布局要合理

板书可以分为主板书和副板书，主板书是思政课教师按照教学内容，把教材中或经过教师加工、整理的能够突出教学重难点的板书设计呈现出来；副板书也被称为辅助板书，具有一定的随机性，比如故事中的人名、事件中的地名、生僻字等内容都可以在副板书中呈现。在进行板书的过程中，对于黑板的划分并没有明确的规定，一般而言，教师可以把黑板分为两块或三块，然后从左到右依次书写，左边½或者⅔的面积书写主板书的内容，右边½或⅓的面积书写副板书的内容，大题目可以写在黑板的正上方。

（三）板书时机要适宜

在正常的教学过程中，由于教学任务、教学内容和教学目标不同，教师使用板书也会具有很大的灵活性，可以边讲边写、或先写后讲、或先讲再写等。比如讲授新课的时候，教师一般会在讲解到某个知识点的时候立即写出相应的板书，即边讲边写；讲授复习课的时候，很多教师喜欢自己先板书再讲解；在进行实践、讨论课的时候，很多教师喜欢先讲后写。无论采用什么样的板书形式，都可以达到理想的教学效果。但是，教师们要注意不要对着黑板板书讲课，这样讲课一方面会遮挡学生的视线，另一方面会导致师生之间无法进行交流与对话，教学秩序容易混乱。

第五章　中学思想政治教师教学导入技能

心理学研究表明，人们在感知事物时，往往会从局部特征逐渐泛化到其他一系列特征，从而形成对事物的完整印象，这种现象被称为晕轮效应。其实，导入技能就是为了使学生在学习新科目、新课题、新知识之前产生晕轮效应，提升学习兴趣和注意力，并将这种兴趣和注意力泛化到教学活动的全过程，从而达到良好的教学效果。因此，在教学过程中，无论是面对新学科的教学，进入新的教学单元，还是开始新的教学内容，进入新的教学段落，都离不开导入技能的运用。导入是教学过程的起始环节，是教学活动的开始。精心设计导入是教师有效开展教学的必要准备。

第一节　教学导入技能概述

一、教学导入技能

（一）导入技能内涵

俗话说“良好的开端是成功的一半”，教学活动中的导入技能是指教师有效地运用各种教学手段，端正学生的学习动机，激发学生的学习兴趣，集中学生的学习注意力，使学生明确学习目的，引导学生以积极的态度投入课堂教学的一个教学活动环节。由此可见，教学导入是教师引导学生参与学习的过程和手段。它不仅是课堂教学的必要环节，也是教师必备的教学技能。恰当的导入有利于创设良好的教学情境，集中学生的注意力，激发学生的学习兴趣，引导学生积极思维，唤起学生的求知欲。导入成功与否，关系到学生在教学中的学习状态和整个课堂的教学质量。教师之所以要设计教学导入，主要基于以下两个方面的考虑。

第一，强烈的学习兴趣和求知欲可以激发学生的学习热情，挖掘他们的智力潜能，使之处于最活跃的状态，能激发学生快乐、积极地学习。如果教师在导入课程的过程中就根据学生的年龄特点和心理特点进行精心设计，就会使学生全神贯注，精神振奋，兴趣盎然，积极主动地去接受新知识，从而达到理想的教学效果。

第二，“万事开头难”，开课时，由于学生的心理准备不足，没有为学习做好充分的准备，或者没有从课间活动转移到新课上，或者仍然沉浸在上一节课的学习氛围中，不能产生应有的学习积极性和主动性。这时，如果我们能灵活运用导入技巧，就可以沟通师生之间的感情，使学生产生学习动机、求知欲及自主学习的兴趣。

由此可见，中学思想政治课教师巧妙地引入新课程内容，对培养学生的学习兴趣，激发学生的学习积极性，创造和谐的教学情境具有重要意义。值得注意的是，教学导入不是只适用于开始上课的那几分钟，在上课过程中，知识点之间的过渡也需要采用导入的方法，使知识点之间更加衔接。

（二）导入技能的要素

在小学的时候，写记叙文时老师要求要有六要素，这些元素必须包含在故事中并反映出来。导入也有其要素，应该包含哪些元素呢？主要是创设问题情境。布鲁纳曾经说过，学习者只有在特定问题情境下体验并开发学习材料，才能获得最有价值的东西，一切学习都是在一定的环境中进行的。从这个意义上讲，我们可以把问题情境理解为一种特殊的教学环境。它是客观存在的，它可以是教师向学生呈现的场景，也可以是教师向学生提出的问题。该内容可以是本学科的知识，也可以是其他学科的内容，教师应根据课程中的教学目标和教学内容进行设计。

1.问题情境的分类

（1）问题障碍情境

在此情境中，为学生创设一个与原有知识相矛盾的情境，让学生陷入新的困难，进而形成认知冲突，从而激发学生对新知识的渴望，探索情境。例如：某教师在中学思想政治课上引入“商品”这一概念的时候，就设计了与商品这一概念相关的问题。

教师：请问你认为商品是什么？

学生：在商店里买卖，用钱买的东西。

【分析】通过在学生的认知冲突中提出问题，导入新课程，学生会有一种“欲知而后快”的期望情境，激发学生的探索兴趣，唤起学生的参与热情。

(2)问题发现情境

问题发现情境是通过引导学生发现事物的特征或内在规律，向学生呈现特定背景材料，引入新的学科问题，并生成新的学科知识的一种问题情境。或直接给学生创设一个情境，比如在购物中心或工厂里，在这样的情境中引导学生发现问题。

例如，某教师在讲解《道德与法治》八年级下册第二单元“理解权利和义务”第四课《公民义务》第一课时《公民基本义务》时，直接呈现“作为公民，我们依法享有权利，也应该依法履行义务。如果义务观念淡薄，对他人、社会与国家缺乏担当，不履行自己的法定义务，就会受到法律的制裁”内容，围绕“你知道公民必须履行哪些基本义务吗？如何理解权利与义务的关系？如果拒绝履行义务，将要承担怎样的法律责任呢？”三个问题组织学生展开学习、探求知识，寻找解决问题的办法。

(3)问题解决情境

所谓问题解决情境就是直接呈现出某个新的学科问题，围绕如何解决这一问题去组织学生展开学习、探求知识、寻找解决问题的一种办法，像我们后面要说到的直接导入，其实就是属于这样一种问题情境。

例如，某教师在讲解《道德与法治》九年级上册第一单元“富强与创新”第二课《创新驱动发展》第一课时《创新改变生活》时，通过播放《智慧家庭》视频向学生展示“智能家庭”的生活场景，询问学生：“‘智能家庭’给我们的生活带来了哪些改变？”引导学生思考他们想从这个场景中学习的新知识，这就为学生创设了一个发现问题的情境。

2.创设问题情境的方法

第一步：分析教学内容。

明确要达到的教学目标，然后根据教学内容的特点逐步推演，找出学生原有认知结构中的知识与新知识之间的区别和联系，凸显教学重点难点并根据该内容确定场景中的矛盾。

第二步：设计。

用设计呈现，也就是用具体的设计来表现这种矛盾，这是问题场景的设计。在设计过程中，要注意联系学生生活实际，从学生的日常生活环境中去挖掘情境资源。同时，教师在设计教学情境时，一定要紧扣教材内容，体现学科特点。

第三步：知识的衔接。

心理学研究表明，学习者必须在自己的认知结构中积极地使新知识与旧知识相互作用，从而使旧知识得以改造和转化，才能获得新知识。这就要求教师在教学导入过程中，加强知识点之间的有效衔接,激发学生的学习动机,创设问题情境,激化本节课的重难点,使学生能够充分认识到学习本节课的重要性。

第四步:目标指引。

在导入中,我们应该明确学习目标,引起学生的学习期待。一方面,我们应该设置问题情境。问题情境呈现后,我们应简要陈述问题情境的内容,并提出教学内容中的主要问题。另一方面,我们要指导学生实现教学目标的方法和途径,让学生知道在教学中要解决什么问题以及如何解决。这样,可以激发学生的求知欲,顺利进入下一步的学习。

二、导入技能的目的和作用

(一)导入技能的目的

导入的目的在于吸引学生的注意力,激发学生的兴趣,进行师生间的情感沟通;刺激学生产生自主学习的愿望、目的或意图;帮助学生积极建构新知识与已有知识的联系,为学生营造良好的学习环境、学习氛围,让学生轻松、愉快、顺利地进入新知识的学习。

1.激发兴趣,产生学习动机

爱因斯坦说过:"兴趣是最好的老师。"浓厚的学习兴趣和强烈的求知欲能激发学生快乐、积极地学习。在刚开始上课时,教师应想方设法唤起学生的求知欲,让他们了解学习的目的和新课程学习的重要性与必要性,从而激发学生内在的学习动机。

2.引起注意,迅速集中思维

在刚上课时,由于上一节课的干扰或课间活动的影响,学生学习的心理准备还不充分,难以集中精神。此时,教师应提供必要的信息,给予适当的刺激,吸引和集中学生的注意力,使学生进入学习准备状态,为学习新课程做好心理准备。

3.铺设桥梁,衔接新知与旧知

政治学科知识具有高度的逻辑性,新知识是在旧知识的基础上建立起来的。在教授新知识之前,教师可以组织学生复习原有的旧知识,引导学生从新旧知识的密切关系中发现新旧知识之间的差异和内在联系,从而自然地引入新课程,使学生明确学习目标和任务,激发学生的兴趣。

（二）导入技能的作用

具体说来导入还具有以下四个作用。

1.凝聚——指向作用

根据新课程标准，思想政治学科的主要任务就是要立德树人。初中和高中阶段是学生形成正确世界观、人生观和价值观的重要阶段。在这个阶段，就要求教师通过思想政治课的教学提高学生的思想道德素质，为将来服务社会，适应国家的进步与发展打下坚实的基础。

2.激发——深化作用

教育心理学的研究表明，兴趣是学生学习动机中最现实、最活跃的组成部分。正如布鲁纳所说："学习的最佳动机是对你所学的东西感兴趣。"新课程导入能否激发学生的学习兴趣，对整堂课的成功与否起着重要作用。好的课程导入可以使学生对这个课堂产生更多的好奇和疑问，让学生在开始学习新课程时就提起兴趣，进而激发他们的求知欲，深化他们对知识学习的积极性。

3.消惧——置信作用

课堂是教学的"主战场"，教师只有在教学导入环节，把学科知识与实际生活结合起来，才能让学习者在课堂教学中学习到扎实的理论知识，消除学生对学科知识的恐惧，即消除学生对新课、对学业的惧怕和怀疑心理，使学生对新课和教师产生亲切感、友好感。

4.铺垫——拓展作用

艺术而巧妙地导入可以为整个课堂教学的顺利进行打下基础，为进一步展开、发展和传播教学内容，把课程不断地推向高潮，产生良好的积极的"链式反应"，有利于学生学习新知识，教师掌握课堂的节奏，使课堂气氛更加活跃。通过这种方式，学生可以将所学知识与尚未学过的知识联系起来，实现新旧知识的平稳过渡，整合新旧知识，提高学习效率。

三、教学导入的注意事项

（一）要注意时间的合理安排

在课堂教学中，时间就像黄金，只有经过雕琢，才能体现其价值。课程教学安排中已安排了所有课时及教学内容。因此，在安排每节课的导入内容时，教师应合理利用时间。不能把大部分时间浪费在新课导入上。一般来说，导入时间最多安排3—5分钟，既简短又能吸引学生，过多反而让学生反感，还浪费了时间。

（二）要追求方法的多样化和灵活性

新课程标准要求教育不仅要传授知识，还要注重学生素质的提高，因此，教学不能只是采取单一的教学方法，更要追求方法的多样性。新课导入也是如此，教师要根据不同的教学内容，结合他们独特的教学风格，采取不同的导入方式，以消除教学的单调性。

（三）要讲究趣味性和幽默感

政治学科的教学内容本身的理论性很强。如果老师的讲解枯燥乏味，学生就会感到无聊或不感兴趣。由此，在进行教学导入设计时，教师应注意把学生的年龄、学习情况、课程知识与相关案例相结合，充分调动学生学习的兴趣。

（四）要贯彻启发性原则

课堂导入不仅引导一堂课有一个好的开始，还要求导入的内容要对学生有一定的启发作用。导入要有利于吸引学生注意、激发并启迪学生的智慧，所以教师应尽量以生动、具体的事例或故事引入新知识、新概念。

第二节　教学导入的原则及方法

一堂好课将在一堂课的开始起到重要作用，平淡乏味的导入不但不能激发学生的学习兴趣，反而会起到抑制作用。因此，教师在讲授新课前，要针对学生的年龄特点和心理特征，根据不同的教学内容，采用不同的导入技巧，精心设计导语，这样就会激发学生的学习兴趣，吸引学生的注意力，开拓学生的思维。

一、教学导入的原则

课堂教学是一门艺术，能够快速引导学生进入课堂的导入语言就是艺术中的艺术。精彩的导入环节是一堂课成功的前提。坚持课堂导入的原则，有利于教师在多样化教学中根据既定的教学内容和教学目标，精心设计合适的导入方法，引导学生走进知识的海洋，成为开启课堂教学的钥匙。一个精彩的导入应遵循以下原则。

（一）靶心原则

导入的设计要从教学内容出发，有的是教学内容的重要组成部分，有的是教学内容的必要补充，还有的虽然和内容看上去关系不大，但它能激发学生的兴趣，吸引学生的注意力，它与教学内容的讲授和学习是一个有机组成部分。首先，应从教学内容的科学性出发。违背科学性的导入，尽管非常生动、非常精彩，也不足以取用。其次，课堂导入要围绕教学目的，紧扣教学重点和难点，以重难点为靶心，直指目标。再次，要做到先声夺人，激发学生的学习兴趣，让学生产生强烈的求知欲，开启学生的思维之窗。最后，教师要清楚教学的知识架构，要明了每堂课的重难点，要尽可能围绕重难点设计导入。开场白要让学生清楚这节课将要学习哪些知识，从而让学生在原有的知识基础上构建和生成新的知识。

（二）价值高度原则

思想政治课的更高使命是帮助学生形成正确的世界观、人生观和价值观，这是政治学科的特殊性所在，学习本课程将影响学生的价值取向和人生发展目标的实现。同时思想政治课有其鲜明的政治性，所以我们所讲授的大部分知识都是围绕社会实际问题或国家重大问题展开的。如何解决这些问题，教师如何引导学生思考，如何帮助学生形成正向的思维，帮助学生形成正能量是至关重要的，这是思想政治课的灵魂所在。

（三）简洁性原则

课堂导入要精心设计，导入语要短小精悍。语言大师莎士比亚说："简洁是智慧的灵魂，冗长是肤浅的藻饰。"教师应力争用最少的话语、最短的时间，迅速而巧妙地缩短师生间的距离以及学生与教材间的距离，将学生的注意力集中到听课上来。

（四）三贴近原则

2017年版《普通高中思想政治课程标准》提出要"构建以培育思想政治学科核心素养为主导的活动型学科课程"。这就要求教师坚持贴近实际、贴近生活、贴近学生群体的原则，注重学生的身心发展特点。因此，思想政治课要贴近学生、贴近生活，体现时代性。"贴近学生"，即思想政治课要关注学生的学习、情感、思想和心理现状，了解学生的思维、心理特点，引导学生树立正确的世界观、人生观和价值观；"贴近生活"，即学生是教学的主体，思想政治课教学实践应从教学理念、教学内容、教学方法等方面贴近学生的实际生活。学生是教学的主体，教学内容的好坏要通过学生的学习来体现。因而导语的设计要从学生的实际出发，考虑学生的年龄、性格特征。不能把大学的教学内容作为中学课堂教学的导语，否则学生会觉得内容抽象，难以理解。从课程类型出发，导语的设计要根据不同的类型而不同。新授课要注意温故知新、架桥铺路；课堂导入要注意前后照应，承上启下，不能用新授课的导语去讲复习课，也不能用复习课的导语去应付新授课，否则就起不到导语应起的作用。导语的设计要短小精悍，一般两三分钟就要转入正题，时间过长就会喧宾夺主。

（五）生动性原则

著名教育家巴班斯基认为："一堂课上之所以必须有趣味性，并非为了引起笑声或耗费精力，趣味性应该是课堂上掌握所学材料的认识活动的积极化。"[①]因此，课堂导入的内容要生动有趣，因为充满情趣的导入能有效地激发学生的学习兴趣，调节课堂教学的气氛和节奏，师生间往往在会心的笑声中达到默契交流。导入的方式很多，设计导语时要注意结合相关教学内容，采取相应的导入方法。不能每一堂课都用一种模式的导语，否则就起不到激发学生兴趣、引人入胜的作用。

① 巴班斯基：《论教学过程最优化》，教育科学出版社，2001，第128页。

（六）启发性原则

积极的思维活动是课堂教学成功的基础。所以教师在上课伊始就应运用启发性教学来激发学生的思维活动，有效地引起学生对新知识、新内容的热烈探究。比如，在讲高中《思想政治》必修二《经济与社会》第二单元“经济发展与社会进步”第四课《我国的个人收入分配与社会保障》第一课时《我国的个人收入分配》的时候，可以设计几个小朋友分“蛋糕”的故事，通过分“蛋糕”的故事，问同学们这个故事中小朋友分“蛋糕”的方式是否合理，引起学生探究问题的兴趣，从而引出我国的个人收入分配的教学内容。

二、教学导入的方法

（一）多媒体导入法

随着时代的发展和科学技术的进步，传统的教学方法已经不能满足学生的学习要求。特别是随着新课程改革的深入，中学思想政治课程的相关内容决定了教师必须采取更加丰富的教学手段和教学方法，充分利用有利的教学资源。其中，多媒体课件的使用最为广泛和实用，尤其在课程的导入中，发挥着重要的作用。熟练运用多媒体展示与教学内容相关的故事、典故、影视等，更加有利于为学生营造良好的课堂学习氛围。例如，在讲解高中《思想政治》必修一《中国特色社会主义》第四课《只有坚持和发展中国特色社会主义才能实现中华民族伟大复兴》第一课时《中国特色社会主义进入新时代》中的“新时代的科学内涵”时，教师可以用PPT展示中国500米口径球面射电望远镜、港珠澳大桥、贵州高铁等，播放多媒体材料会让学生感受我国现在的发展状况，引出新时代的概念。

1.音乐导入

音乐是生活的调节剂，可以把无味、平静、枯燥的事情变得生动活泼，它的音符和节奏感声声入耳，拨动每个人的心弦，致使人们感到舒畅。所以引用适合教学同时也符合学生的心理和年龄特征的歌曲进行导入具有很特别的感召力。例如在教学《道德与法治》七年级上册第三单元“师长情谊”第七课《爱在家人间》第一课时《体味亲情》的内容时，可以播放庞龙的歌曲《家的味道》，并在多媒体上呈现歌词，让学生一边听一边体会。因为这首歌告诉我们，我们对家的感受，父母对孩子的爱，让孩子知道自己对父母的一些做法不理解甚至产生逆反心理的原因，要学会处理与父母的关系。这样不仅启示同学们要和父母多交流沟通,还导入了本节课的新内容。

2.影视作品导入

视频是利用声音、动作、语言、思维等来直接表达某事。这是人们进入视觉最直接、最直白的表达方式,具有生动性、形象性、直观性、趣味性,也是日常生活中学生接触最多的。因此,教师可以在新课程中引入与内容相关的视频,这将吸引学生的注意力,活跃课堂气氛,丰富学生的学科知识。例如教师在教学高中《思想政治》必修四《哲学与文化》第三单元"文化传承与文化创新"第八课《学习借鉴外来文化的有益成果》第二课时《文化交流与文化交融》的内容时,正式上课之前可以播放易中天讲座《中国文化的思想内核》片段。视频主要内容是有三个人到咖啡馆去喝咖啡,发现杯子里有一只苍蝇。第一个发现的是英国人,他看了一眼,把杯子放下,站起来从口袋里掏出钱包抽出一张钞票,把钱压在咖啡杯下就走了。英国人是讲绅士风度的,他不能发脾气,他就用付款而不喝的方式来表示他的抗议不满。第二个发现的是日本人,日本人一看勃然大怒,把桌子一拍:"你把你们总经理叫过来,企业就是这样管理的吗?企业这样还有不垮台的吗?"因为日本人做事都很认真。第三个发现的是美国人,他看了一眼,把服务生叫来:"你看这杯子里有苍蝇,这真是不错啊!没想到你们国家如此文明。不过在美国呢,咖啡它不是这么喝的。在我们美国,咖啡是这样喝的,上一杯咖啡,上一罐牛奶,上一碟方糖,再上一碟苍蝇,这些都是我们自己放的,想放多少放多少。"美国人很幽默,他用幽默的方式来表达自己的抗议和不满。第四个发现的是中国人,中国人会怎么做呢?中国人会大喊一声:"去!把你们领导找来!"教师问面对同一样事,为什么会有不同的做法呢?学生交流、讨论、自由发言。教师根据学生的回答归纳:这是因为文化的不同,当今世界日益开放,各种文化相互激荡,中国文化正以崭新的姿态走向世界。在这样的背景下,对待不同文化我们该采取怎样的态度呢?这样以幽默视频故事导入,既活跃了课堂气氛,激发学生兴趣,又引出了新课内容。

3.漫画导入

众所周知,中学思想政治课给人的印象就是枯燥、乏味,大多数学生是因学习任务的压力开展学习活动,很少有学生因为喜欢这门课而真正学习。虽然政治学科这个枯燥标签的形成与政治学科的内容和形式有一定的关系,但教师教学方法不当也是造成政治学科枯燥的重要因素。事实上,只要教师愿意全身心投入,一个有趣的导入设计就能很好地把学生的注意力拉回我们的课堂,改变学生对思想政治课学习的印象。在众多的导入方式中，漫画无疑是一种有趣的形式。在思想政治课上，有趣而夸张的漫画被引入新的课堂。新鲜的、视觉上有影响力的漫画可以很快激发学生的兴趣，让他们也体验到学习政治学科的乐趣。例如，教师在教学高中《思想政治》必修四《哲学与文化》第一单元“探索世界与把握规律”第三课《把握世界的规律》第一课时《世界是普遍联系的》谈到“用联系的观点看问题”的哲学原理时，可以在PPT上展示《木桶与木板的对话》，以幽默漫画的形式引出整体与部分的关系。在漫画中，木桶说：“我是整体，若是没有我木桶，你们木板就失去了存在的意义，你们必须服从我。”木板说：“不对吧，应该说没有我们木板就没有你木桶，凭什么要我服从你呢？”木桶说：“只有木桶才能盛水，你要再长一点，与伙伴保持一致，可不能闹分裂啊，你能盛多少水，还由我短板说了算。”木板说：“我离开了你，照样存在，我要……”读完这幅漫画后，学生们大笑起来。大笑之后，因为他们还没有开始学习新课程，大多数学生无法准确说出漫画中的真实寓意。夹杂着一丝疑问，学生们开始期待教师迅速进入新课程教学，帮助学生揭示答案。这样，原本的被动学习就成了学生的主动学习。

（二）故事导入法

故事导入法主要是抓住学生对故事的兴趣，用简单的语言、优美的音乐和丰富多彩的肢体语言，激发学生围绕这个主题开展的创造性活动。值得注意的是，这里讲的故事可以是教材中的故事，也可以是学生身边发生的事情，还可以是来自网络的故事等。例如，在《道德与法治》七年级上册第三单元“师长情谊”第七课《亲情之爱》第一课时《家的意味》中，根据书中的故事，大致内容是“一个醉汉躺在街头，警察把他扶起来，认出他是当地的富豪。警察说：‘我送你回家吧！’‘家……我没有家。’警察指着远处的一栋别墅说：‘那不是你的家吗？’富豪说：‘那是我的房子。’”另一个故事是战争期间一位中年男子与家人离散，几位亲人丧生。后来他打听到五岁的小女儿还活着，几经周折，终于找到自己的亲生骨肉。悲喜交加的他紧紧地搂着女儿，泪流满面地说：“我又有家了。”讲述完这两个故事，可以让学生讨论一下这两个故事给我们带来了什么启示。然后老师总结并介绍新课程。

（三）名言警句、诗歌导入

名言警句和诗歌蕴含着丰富的哲理，它们可以促使人们深思，给人以巨大的启发、鼓励和鞭策。同时,用名言警句和诗歌来形容、描述和解释事物,往往可以更加的生动、形象和逼真。学生更愿意接受它,并达到事半功倍的效果。例如,教学《道德与法治》七年级上册第二单元“友谊的天空”第四课《友谊与成长同行》第二课时《深深浅浅话友谊》时,教师可以展示《诗经·卫风》中的诗句《木瓜》。让学生领略它的含义,然后教师指出友谊是平等的,也是双向的。接受帮助,也学习帮助别人,感受关怀,也要学会关怀对方,友谊就是要共同分享,也相互分担,在相互关怀、相互帮助的过程中建立积极的情感,让学生学会怎么与别人相处。

(四)热点时事案例导入

坚持理论联系实际是思想政治课教学的重要原则之一。它涉及很多关于公平、正义、法治、文明、理想、道德和社会责任等方面的知识,而一些社会热点时事案件涉及面很广。如果想让学生真正理解书本知识,教师可以将生活中真实典型的案例呈现在学生面前,这有利于将案例与教学内容联系起来,丰富学生的知识,拓宽学生的视野,激发学生的学习兴趣,帮助学生结合生活实际思考、分析和讨论问题,提升学生发现问题、分析问题、解决问题的能力。例如教师在教学《道德与法治》七年级上册第四单元“生命的思考”第九课《珍视生命》时,教师可以先让学生观看一小段“上海17岁中学生跳桥”的视频,这残酷的事实,让学生心灵震撼,从而自然引申出:我们要“珍爱生命”“生命是顽强的,也是脆弱的”“在肯定、尊重、悦纳、珍爱自己生命的同时,也应善待他人的生命”,当他人生命遭遇困境需要帮助时,应尽自己所能,伸出援助之手。同时,国际和国内新闻也是学生关注的焦点。通过新闻引入新课程,可以紧密联系形势,这不仅有利于学生学习新知识,而且可以自然而然地对学生进行思想教育。例如,教师在教学高中《思想政治》必修二《经济与社会》第二单元“经济发展与社会进步”第四课《我国的个人收入分配与社会保障》第二课时《我国的社会保障》这一内容时,可以向学生展示我国现在的社会保障制度,引起学生的关注,提高学生的学习兴趣。

(五)讨论导入

好奇心是推动人类社会进步的最原始的本能。它促使人们去观察、探索和学习,而这些行为正是我们思想政治学习活动中不可或缺的。作为教师,我们需要制作相关的教学资源,引起学生对知识的好奇。在导入设计中,教师可以从学生的好奇心出发,设计一些问题或悬念作为导入。例如,教师在教学《道德与法治》七年级上册第一单元“成长的节拍”第三课《发现自己》第一课时《认识自己》这一内容时,可以利用教材第25页《运用你的经验》中提到的问题:开学以来,你的中学生活过得怎样?请选取三个镜头,描述你的中学生活。并对学生提问:在每个镜头里,你展现的形象是怎样的?请尝试用几个词语进行描述。你对自己展现出来的形象满意吗?听听同学的意见,他们对你的看法怎样?通过这样的师生互动,顺利地进入“人贵自知”这一主题的学习中来。由此可见,讨论导入一般由教师设计富有启发性的问题,引导学生积极思考。由于中学生已经具有一定的学习能力,对一些社会问题也会有自己的看法和疑问,教师利用讨论的方式导入新课,让学生自由组合或是按教师的安排进行小组讨论,这样既可以拉近师生距离,又可以激发他们探索新知识的欲望,促进教学的实效性。

第三节　教学导入技能总结

教学导入是一种非常灵活的教学技巧。对于采用何种材料作为导入内容,以及采用何种方法导入新课程,目前尚无明确规定。总之,只要能吸引学生的注意力,为新课程内容的展开铺平道路,就可以说是一个很好的导入。作为教师,我们需要做的是在课前精心设计适合学生的导入,能够为本课程的教学目标服务。

一、导入技能训练目标

(1)理解导入技能的意义和导入技能的作用,掌握导入技能运用的基本要求和各种类型。

(2)能设计和编制合理的教学计划。

(3)根据教学任务、教学内容、学生年龄和心理特点,选择合适的导入类型,并应用于教学。

(4)课堂导入效果好,目的性、针对性强。

(5)能按导入的要求对本人或他人的导入技能进行评价,并提出评价意见。

二、导入技能训练建议

通过理论学习和对示范课程的观摩，掌握导入的类型和运用的基本要求。在认真阅读教材的基础上，根据学生知识的基础、学习习惯和心理特点，以及教材的重点、难点和结构，编写导入教学教案。其教学活动可以在自己的课堂教学上进行，也可以在微格教室进行。

（一）导入技能设计策略

在导入设计与实施过程中都应注意一定的策略。

1.目的性

教师要明确导入技能的教学目的，无论采用哪种导入方法，都应该使设置的问题情境指向教学目标。

2.相关性

相关性指两个方面。一方面，介绍和设计适合学生年龄和思维特点的问题场景，并尽量选择学生周围的场景，使学生感觉亲切，容易融进情境，激发学生的学习兴趣。另一方面，它指的是在导入阶段，善于用旧的知识引入新的知识，揭示新旧知识之间的关系，使导入的内容与新课程的重点密切相关。

3.趣味性

导入本身就是为了激发学生的学习兴趣，延续学生的学习动力。因此，在设计问题情境时，应根据教学目标、教学内容和学生的学情，尽量选择围绕学生的、能激发学生好奇心和兴趣的材料作为问题情境。

（二）导入技能应用策略

1.把握导入时间

导入的时间应适当。导入只是一堂课的“引子”，而不是整堂课的重点，所以介绍时间不应该太长，一般为3—5分钟。如果介绍时间太长，不可避免地会分散学生的注意力。

2.调动课堂气氛

教师在开始导入时应注意学生的学习状态，同时教师在上课之前也要调整好自己的上课状态，教师的心理状态会直接影响学生的学习情绪。在导入时，教师还要根据导入的内容和学生的学习状态，运用适当的语音、语调、语气和措辞，以饱满的热情引导学生进入最好的学习状态，激发学生探索知识的主动性和积极性。

3.要追求方法的多样性和灵活性

新课程标准要求教师不仅要传授知识，还要注重学生素质的提高。因此，教学方法不能是单一的，教师在教学过程中更要追求方法的多样性。新课程的导入也是如此。我们不能每一节课都以一种教学方法进行导入，这样学生会厌倦倾听，教师会失去他们独特的教学风格，对学生的吸引力会日益降低。教师应注意收集更多的课程导入方式，灵活运用，并与课堂内容相结合，以避免教学单调乏味。

4.要讲究趣味性和幽默感

在思想政治课教学中，教材中的一些知识内容具有很强的理论性。如果教师的教学设计没有贴合学生的实际，也没有把理论与学生的现实结合起来，学生就无法对该学科的知识产生兴趣。所以，在做教学设计时，教师应注意结合学生的年龄，并将一些知识与案例相结合，以充分体现教师的幽默风趣。

5.要贯彻遵循启发性原则

课堂导入不仅要引导课堂有一个良好开端，还要求导入的内容对学生有一定的启发作用。导入应该有助于吸引学生的注意力，激发和启迪他们的智慧，教师在教学设计中应该尝试尽量使用生动、具体的例子来导入新的知识和概念。

简而言之，导入新课有很多方法。只要我们在教学实践中，大胆创新，精心设计，勇于探索，就可以设计出许多新颖实用的导入方法。但是，对不同的学习内容和不同的教学情境，教师应灵活运用自己熟知的课堂导入进行教学，从学生的学习兴趣和生活实例入手，从国家发生的实事热点着手，积极调动学生的学习积极性，切实提高课堂教学效率，全面提高中学生思想政治素养。

附表：

表5-1　微格教学导入技能训练评价表

序号	评价标准	权重	A(1.0)	B(0.8)	C(0.6)	D(0.4)	E(0.2)	得分
1	导入能创设良好的学习情境	15						
2	导入方式选择正确	10						
3	导入能激发学生学习兴趣和积极性	15						
4	导入有利于发展学生的能力	10						
5	导入与新知识联系紧密	10						
6	导入能自然引入课题，衔接恰当	10						
7	导入富有启发性	10						
8	导入语言清晰、简练、准确	10						
9	导入时间掌握恰当	10						
合计								
评价意见：								

第六章　中学思想政治课堂讲授技能

第一节　思想政治课堂讲授概述

一、政治课堂讲授的含义

政治课堂讲授作为思想政治课堂的有机组成部分，很大程度上决定了思想政治课的成效，具体是指政治教师依据现代思想政治教育观和思想政治教学原理，遵循基本的教学原则，在掌握学生学情的基础上，按照预期的教学目标，通过语言和非语言的形式向学生系统地传递思想政治学科知识的一种教学方法，是中学思想政治课堂教学中最基本的教学方法之一。

二、政治课堂讲授的特征

（一）直观性

思想政治学科是一门以传授思想政治学科知识、提高学生的思想政治觉悟和道德水平，引导学生逐步树立科学的世界观、人生观、价值观为主要任务的综合性学科，该门学科知识具有较高的系统性、严密性和逻辑性，这就要求教师以生动形象、较为连贯的语言进行阐释与解读，使这些复杂的知识能够以最直观的方式呈现给学生，产生思维映射。与此同时，它也更为直观地体现了政治教师的现代思想政治教育观、思想政治教育理念和讲授的语言艺术。因此，政治课堂讲授具有直观性的本质特征。

（二）学科性

政治课堂讲授与思想政治学科立德树人的根本目的、学科性质、学科特点、规律、属性及教学活动紧密相连，水乳交融。一方面，政治课堂讲授主要围绕学生的思想道德修养、世界观、人生观、价值观和心理素养培养而展开，充分体现了立德树人的根本任务，即思想政治教育的德育功能，它有着鲜明独特的学科性质、特点、规律和属性，其教学活动也与其他学科的教学活动有着本质区别，这就要求政治课堂讲授要紧紧依附政治学科的特点、规律和属性进行，在教学活动中要始终体现政治学科的学科性质，达成政治教学的教学目标，彰显政治教学理念。另一方面，政治课堂讲授的学科性是无可替代的，如果政治课堂讲授脱离了学科性，那么一堂充满德育的政治课就会流失其政治味，变成普通的班会课或者交流课，远远脱离了思想政治课程的教育理念与教学目标。

（三）思维性

政治课堂讲授是一项设计与构想并存的思维活动，也体现了政治教师对政治学科知识进行整合、加工、再现的思维过程。教师的课堂讲授需要将深奥、抽象的学科知识重新整合、加工成具体形象、浅显通俗的知识，并通过精准的语言表述将知识再现给学生，赋予政治学科知识焕发二次生命的机会。这就要求教师在这个思维过程中，需要充分发挥思维能力对知识高效整合并系统设计，并对整合后的知识进行科学构想，这是一种流动的、灵活的思维策划活动，充分体现了政治课堂讲授的思维性。

（四）艺术性

政治课堂讲授具有艺术性，主要体现在教师的语言艺术和教学设计艺术这两个方面。教师的语言艺术是教师在课堂讲授中调控课堂教学的基本能力。富有张力的语调、饱满的情感、极具感染力的表达、规范准确的教学用语、幽默风趣充满美感的语句能够有效促进课堂讲授的顺利进行，激发学生的学习兴趣，满足学生的学习需求，营造和谐的课堂讲授氛围。逻辑严密、精美完善的教学设计，是教师在遵循政治课程教学原则的前提下，立足审美角度，将每个知识点的内在规律与理论特质串联、过渡与升华有机结合起来，通过教师的课堂讲授，以多媒体设备等辅助工具将知识清晰明了地传授给学生，带给学生美的感受与艺术的熏陶。语言艺术与教学设计艺术相辅相成，相互促进，共同体现了政治课堂讲授的艺术性。

（五）程序性

政治课堂讲授是政治教学实施过程中将教学设计的具体流程、教学重难点、教学设计的总体结构、教学目标实现的过程，具有程序性。思想政治学科的知识分布与构成是一个完整的、多样化、多方面的知识体系，每一个单元模块都有其知识分布的层递性，政治课堂讲授是与该知识体系协调发展的过程，大到每一个单元（章/节）讲授，小到每一个小节内容讲授，讲授过程有宏观到微观的变化，有侧面到正面的变化，有部分到整体的变化，更有深度到广度的变化，这些变化过程都是一个严格遵照思想政治知识编排体系进行讲授的过程，充分体现其程序性。

（六）可创性

政治课堂讲授不是一个教师照本宣科，只需要平铺直叙地以最直观的语言将思想政治知识点直接复述给学生的过程，而是一个教师在深度研读教材的基础上，以现代思想政治教育大教学观和课程标准为指导，凭借自身思想政治教学素养将书本上的思想政治知识点拉进课堂教学、拉进学生生活中进行创造的过程。思想政治学科的知识体系不是一成不变、刻板教条的概念原理，而是闪耀着人类思想文化的光芒，带有浓厚的人文性，这种人文性决定了政治课堂讲授具有可创性的特点。这就要求政治课教师将思想政治知识体系当中各知识点及其内在联系灵活地转化为易消化、易领会的知识点传授给学生，融入学生的生活，提高学生的思想道德修养和心理素养。

（七）动态性

政治课堂讲授的过程是一个灵活的动态化过程。教师在进行讲授时，通过创设一种能够启发学生进行思考的情境，运用语言艺术组织课堂，促使学生主动参与、不断思考，引导学生将知识内化。与此同时，教师在课堂讲授中遇到突发情况，还可以根据实际情况进行调整和把控，将复杂深奥的知识点外化为看得见、能直观感受和体验的动态化知识传递给学生，促进学生对知识点的掌握。

三、政治课堂讲授的功能

（一）建构功能

政治课堂讲授在政治教师、政治教学原理、政治教育观、政治教学理论知识和政治教学实践之间建构了一个有机整体，在这个有机整体中，立德树人是核心，学生是受众，教师是媒介，政治课堂讲授则是连接各部分的纽带。政治课堂讲授不能脱离教学规律和教学原则，要根据实际教学中遇到的情况进行适当的安排与操作，并将复杂抽象的政治学科理论知识进行生动再现，映射到学生的大脑中，促使学生接受知识、内化知识，得到强化训练。在这个有机整体中，无论缺乏哪一个部分都不能算是一节完整的思想政治课。

（二）调控功能

教学过程不是一成不变、一蹴而就的过程，通常有很多因素影响着政治课堂讲授。这就需要教师结合自身的教学能力和教学智慧，在进行课堂讲授时对实际教学中遇到的突发情况进行宏观或者微观调控。这种调控功能体现在教师对自身的调控上，如对政治教学用语的调控、表达方式的调控、教学风格的调控等；也体现在教师对整个教学活动、教学流程、课堂情境等客观因素的调控上；还体现在教师对学生学习状态的调控上，如学生走神时，教师可通过提高音量来提醒学生注意听讲等。通过这种调控功能，可达成课堂讲授完成的效度，以提升课堂教学水平。

（三）检验功能

政治课堂讲授是教师对教材理论知识进行加工和再创造的过程，这个过程需要教师充分转换已有的政治教学原理，运用严谨的逻辑思维和丰富的政治教学用语来进行讲授，是对教师的政治教学水平的基本检测。同时，教师可以通过课堂讲授来掌握学生的学习心理和学习状态，对知识点的掌握情况，观察学生的课堂反应，根据这些情况对自己今后的课堂讲授和教学设计做出调整。因此，政治课堂讲授也对学生习得知识点具有检验功能。

第二节　思想政治课堂讲授的原则与方法

一、政治课堂讲授的原则

（一）学生主体性原则

教师的教是为了学生的学，学生是政治课堂讲授中知识的接受者，更是学习者，这意味着教师在进行讲授时需要走出原有的以教师讲、学生听为主的教学模式。第一，在课堂讲授过程中，教师要尊重学生的主体地位，保证学生在原有的思想道德基础上能够获得最大限度的发展空间；第二，新课改理念下的政治课堂讲授，需要立足于学生的全面发展，讲授方法需要充分适应学生的认知基础、学习心理和个性差异，并根据学生实际情况把课堂还给学生，充分激发学生的学习兴趣，促使其最大限度发挥学习的主动性；第三，要引导学生学会主动思考，培养学生发现问题、解决问题的能力素养，在情境创设中进行自主探究，掌握并运用思想政治知识技能，鼓励学生个性发展，进而培养学生的创新精神和实践能力。

（二）准确有效性原则

上好一节思想政治课，基本要求是教师对授课内容进行准确无误、科学有效地讲授。准确有效性原则，一方面体现在教师对政治教材的文本解读上，解读文本要清晰、透彻，正确把握教材的重难点，归纳明了教材的核心知识点，准确梳理出复杂知识点脉络中的知识衔接点，能在课堂讲授中准确有效地将知识点传授给学生，并做到举一反三。另一方面体现在教师对学生学情的掌握上。教师需要在课堂讲授中准确地掌握学生的学情，摸清学生学习思想政治的学习心理、学习态度，了解学生的思维规律，根据学生的反应来有效摸准学生的学习基础和学习薄弱点，并迅速做出反应，保证课堂讲授能够游刃有余地进行。

（三）启发引导性原则

著名思想家孔子曾说过："不愤不启，不悱不发。举一隅不以三隅反，则不复也。"新课改理念要求政治教学改变传统的灌输填鸭式教学法，注重在课堂讲授中进行启发并引导学生积极展开思考，发散思维，掌握政治学科的知识点，养成独立思考的能力和创新意识。启发引导性原则一方面要求教师在课堂讲授中充当一个引导者的角色，创设情境，传授学科知识时对学生进行启发点拨，引导学生通过自主思考与探究习得知识、发展智力与学习能力；另一方面要求教师在课堂讲授中实现立德树人的教学目标，即对学生进行潜移默化、润物细无声的德育渗透，启发学生进行自我审视，引导学生学会理论联系实际，以培养学生树立正确的世界观、人生观和价值观，提升学生的思想道德素养，发展学生的心理健康水平，为学生的终身发展奠定坚实的基础。

（四）灵活变动性原则

政治课堂讲授是一个动态的教学实施过程，会受到诸多实际因素的影响，当情境创设、提问环境、教学效度和学生反馈等发生变化时，都需要教师根据实际及时、灵活地调整和变动讲授方式。在实际教学中，相同的政治课堂讲授方法会因为不同的学生学情而产生不同的教学效果。教师需要根据所教授的各班级的基本学情进行灵活变动，以满足不同学习基础、学习心理和个性特征的学生的学习期望和学习需求。因此，政治课堂讲授必须遵循灵活变动性原则。

二、政治课堂讲授的方法

（一）讲述法

讲述法是中学思想政治教学中较为常见的一种课堂讲授方法，是教师运用生动形象的语言来阐述政治概念、理论观点，叙述案例等材料的主要内容，或者描述事件经过，进行课堂举例的方法，特点是较为生动形象和直观明了。教师在运用讲述法时应当注意：第一，运用严谨的教学用语，条理清晰、逻辑清楚地进行表述，要讲述完整，循序渐进，紧扣中心；第二，语言上可以风格多变，注意把控情绪，情感起伏明显，节奏张弛有度。此外，应该做到言简意赅，尽量避免使用口头禅或者重复出现一句话，以注意保护学生的有意注意。

【案例展示】

下面是高中《思想政治》必修三《政治与法治》第一单元“中国共产党的领导”第一课《历史和人民的选择》第一课时《中华人民共和国成立之前各种政治力量》片段教学案例。

1.课件展示:近代中国的基本国情和主要矛盾

教师讲述:从17世纪中叶开始的资产阶级革命—1840年鸦片战争—1860年第二次鸦片战争—甲午中日战争—1900年八国联军侵华战争,我国近代的基本国情是中国逐步沦为半殖民地半封建社会。这一国情决定了我国当时的多重矛盾:无产阶级与资产阶级、农民阶级与地主阶级、封建统治阶级内部各集团、派系之间、资产阶级与地主阶级之间、各帝国主义国家争夺对中国控制权等。主要矛盾:中华民族与帝国主义、人民大众与封建势力的矛盾。

2.说一说:运用你所学过的知识,说一说近代中国先后有哪些政治力量登上过历史舞台?

学生讨论并回答。

3.课件展示中国共产党的初心和使命:为中国人民谋幸福,为中华民族谋复兴

教师讲述:中国共产党成立的意义——中国人民的心里有了主心骨,中国人民从精神上由被动转为主动,并看到了解决中国问题的出路和希望。

4.课件展示案例

教师讲述:从北京城区往西100多千米,顺着一条奔流的小溪,可以到达一个群山环抱的小村庄——堂上村,歌曲《没有共产党就没有新中国》就诞生在这里,并从这里传遍大江南北,经久不衰。歌曲原名为《没有共产党就没有中国》后来毛泽东做了修改,在“中国”前面添加了“新”字。

教师讲述:为什么毛泽东在“中国”前面添加了“新”字。说一说你对“没有共产党就没有新中国的理解”。

学生讨论,小组代表发言。

教师讲述:从三个方面理解。一是中国工人阶级富有斗争精神,具有革命性、先进性;二是中国共产党一经成立就把实现共产主义作为当代最高理想和最终目标,且肩负起中华民族伟大复兴的历史使命。三是中国共产党领导中国人民,取得新民主主义革命的胜利,建立中华人民共和国。

案例点评:该教师在课堂讲授中采用了讲述法,阐明近代中国的基本国情和主要矛

盾，层次分明，不拖泥带水，语言严谨，清楚地向学生讲述了知识点。在讲述过程中，该教师语言简洁，中心突出，从案例着手，巧妙地将原本较为枯燥的知识以一种生活化的方式呈现给学生，帮助学生迅速理解知识点，加深认识。

（二）讲解法

讲解法指的是教师用清楚准确的语言，使用贴切、合适的材料和浅显易懂的道理来解释、分析和论述政治概念与原理，引导学生准确理解和掌握概念原理的方法。其特点是教师需要善于运用材料和浅显易懂的道理进行表述，材料和道理应该与概念原理相辅相成，融会贯通。教师在运用讲解法时，不能脱离概念原理本来的含义，也不能以偏概全，乱用材料，要做到符合客观实际，语言凝练、简洁，富有感染力。

【案例展示】

下面是高中《思想政治》必修二《经济与社会》第一单元"基本经济制度与经济体制"第一课《我国的基本经济制度》第一课时《公有制为主体 多种所有制经济共同发展》片段教学案例。

1.我国的基本经济制度

教师：当前，我国正处于社会主义初级阶段，以公有制为主体，多种所有制经济共同发展是我国社会主义初级阶段的基本经济制度。为什么要确立这一基本经济制度，它对促进我国经济社会的发展起到了怎样的作用？大家把书翻到第2页的《探究与分享》，思考小华在一天的学习和生活中，享受了哪些产品和服务，这些产品和服务分别由哪些所有制经济的劳动者生产和提供。

学生小组讨论并由小组代表发言。

教师总结：公有制经济包括国有经济、集体经济、混合所有制经济中的国有成分和集体成分。特别注意，混合所有制经济中的国有成分和集体成分，不是指混合所有制经济整体，而是指里面属于国家、集体所有的那一部分资产。

教师小结并引出物质资料的生产在生产关系中起着决定性的作用这一知识点。

2.课件展示材料

材料一：1978年以来，为了探索与现代生产力水平相适应的农村集体经济经营方式，我国在坚持农村土地集体所有制性质不变的前提下不断推进经营方式改革。以下是某村的探索历程。

党的十一届三中全会以后，该村通过推行家庭联产承包责任制，实行个人承包村办企业，成立多种形式的经营联合体等措施，调动了村民的生产积极性，推动了经济发展，使村民摆脱了贫困，解决了温饱问题。

2000年后，为了实现全村人共同富裕，针对“弃耕从商”贫富差距拉大等问题，该村通过集体规划土地，成立专业合作社，发展农业产业化经营，壮大了集体经济。

党的十八大以来，该村成立股份合作社，在村集体控股的基础上，吸纳村民入股，吸引优质企业投资，在农业产业化经营的基础上推动一、二、三产业融合发展。目前该村已建设成为物质富裕，精神富有的美丽乡村。

教师：结合材料谈谈坚持和完善公有制经济是如何促进该村生产力发展和共同富裕的。

学生分组讨论，由小组代表发言。

教师总结：以公有制为主体是促进生产力发展的根本要求，生产资料公有制是适应社会化大生产的要求，是社会主义国家对社会生产和经济发展进行宏观调控的制度基础，有利于推动经济持续健康发展，以公有制为主体，是实现共同富裕的基本前提，有利于人民共享发展成果，实现共同富裕。

材料二：2017年，在石油天然气开采行业，国有控股企业资产占该行业全部资产比重达94.7%；在煤炭开采行业，国有控股企业资产比重达76%；在石油加工炼焦和核燃料加工行业，国有控股企业资产比重达50.5%；在电力热力生产和供应行业，国有控股企业资产比重达87.3%；在水的生产和供应行业，国有控股企业资产比重达81.9%。

教师：你还知道我国哪些行业主要由国有经济控制？结合材料，谈谈你对国有经济的认识。

学生积极思考，展开讨论，发表见解。

教师：国有经济是由社会全体劳动者共同占有生产资料的公有制形式，是与我国较高生产力水平相适应的，比如长江三峡大坝、西气东输工程、南水北调工程、青藏铁路……都属于我国的国有经济，它是国民经济的支柱，掌握国民经济的命脉，在国民经济中起主导作用，它的发展壮大对发挥社会主义制度的优越性，增强我国经济实力、国防实力和民族凝聚力，提高我国的国际地位，具有关键作用。

案例点评：教师对材料的选择和把控非常到位，能使用教材中的经典案例组织学生进行讨论分析，引导学生学习掌握我国的基本经济制度。通过分析材料使学生识记我国现阶段的基本经济制度的具体内容以及公有制的主体地位的体现，同时，通过教师的分析，可以激发学生的爱国热情，坚定社会主义信念，并积极参与社会经济生活。

（三）讲读法

讲读法是将讲与读融合在一起、紧密结合的方法。其特点是讲中有读，以读促悟，以读代讲，讲读结合，能够活跃课堂氛围，对学生的注意力进行有效调节，缓解学生的视听疲劳，激发学生边读边思，边读边悟，充分参与到教师的教学当中。教师在运用讲读法时需要注意读的材料不能过长，读的频率不能过多，读完后要给学生留有思考的空间，同时也不能完全用读的形式来代替教师的讲。

【案例展示】

下面是《道德与法治》七年级上册第二单元"师长情谊"第六课《师生之间》第一课时《走近老师》片段教学案例。

1.活动导入生成问题

课件展示教材第60页《运用你的经验》。

教师：请同学们形容自己对幼儿园、小学、中学的老师的印象。

学生谈印象。

教师：我们从上幼儿园开始，接触最多的人除了我们的父母，就是老师，通过刚刚同学们的回答，我们了解到，在幼儿园，老师教会我们好的生活习惯，陪伴我们玩耍；在小学，老师让我们养成了好的学习习惯，以及如何跟其他同学相处；到了初中，老师不仅教会我们知识，还教会我们做人做事的道理……那么，同学们，你们了解自己的老师吗？今天就让我们一起走近自己的老师——走近老师。

2.探究一：了解教师职业

教师：大家眼中的老师形象一样吗？为什么？老师在我们的人生中所起的作用有什么共同之处？

学生交流、讨论。

教师小结：老师是我们学习的指导者和成长的引路人，在我们成长过程中，老师起着十分重要的作用。

3.探究二：教材第62页的相关链接

让学生齐读并思考：从孔子、陶行知的故事中，你认识到了什么？

学生发言，教师总结：教师在人类文明的发展中起着非常重要的作用。教师作为教育工作者，是人类文明的主要传承者之一。教师的主要职责在于教书育人。

4.探究三：教材《探究与分享》

课件展示问题：(1)上图从不同角度解读了教师职业。关于教师职业，你还了解哪些？(2)你如何看待身边的老师？

教师组织学生展开讨论，引导学生发言。

案例点评：在这则案例中，教师对课件所展示的探究二的材料并没有以讲述或概括的形式带领学生去体会教师的辛勤与伟大，而是采用了讲读法，读讲结合，通过让学生自主读材料、掌握材料主要内容的形式来联系生活实际，联想生活中遇到的老师，达到了共情效果。探究三，教师选择让学生自主阅读，在自主阅读的过程中让学生有了感悟的空间，避免了过去干涩的灌输式教学局面的出现。

（四）讨论交流法

讨论交流法是教师在完成概念原理的讲解后，引导学生围绕某个问题进行讨论，以获得正确的认知的方法。其特点是让学生充分发挥主体地位，发散思维，通过讨论交流来互相启发，提高思想认识。教师在运用讨论交流法时要注意把控整体课堂教学，加强对学生的引导和点拨，对学生的讨论结果要给予客观正确的评价，做好精准的总结。

【案例展示】

下面是《道德与法治》七年级上册第一单元“成长的节拍”第二课《学习新天地》第一课时《学习伴成长》片段教学案例。

活动一：阅读教材第14页《运用你的经验》

(1)设问。

教师：你认得这两个字吗？在你看来，①—⑦各自表达什么意思？

学生根据实际回答。

教师:我们共同认可的解释是什么?

学生根据实际回答。

(2)讨论交流。

教师:与小学学习生活相比,初中学校有哪些特点?请讨论交流。

教师引导学生进行讨论交流,然后小组代表发言。

教师总结:初中学习更加自觉了,开始学会思考了,学习的内容更多了。

教师讲述:到了初中阶段,我们的独立意识增强了,思维更加具有独立性,也能接纳他人合理、正确的意见。

活动二:头脑风暴

讨论:你经历的学习有哪些?和同学们一起讨论,看谁想得最多。

小组谈论交流,代表发言:读课外书、做义工、做家务、和同伴聊天……

教师:对,中学阶段,学习是我们的重要任务,学习包括知识的获取、能力的培养以及如何做人等。

活动三:情境再现

(课件显示情境)

情境一

甲:爬山真带劲儿!我好高兴啊!

乙:我在那里听到许多有意思的历史故事,收获很大!

情境二

丙:我觉得和同学一起玩很有意思。

丁:我收集了一些植物的叶子,准备把它们做成标本。

老师:同是一次春游,同学们各有不同的收获。他们的收获分别是什么呢?

学生回答:学习不仅仅局限在学校,我们所看,我们所听,我们所尝试,我们所做,都可以是学习。

教师继续引导学生思考:我们对学习应该报有什么样的态度呢?

学生讨论交流:学习要有自觉、主动的态度。

教师归纳总结:很好,同学们都有自己对学习的见解,我们生活中的点点滴滴都是学习。

活动四:教材第17页《探究与分享》(课件显示图片)

教师:(1)每个人都要学习吗?

(2)长大成人以后，我们还需要学习吗？

学生讨论交流：学习伴随我们成长。

教师总结归纳：人有学习的天性，人的成长过程就是一个不断学习和发展的过程。而且学习没有终点，我们要终身学习。

案例点评：在这个案例中，教师结合教材中的《探究与分享》，多次设问，组织学生展开讨论交流，自己在学生讨论交流完后进行总结。学生经过讨论交流，碰撞思想的火花，深刻理解到了学习的含义，明白应该如何正确对待学习，如何学习，树立终身学习的理念。案例中的情境和材料很贴近学生生活，教师组织学生讨论交流，充分体现了以学生为主体的教学理念，尽最大努力为学生创设讨论的话题和环境，以激发学生的学习积极性，让每一位学生讨论交流起来，让他们畅所欲言。

（五）案例解析法

案例解析法是指教师在课堂讲授时选择一些具有典型意义、能够凸显教学内容的实例，在一定的情境中组织学生进行解读、分析案例，通过解读和分析，来掌握概念原理，帮助学生加深对知识重难点的理解和记忆，提高学生分析和解决实际问题的能力。该讲授方法的特点是所选案例具有科学性、时效性、完备性，能够吸引学生展开思考，启发学生联系概念原理进行分析。教师在运用案例解析法时，要注意讲授必须形象生动，归纳也要做到准确，引导学生分析时要注意理论联系实际，提升学生阅读和分析案例的能力。

【案例展示】

下面是高中《思想政治》必修二《经济与社会》第二单元“经济发展与社会进步”第三课《我国的经济发展》第一课时《坚持新发展理念》片段教学案例。

1.课件展示案例：教材第33页《探究与分享》

案例：周末，小凡与家人一起观看党的十九大新闻专题片，在为祖国“点赞”的同时，大家就各自的美好生活需要展开了讨论。小凡说：“我要更加努力，争取进入心目中理想的学校，更好地发展自己。”妈妈说：“让一家人生活得更幸福是我们的责任，如果收入更高、居住条件更舒适、环境更优美，那就更好啦。”奶奶说：“我们上了年纪，希望就医更方便一些，医疗水平更高一些。”

教师提问：(1)了解周围的人对美好生活有哪些需要。

(2)如何满足人民对美好生活的需要？

学生讨论,小组代表回答。

教师总结:通过同学们的回答,我们知道了人民对美好生活的需要。要满足人民对美好生活的需要,就要坚持以人民为中心的发展理念,要从人民群众的根本利益出发,谋发展促发展,不断满足人民对美好生活的需要,努力促进人的全面发展,把实现人民幸福作为发展的目的和归宿,一切为了人民发展,依靠人民,发展成果由人民共享。

案例:习近平总书记2020年在参加内蒙古代表团审议时强调:"坚持以人民为中心的发展思想,体现了党的理想信念,性质宗旨,初心使命,也是对党的奋斗历程和实践经验的深刻总结。必须坚持人民至上,紧紧依靠人民,不断造福人民,牢牢根植人民,并落实到各项决策部署和实际工作之中,落实到做好统筹疫情防控和经济社会发展工作中去。"我们要深入学习贯彻习近平新时代中国特色社会主义思想,始终坚持以人民为中心的根本立场,把党的群众路线贯彻到治国理政全部活动中,全面打赢疫情防控的人民战争、总体战、阻击战,确保实现决胜全面建成小康社会,从而进一步凝聚人民伟力,创造历史伟业。

教师:结合习近平总书记的讲话,谈谈各级党委、政府应如何落实以人民为中心的发展思想。

学生讨论,小组代表发言。

教师讲述:(1)各级党委、政府要坚持发展为了人民,从人民群众的根本利益出发谋发展,促发展,抓实疫情防控工作,促进经济社会发展。(2)各级党委、政府要坚持发展依靠人民,把人民作为发展的力量源泉,充分尊重人民主体地位和人民群众的首创精神,全面打赢疫情。(3)各级党委、政府要坚持发展成果由人民共享,使发展成果惠及全体人民,不断保障改善民生,增进人民福祉,走共同富裕道路,彰显制度优势。

案例点评:案例紧贴教材,紧贴生活,反映了我国当前人民的生活状况,同时,在案例的选择上,结合了我国最新的实事要点,题材新颖,具有代表性,通过两个案例的展示,让学生分组讨论、交流,体现了以学生为中心的发展理念。提高了学生分析问题、解决问题的能力。

第三节　知识点之间的过渡设计

在一堂完整的课堂教学中，教师一般会按照教学计划完成相应的教学内容。但是，教师不可能一节课只讲一个知识点，而知识点之间也需要相互衔接，这就是我们所说的知识点之间的过渡，它就像一根导线，串起了教学过程的各个环节。一般来说，知识点之间的过渡有以下四种常见的方法。

一、提问式过渡

提问式过渡指的是教师在讲述完一个观点或者介绍完一个案例材料时立即进行设问，用问题的形式来引发学生进行思考，通过学生的回答，引出下一个知识点。提问式过渡可以单独地存在于知识点的过渡与衔接设计中，也可以与其他过渡方式和谐并存，以与多种过渡方式并存的形式来进行知识点的过渡。

【案例展示】

下面是高中《思想政治》必修二《经济与社会》第二单元“经济发展与社会进步”第三课《我国的经济发展》第一课时《贯彻新发展理念》片段教学案例。

1. 讨论：党的十八大以来，我国经济建设取得重大成就，人民生活不断改善，同时也面临不少困难和挑战，发展不平衡不充分的一些突出问题尚未解决。例如，创新能力不够强，实体经济水平有待提高；脱贫攻坚任务艰巨，城乡区域发展和收入分配差距依然较大；生态环境保护任重道远，发展质量和效益还不高；对外经济发展方式还需要转变，外资市场准入还需要进一步放宽；民生领域有不少短板，群众在教育、就业、医疗、居住、养老等方面面临不少难题。

教师：请结合以上材料，分析我国为什么要坚持新发展理念。

学生讨论并回答。

教师：首先，新时代需要新发展理念。理念是行动的先导，一定的发展实践是由一定的发展理念来引领的。其次，要着力解决好发展不平衡不充分问题，破解发展难题，增强发展动力，厚植发展优势，更好满足人民日益增长的美好生活需要，必须贯彻创新、协调、绿色、开放、共享的发展理念。

过渡：我们坚持新发展理念，是为了解决我们国家发展不平衡不充分的问题，促进经济的增长，那么这里又有一个小问题：经济发展跟经济增长是一个概念吗？（小组讨论）

教师讲解展示：经济发展≠经济增长。经济增长表现为一个国家或地区人均产出水平的持续增加，是经济发展的基础，但单纯的经济增长并不等于经济发展。经济发展不仅包括经济增长，而且包括经济结构优化、经济效益提高、生态环境改善、人民生活水平提高等。

教师：新发展理念到底解决什么问题？

学生：讨论并回答。

教师总结：创新注重解决动力问题、协调注重解决发展不平衡问题、绿色注重解决人与自然和谐共生问题、开放注重解决发展内外联动问题、共享注重解决社会公平正义问题。

案例点评：在这个案例当中可以看到，教师通过提问式过渡的方式，使教师上课的内容顺利过渡到下一个知识点，并用问题来引导学生进行思考：新发展理念到底解决什么问题。通过这个问题引出学生思考我国为什么提出新发展理念。

二、归纳式过渡

归纳式过渡指的是教师在提问完毕或者和学生共同学习完毕后，对刚才讨论的知识点做一个有效归纳，自然、不留痕迹地进行知识点之间的过渡。这个归纳可以由教师组织进行，也可以引导学生进行主动归纳，从而引出下一个知识点。

【案例展示】

下面是《道德与法治》七年级上册第二单元“友谊的天空”第四课《友谊与成长同行》第二课时《深深浅浅话友谊》教学片段案例。

教师提问：友谊的特质有哪些？友谊要澄清哪些问题？

学生：信任、忠诚、志趣相投、支持、友善、诚信、相互喜欢、陪伴、理解、平等等。

教师：归纳总结得很好。

课件展示《探究与分享》：开学不久，上美术课的时候李鸣忘记带颜料，我看他急得满头大汗,就把自己的分了一半给他,他向我表示感谢。画画的时候少了一些颜料很不方便,但我还是很高兴。后来,我俩成为要好的朋友。一天,我和李鸣在图书馆复习迎考。一道数学题难倒了我。李鸣是数学高手,我向他求教,他却不耐烦地说:“明天就要考试了,哪有时间给你讲?自己看参考书吧。”我悻悻地回到座位上,心里很不是滋味……

教师设问:“我”的心里是什么滋味?

学生回答:“我”心里很难过,在他困难的时候“我”向他伸出了双手,但在我有困难的时候,他却只顾自己,他对“我”的友谊太自私了,只想得到但不付出。这样的友谊是不能长久的。

教师设问:帮助朋友,是否意味着自己会受到损失?(同桌之间讨论,思考并发表见解)

学生回答:不是。如果你接受帮助,也要帮助对方;如果你感受到关怀,也要关怀对方。

教师总结:同学们回答得非常好。接受帮助,也学习帮助对方;感受关怀,也学习关怀对方。我们共同分享,也相互分担,在相处中体验积极的情感。这说明友谊是平等,双向的。古人云:“君子之交淡如水。”也有人说:“多个朋友多条路。”你如何看待这两种观点?带着这个问题,我们来看一个案例。

唐朝著名将领薛仁贵早年贫困潦倒。贞观年间,因“平辽”有功,他被封为“平辽王”。他拒绝了所有贺礼,只收下平民王茂生送来的两坛清水。薛仁贵当众饮下,说:“早年我家境贫寒,全凭王兄接济。如今王兄贫寒,送清水也是一番情谊,君子之交淡如水。”

有学生举手回答:我个人比较赞同“君子之交淡如水”的观点,友谊与物质利益无关。

教师总结:同学们回答得非常棒,友谊的美好就在于它可以超越物质条件、家庭背景、学习成绩等。就像习近平总书记说的:“以金相交,金尽则散;以势相交,势败则倾;以权相交,权失则弃;唯以心相交,方能成其久远。”所以,友谊是一种心灵的相遇。那么友谊到底有哪些特质呢?

课件展示:(1)友谊是一种亲密的关系——我们能从中得到理解与支持、忠诚和信任、肯定和关心等;(2)友谊是平等的、双向的——共同分享,相互分担;(3)友谊是一种心灵的相遇——志同道合、志趣相投。

教师：接下来，请大家翻到教材第45页《阅读感悟》：《诗经·卫风》——木瓜

投我以木瓜，报之以琼琚。匪报也，永以为好也。投我以木桃，报之以琼瑶。匪报也，永以为好也。投我以木李，报之以琼玖。匪报也，永以为好也。希望同学们能够珍惜友谊。

案例点评：在这个案例当中，知识点之间的过渡衔接充分运用了归纳过渡的方法。既有教师提问、学生思考、学生归纳的形式，又有教师提问，学生思考回答，教师根据学生的回答进行归纳的形式。这样的归纳过渡，巧妙地引出了下一个知识点，也链接了上一个知识点，让各知识点之间成为一个紧密结合的有机整体。

三、启发式过渡

启发式过渡是指当学习活动中出现难度偏大或者在学生认知范围内无法解决的问题进而导致学生的思维活动受限，甚至发生停滞时，教师在旁进行点拨，或从认识的两极进行引导，引导学生联想学过的知识，并在原有知识与当前问题之间建立联系，进行启发，一方面促进学生的思维活动跃动，一方面巧妙地做好知识点的过渡。

【案例展示】

下面是《道德与法治》七年级上册第二单元“友谊的天空”第五课《交友的智慧》第一课时《让友谊之树常青》片段教学案例。

教师：今天我们要讲的内容是《让友谊之树常青》，这节课我们主要解决两个问题：(1)如何建立友谊？(2)如何呵护友谊？下面有个案例，请你帮忙提出一些好的建议？

案例：下课了，小鹏独自一人坐在座位上，看着别的同学有说有笑、相互交流，内心特别向往。可是他不知道应该如何做才能找到朋友，交到朋友。

学生：你太害羞啦！多尝试几次就好了，打个招呼，借个笔就认识了；别着急，你要敞开心扉，让大家了解你，找到共同话题就有朋友了。

教师总结：建立友谊的过程中，会有惊喜，会有意外，还会有点儿冒险。无论怎样，敞开心扉，主动表达，朋友才不会彼此错过。也就是说：建立友谊，需要放开自己。小鹏听了同学们的建议，终于鼓起勇气和同桌小刚聊天，但小刚对小鹏爱搭不理的，小鹏很是尴尬，想放弃交朋友了。这时小鹏应该怎么办呢？

学生回答。

教师总结：建立友谊，需要持续的行动。(1)在行动前要有恰当的期待，即使对方拒绝，也并不意味着自己不好。(2)如果一次尝试不成功，别气馁，只要真诚待人，我们就有机会找到朋友。所以，对于“如何建立友谊”这个问题，我们需要把握两点：建立友谊，需要放开自己。建立友谊，需要持续的行动。听了同学们的建议，小鹏说：谢谢大家的建议，小刚已经跟我做朋友啦，我觉得学校生活快乐了很多！我很珍惜这个朋友，想对小刚好点儿，可我不知道怎么做？大家能给我出几个好主意吗？

学生：学习上帮助他、倾听他的烦恼、给他买礼物、默默地关心和支持他。

教师：同学们说得很好，其实同学们说的就是我们要体会朋友的需要，在朋友需要帮助的时候站到他的身旁，以行动向朋友表达关心和支持。但是这个时候，小鹏同学又有疑问了。他告诉我：昨天，我就发现刘刚不对劲，眉头紧锁，下课发呆，凭我对他的了解，肯定是出什么事了。放学时我向他打听，他支吾了半天不肯说。我决定今天一定要问个明白，看怎么做能帮助他。没想到，我刚问了几句，他就不耐烦地说：你不要再问了，我不想说。他问：我该怎么做呢？朋友之间需要保持距离吗？

学生：每个人都是独立的个体，要给朋友一些空间，把握好彼此的界限和分寸。朋友之间需要以诚相待，但这并不意味着毫无保留；给予朋友积极合理的建议，但不要替朋友做决定。

教师总结：同学们说得太对了，呵护友谊，需要学会尊重对方。但是问题又出来了。上个星期课间，小刚和前桌打闹，不仅打断了小鹏解题的思路，还把墨水喷了小鹏一身。小鹏怒火中烧，破口而出：小刚，你是不是有病呀！随后，他俩大吵了一架，至今谁也不理谁。同学们，这个时候小鹏该怎么做呢？

学生：相互协商，寻找彼此都能够接受的解决方式。

教师：对，其实就是说呵护友谊，我们需要学会正确处理冲突，那么我们如何处理冲突呢？能不能使用暴力呢？

学生小组讨论，代表发言。

教师点评：用暴力方式处理，会有很多危害。造成身心伤害和财产损失；影响同学友谊，造成人际关系紧张；受到纪律处分和法律制裁。我们处理冲突的方法一般有以下几种：保持冷静、坦诚交流、及时处理、勇担责任、换位思考。

案例点评：该教师在设计知识点的过渡时，充分运用了启发式过渡的方法，引导学生思考问题，将问题的点呈现在学生面前，然后通过教师的引导来由点及面，对学生进行启发，由此得出下一个知识点。

四、探索式过渡

探索式过渡是逻辑严密的思维过程，富有探索性、研究性、讨论性的特质，这种过渡方式，能够训练和提高学生的逻辑思维能力，对培养学生的发散思维、创新思维、逆向思维有着重要作用。学生在这种思维过程中，提升了思维能力，又不知不觉接受了新知识，一举两得。

【案例展示】

下面是《道德与法治》八年级下册第四单元“崇尚法治精神”第八课《维护公平正义》第一课时《公平正义的价值》片段教学案例。

教师：围绕“公平正义”这个话题，几位同学表达了各自的观点。

小涛同学：在银行、车站、餐厅等公共场所，按“先来后到”的顺序排队，这是公平的。

小蕊同学：在车站、码头、医院等公共场所，设置老年人专用通道或老年人窗口，这是合乎正义的。

大海同学：当许多人都想获得某一个职位时，用竞争上岗的办法来确定人选，这是公平的。

阿梅同学：对生产、销售假冒伪劣商品的厂家和商家给予应有的处罚，这是合乎正义的。

教师：提到“公平正义”，你会联想到哪些词语？

学生：公正、道义、公道……

教师：请大家看一个案例。古时候，一位父亲临终前要把四锭等重的黄金分给三个儿子。三个儿子中，大儿子精明能干，为赚取这四锭黄金出力最多；二儿子能力一般，但很有孝心，父亲生病时端茶送药，最得父亲喜欢；三儿子身残体弱，为人善良，父亲最担心他以后的生计。

教师引导学生思考：(1)假如你是这位父亲，你会怎样分配这四锭黄金？(2)

结合“分黄金”的故事，谈谈你对公平的看法。

学生：平均分，不偏不倚，公正无私；大儿子多一些，多劳多得，大儿子多赚钱，可照顾其他兄弟；二儿子多一些，孝敬父亲，幕后英雄；小儿子多一些，扶贫济困，友爱相助。

教师：公平通常指人们基于一定的标准或原则，处理事情合情合理、不偏不倚的态度或行为方式。我们不管怎么分，都要遵循一定的标准或原则：合情合理、不偏不倚，但是我们也要做到：公平是相对的，没有绝对的公平。

教师：依据你对公平的理解，结合课本内容请对图中的行为和政策进行评价。

学生讨论并回答。

教师：公平有着丰富的内涵，包括权利公平、规则公平、机会公平。权利公平，要求每个人依法平等地参与社会活动；规则公平，要求每个人都受到行为规范的约束；机会公平，要求社会为每个人提供同等的发展机会和条件。下面请结合图片展示，谈谈公平的价值。

学生讨论并回答。

教师总结：从个人层面：公平是个人生存和发展的重要保障。①公平能保证个人应得的利益，使个人获得生存和发展的物质条件。②公平能让人感受到尊严，从而激发自身潜能，提高工作效率。从社会层面：公平是社会稳定和进步的重要基础。①公平有利于协调社会各方面的利益关系，缓和社会矛盾，减少社会冲突，维护社会秩序，保证社会的长治久安。②公平有利于营造更好的竞争环境，创造更多的社会财富，推动社会持续发展。

案例点评：在这个教学片段中，教师思路清晰，对公平、正义及其价值的基本知识点进行了探索式的过渡设计，恰当地将这些概念知识紧密地编织在同一知识网格当中，环环相扣、层层递进。在引导学生掌握公平、正义的含义的时候，以图文并茂的形式来呈现出知识点，使学生获得最具形象的第一手感性资料，获得良好的认知体验。

第七章　中学思想政治课堂情境的创设

第一节　中学思想政治课堂情境创设的功能与作用

一、政治课堂情境创设的功能

一堂思想政治课能否取得预期的效果，在一定程度上取决于教学情境的创设是否有效。政治课堂情境的创设，能够强化课堂教学的效果。情境创设不仅在课堂导入环节起作用，还能在整个教学流程中得到体现与落实。把充满趣味的教学情境有效贯穿到整个教学环节当中，就能够在更大程度上发挥教学情境的激趣作用，使得政治课堂更为生动，充满人文性。教学情境要依据教学内容、学生的生活及学习实际等方面进行创设，这对增强学生的感受有极大帮助，也能更好地达成高效的课堂教学。

（一）体验功能

中学思想政治课的本质是对学生进行思想道德教育，思想道德教育离不开培养学生的道德情感。培养学生的情感不能单一地靠灌输来进行，需要通过体验来激发情感共鸣，达到共情效果。政治教学情境的创设具有一定的体验功能。一方面，学生能够在教师创设的情境中，亲身体验并形成真情实感，达成良好的心理情绪状态，从而积极主动地参与到教学中去，主动地融入情境中进行观察和思考。另一方面，情境的创设能够引起学生活跃的心理活动，激发学生展开丰富的联想，促使学生产生热烈起伏的情感和强烈真挚的内心感受。在这种情境创设中，学生不仅获得了知识技能，更重要的是在潜移默化中获得了丰富的情感体验。此外，学生能够在情境创设中获得丰富的实践体验，有助于加深对知识的掌握与对现象的认知，深化体验。

（二）反馈功能

情境创设的过程是一个师生之间互动生成的过程，教师通过情境创设来达成教学目标，引导学生掌握知识技能。学生作为学的主体，在教师创设的情境中要充分发挥主体性作用，充分感知情境，从中获得知识，并做出良好的学习反馈。教学情境的创设，能够帮助教师观察学生的注意力，学生的课堂参与程度，学生学习兴趣的状态，学生的认知心理等，并以此来改进情境创设的策略，优化教学设计。因此，情境创设具有较强的反馈功能。

二、政治课堂情境创设的作用

（一）加深理解，巩固记忆

中学课业负担较重，学生每天需要记忆的知识点繁多。越往高学段，政治学科的知识点就越偏向于理论化。政治课堂情境的创设，有助于帮助学生在轻松愉悦的课堂氛围中，通过生动的体验，加深对知识点的理解，在润物无声的状态下巩固知识点，轻松解决识记困难。

（二）营造课堂氛围，激发学习潜能

创设良好的情境，能够改变沉闷枯燥的课堂氛围，营造出活跃、欢快的课堂氛围，能够充分激发学生学习的主动性和积极性，促进学生的情感开发，激发学生的学习潜能，使他们主动投入到教师的提问中去，进行积极思考。

（三）开拓学生思维，培养创新能力

课堂情境的创设，方式多种多样。学生在这种多样化的情境中，充分做到了理论联系实际，运用理论知识来看待问题。同时，课堂情境中的活动、游戏等，无一不考验着学生。学生通过对这些游戏、活动的参与，能打破思维定式，充分提升创新能力。

（四）构建民主、和谐的师生关系

情境教学是在坚持师生平等原则的基础上进行的教学，是师生关系和谐统一、学习节奏一致、情感产生共鸣的教学。它有利于拉近师生的心理距离，建立融洽的师生关系，更好地调动学生的学习积极性。这就要求思想政治教师在课堂上要改变以往那种板着面孔说教的形象，积极创造一种民主、和谐的师生关系，热爱学生、尊重学生的同时要严格要求学生，以情感沟通为中介，以创设的情境为土壤，让学生得到积极地、主动地、健康地、充分地发展。如果教师忽视与学生的情感交流，学生就有可能不喜欢这门课，甚至会产生逆反心理，不利于个人潜能的开发，进而影响学习效果和学生素质的提高。

第二节　中学思想政治课堂教学中情境创设的原则与方法

一、政治课堂教学中情境创设的原则

（一）智育与德育和谐统一原则

长期以来，应试教育模式和中高考压力，致使思想政治课变成了填鸭式、理论灌输式的教学模式，对学生智育的培养力度大大超过了对学生德育的培养。教育受到主智主义思潮影响，过于重视学生的智力发展，教师的课堂教学模式较为保守、刻板，几乎都是一成不变地遵循着“设问—理解—强化 —运用”这种固定模式。这种固定的教学模式让学生牢固地掌握了课本理论知识，习得了较强的知识技能。然而，学生的思想道德品质并没有得到有效的、同步的发展，出现了智力因素与非智力因素发展不平衡的状况。一方面，新课程理念下的思想政治课堂，教师不仅要帮助学生完成理论的学习，还要培养与发展学生的能力，引导学生树立正确的世界观、人生观和价值观。另一方面，中学阶段不仅是学生知识储备增长的最佳时期，更是青少年人格品性习成的关键阶段，中学思想政治教育，尤其要注意把握好知识传授与道德情感引导之间的度。同时，情境创设能够将思想政治教学的科学性、理论性与教学艺术性融合，不仅有助于激发学生的学习潜能，帮助学生习得扎实的知识技能，还有助于陶冶学生的情操，让学生获得丰富的情感体验。因此，为了保证情境创设在中学思想政治课中有效实施，教师在课堂教学中必须实现智育与德育的高度和谐统一，既要注重课本理论知识的传授，又要突出情境教学法的优势，寓情于理、情理并重，充分调动学生的情感因素，再对其加以价值观的正确引导。

（二）知识积累与情感升华相结合原则

中学思想政治学科所包含的理论知识会随着学段的上升而增多。因此，政治课堂教学中的情境创设必须在夯实学生学习基础、完成知识积累的同时，在教学过程中，联系社会生活、开展实践活动和增加师生间的交流，充分地激发学生的学习热情，通过情境来促进学生的情感升华。思想政治课程，不仅仅是传授思想政治理论知识的课程，更是立德树人的课程。学生作为生命个体，拥有丰富的情感认知，作为一门富有德育内容的学科，教师要通过情境创设引导学生充分激发自己的情感、代入自己的情感，感知情境创设中的情感，使学生的思想政治觉悟和道德素质得到提升。因此，政治教师在进行情境创设时，在注重学生学科知识积累的同时，更应增强对学生情感的激发，使学生的知识得到夯实，情感得以升华。因此，落实情境创设，必须要统筹知识积累与情感升华之间的关系，将二者有机结合到中学思想政治课的教学活动中。

（三）学科知识理论性与情境内容生活性相联系原则

中学思想政治学科（特别是高中思想政治）知识有较强的理论性。教师在教学中进行情境创设时，要注意平衡学科知识理论性和情境内容生活性之间的关系。思想政治的情境内容要充分联系生活实际，从生活中选取素材，抽取观点，运用学科知识理论加以分析，解释生活现象、指导生活实践。因此，教师要想在教学中创设成功的情境必须将情境内容生活化，即注意贴近现实生活，从学生所熟悉的现实生活和生活经验出发，充分尊重学生的内心意愿。若无学生生活的情境，等于是无效的情境创设，学生依然被封闭在课本中，循环着刻板的认知活动，没有做到理论联系实际，终将使情境创设架空在学科理论知识上，成为无源之水，最终也很难取得预期的教学效果。生活化的情境内容，让教材中的理论知识变得更为鲜活，易于理解，让学生变得勤于思考，乐于学习，课堂氛围变得开放有活力、充满趣味。遵循学科知识理论性与情境内容生活性相联系的原则，有助于指导教师在进行情境创设时有意识地利用贴近学生实际的丰富素材，营造带有情感色彩的情境展开课堂教学，加深学生对理论知识的理解，帮助学生吸收理论知识，努力协调理论知识与生活实际的关系。

二、政治课堂教学中情境创设的方法

(一)活动情境法

活动情境法是指结合教学目标、教学重难点来组织趣味活动进行情境创设。教师指导下的学生的活动能够让课堂教学变得更加流畅、活泼,学生在活动中扮演了主要角色,能够加深内心的情感体验和感受。

【案例展示】

下面是《道德与法治》七年级上册第二单元“友谊的天空”第四课《友谊与成长同行》第二课时《深深浅浅话友谊》第二目:“友谊的澄清”片段教学案例。

活动四:展示教材《探究与分享》。

我和小美形影不离,有说不完的话。小美常常有意无意地与我比:比衣服、比文具、比成绩,我都没在意。上次学校推荐一名同学到市里参加歌咏比赛,我俩都报了名,结果我被选上了,她落选了。现在小美看我总是淡淡的,也不再主动与我说话。

教师:(1)文中的“我”对友谊的期待是什么?(2)为什么“我”和小美的友谊变淡了?

学生:(1)文中的“我”对友谊的期待是:希望能够和小美做永远的好朋友。(2)“我”和小美的友谊变淡的原因:学校推荐一名同学到市里参加歌咏比赛,我俩都报了名,结果我被选上了,她落选了。

教师:请同学们拿出一张纸,折一条船。

学生折好小船。

教师:假定这是一条友谊之船,结合自己的亲身经历,谈谈在你的友情世界里,“友谊的小船”翻过吗?然后思考:友谊是一成不变的吗?(1)导致“翻船”的原因是什么?(2)与朋友的友谊变淡后还有必要维持吗?

设计意图:通过这一活动,让学生认识到友谊不是一成不变的,自己变了,对方变了,或者环境变了……在这些改变中,有些友谊得到保持,而有些友谊则逐渐淡出。我们要学会接受一段友谊的淡出,坦然接受新的友谊。

案例点评:该教学案例中运用了活动情境创设法,教师组织学生折纸船来创设情境,通过这一活动，学生领悟到了友谊不是一成不变的。

（二）数字化资源情境法

数字化资源包罗万象，形式多样，有音乐、图片、短视频、动画等。数字化资源以其特有的视听优势带给学生丰富多彩的视听感受，能够起到渲染情境的作用。数字化资源情境法是比较常见的情境创设方法。

【案例展示】

下面是《道德与法治》七年级上册第二单元“友谊的天空”第四课《友谊与成长同行》第一课时《和朋友在一起》片段教学案例。

课件展示：(1)古诗《赠汪伦》：李白乘舟将欲行，忽闻岸上踏歌声。桃花潭水深千尺，不及汪伦送我情。(2)关于友谊的诗句：①海内存知己，天涯若比邻。(王勃)②劝君更尽一杯酒，西出阳关无故人。(王维)③莫愁前路无知己，天下谁人不识君。(高适)……

教师：父母、老师、朋友、兄弟姐妹在下面的情境中，你的第一选择会是谁？快乐的事，你最愿意与谁分享？心里的秘密，你最愿意向谁倾诉？遇到了困难，你最愿意向谁求助？你最愿意与谁一起外出游玩？结合教材第39页《探究与分享》思考：进入中学，你的朋友圈发生了怎样的变化？

学生：交往范围扩大、朋友圈扩大、交往内容更丰富；朋友圈变小、但交往更加深入、朋友关系更加密切。

教师：如此往复，迎来送往，每个阶段我们都会有老朋友离开，结识新朋友，而这些伙伴、同学、朋友陪伴着我们一起飞翔，一起去看外面的世界……所以，伙伴、同学、朋友成为我们生命中越来越重要的部分。那么，请你说一说：你的朋友对你的影响。

学生：李光对我的影响：爱上打乒乓球；会开玩笑……

教师：对，朋友对我们的影响是很大的，请大家看以下这个案例：被称为个人电脑软件之父的比尔·盖茨，在中学时结识了比他高两个年级的保罗·艾伦，他们很快成为朋友，一起钻研计算机技术，一起创办了微软公司，取得了举世瞩目的成就。从这个案例你们看到了什么？

学生：朋友对我们的影响很大。

教师：对，朋友对一个人的影响是很大的，我们的言谈举止、兴趣爱好甚至性格等都或多或少地受到朋友的影响。大家会唱周华健的《朋友》这首歌吗？

教师：播放音乐，师生同唱。

案例点评：这是典型的数字化资源情境创设。在授课过程中，教师巧妙地运用了数字化资源，用到了古诗、漫画，更用到了图片、歌曲，运用这些资源进行情境创设，进行提问，通过提问的形式来引导学生进行思考：朋友对我们的影响有多大？从而引出学生对朋友的意义的深度思考。

（三）个性化表演情境法

个性化表演情境法，则需要引导学生进行角色扮演。角色扮演即角色模仿，角色扮演情境教学是运用角色扮演的技巧，借助一定的情境并采用讨论的方式来探讨知识的一种教学策略。角色扮演情境教学是一种以培养学生正确的社会行为和价值观念为取向的教学模式。个性化表演情境教学模式以素质教育理论为依据，以现代教育心理学及课堂优化原理为基础，遵循教学改革的“激发学生思维，加强主体性”“注重联系实际，突出实践性”的原则。个性化表演需要一定的情境支持，让学生进入角色扮演，需要提供给他们讨论的焦点问题及相关的背景材料。个性化表演情境法可以根据事物产生的不同条件、影响事物变化的不同条件、事物产生的不同影响进行冲突设置。教师在角色扮演情境教学中则需要在设置角色时凸显角色的差距，调适角色冲突，以达到社会角色期望的理想值，使角色扮演的进程随时都掌控在教师手中，教师在角色扮演情境教学中起重要的指导作用。

【案例展示】

下面是《道德与法治》七年级下册第四单元“走进法治新天地”第十课《法律伴我们成长》第一课时《法律为我们护航》第二目“感受法的关爱”片段教学案例展示。

课件展示案例：

14岁的莉莉父母离异后，随爸爸和奶奶生活。但爸爸经常赌博，还经常打她。她决定上法院告爸爸。奶奶却说，家丑不可外扬，打官司也不光彩；她会求爸爸不要再打她。

1.教师引导学生思考：莉莉会听奶奶的话吗？应该听奶奶的话吗？

2.教师采用个性化表演情境法，模拟法庭片段的“法庭辩论和裁决”“家丑可不可以外扬”交给“模拟法庭”进行“法庭辩论和裁决”。

控方：

爸爸侵害了莉莉的合法权利，经常赌博也是违法行为，这种家丑应该外扬。

辩方：

莉莉是爸爸的女儿，告了爸爸就是不孝，爸妈已离婚了，爸爸很可怜，赌博是可以理解的，这种家丑不可外扬。

控辩双方针锋相对，非常激烈。

在辩论中，老师适时告诉学生（出示投影）：当奶奶跟爸爸说了以后，爸爸却变本加厉，莉莉“旧疤未愈又添新痕”。莉莉在绝望之时，无意之中发现了奶奶的安眠药。

教师提问：莉莉会把药吃下去吗？为什么？（“旁听者”及时补充，发表自己的看法，形成互动）

有的学生认为：会的，因为不能告爸爸，没有别的办法。

有的学生认为：不会，莉莉会偷偷地让爸爸吃下去，她恨爸爸，奶奶又不让告。

还有的学生认为不会，莉莉想到了奶奶，想到了妈妈。

当莉莉因被爸爸一顿暴打给打醒时，莉莉可以怎么做？

“旁听者”非常踊跃地出谋献策，教师引导“法庭裁决”给莉莉法律援助，通过合法途径来讨回公道。

教师把法官判决（或班委裁决）结果，及时地通过多媒体显示出来。

案例点评：在这样的情境创设中，学生通过个性化表演，进行角色扮演，探讨奶奶提出的家丑可以或者不可以外扬，由于双方的观点相反，学生针锋相对，课堂气氛热烈。“依法进行自我保护”这一重点知识也在双方的激烈争辩中越来越明朗化。通过班委会成员扮演“法庭裁决”中法官的角色，并且当堂宣布裁决的结果，学生掌握和理解了依法进行自我保护的合法途径。

（四）趣味故事情境法

故事情境教学是指教师以所教知识为主干，创设符合学生心理年龄和心理需求的故事情境来辅助教学。即以故事情节为教学载体，以学生兴趣为支点，以学生为中心，将教学目标渗透其中、将教学内容融合其中的一种教学方法。在创设故事情境时，教师要注意结合学生的认知特点，联系学生的实际生活，选取一些尽可能符合实际的故事。所以，教师在设置故事情境时，要尽可能地与教学主题相联系，让学生在产生学习积极性的同时，设置与教学主题有关的疑问，进行与教学主题有关的探讨。

【案例展示】

下面是高中《思想政治》必修四《生活与哲学》第二单元“探索世界与追求真理”第五课《把握思维的奥秘》第二课时《意识的作用》片段教学案例。

《认识世界：畅想“飞天梦”》视频故事导入。

课件展示：“飞天梦”是强国梦的重要组成部分。随着我国航天事业的快速发展，中国人探索太空的脚步会迈得更大、走得更远；中国人对太空的认识会更多、更深刻。

教师讲述故事：1968年，我国提出首个载人航天计划；20世纪50年代中期，我国第一代领导集体提出“两弹一星”战略；1992年，我国政府决定实施载人航天工程，并确定了“三步走”发展战略；“十四五”的航天目标：探月工程四期、行星探测规划、完善北斗导航、遥感通信卫星的服务……

教师提问：(1) 假设我将飞离地球，我想前往________(如月球、火星等)，原因是_______；(2) 为了让航天体验更愉悦，我计划做如下准备________。(至少列举两个)；(3) 依据我国航天员们以往的经验，飞离地球到达目的地之后，我可能需要克服的困难与挑战有________________________；(4) 我国在探索宇宙方面有可观的成果，也有尚未认识之物，我认可\不认可人类终将逐步解开宇宙的谜团，为什么？

学生争先恐后地回答。

教师总结，引入课题——

人能够能动地认识世界。

教师播放《创造了一个又一个的辉煌奇迹》的视频，讲述戚发轫的故事，总结出意识对改造客观世界具有指导作用的知识点。

案例点评：教师运用趣味故事情境法，加上绘声绘色的叙述，为学生创设了一个轻松愉悦的课堂情境，使学生轻松愉快地进入角色，为新课的导入做了很好的铺垫。这样的情境创设，因为有了生动的故事情节而变得其乐无穷，进而培养了学生浓厚的学习兴趣，激发了学生学习的积极性，从而让他们在轻松、愉快的氛围中学到了知识，提高了教学效果。

（五）提问式情境法

提问式情境法是指在一定的情境下(或条件下)，教师依据教学内容向学生提出需要解答的问题，是以问题为中心展开教学活动的一种教学方法，是教师根据教学需要，从教材入手提出问题，激发学生的求知欲，引导学生深入思考，通过问题解决达到理解和掌握知识的一种教学方法体系。它以问题导入新课，又以问题作为主线展开教学，并通过解决问题来串联知识技能和方法，因而创设问题情境是实施问题教学法的关键。

【案例展示】

下面是高中《思想政治》必修四《生活与哲学》第三单元“思想方法与创新意识”第十课《创新意识与社会进步》第一课时《树立创新意识是唯物辩证法的要求》片段教学案例。

教师引导学生探究：(1)“大哥大”在当时具有哪些优点?(试列举几个方面)(2)为什么“大哥大”后来被淘汰?(试列举不足之处)?(3)“大哥大”被淘汰是否意味着对它全盘否定了?

学生：(1)沟通更加及时、便捷和快速；通信进入移动时代、应用无线电技术等；(2)“大哥大”后来被淘汰的原因：如体积大、重量重、携带不便、功能少等。(3)“大哥大”被淘汰并不意味着对它全盘否定了。

案例点评：教师运用了提问式情境法，通过引导学生对这些问题进行分析与解答，加深了学生对“手机”的理解，提高了学生学习的兴趣。教师精心创设问题情境，让学生带着疑问去学习，在思维的碰撞与思考的过程中，充分调动了学生学习的积极性和主动性，更有利于学生对新知识的探究。

第三节　中学思想政治课堂教学情境创设容易出现的问题

一、教学情境创设的形式单一

政治教学情境的创设形式是多种多样的，如热点话题导入情境、数字化资源展现情境、实物示范再现情境、教师直接描述情境、配乐烘托情境、个性化表演体验情境、游戏活动激活情境等。通常情况下，教师在创设情境的过程中主要倾向于选取社会热点话题、数字化资源、时政新闻材料，如果忽视组织学生通过个性化表演、游戏活动等方式进行情境创设，久而久之，教师在主观意识上就缺失了情境创设的初衷和热情，进而影响了情境创设的有效实施。

二、教学情境创设容易形式化

教学情境的创设较为容易出现的问题是在创设的过程中流于形式，不能在教学中得到有效落实。一般情况下，教师倾向于在新课导入时进行情境创设，缺少在整个教学过程中实施情境创设的经验。在创设情境时，又容易依赖于图片或者文字材料，被图片和文字材料牵着走，忽略情境创设实效。在创设情境的材料选择上，容易出现把握不佳的局面，在某些知识点的处理上存在瑕疵，过于注重形式化，使得教学内容的逻辑性未被厘清，情境创设的效用没有很好地发挥出来，表演性强、效用低等课堂缺点就会暴露。

三、情境创设难以把控

课堂情境的创设，凸显了对学生主体地位的尊重。较之于传统的理论灌输式教学方式，学生更喜欢政治教师运用新颖的、趣味性及启发性强的教学方法。教师创设典型的教学情境会给学生带来全新的学习体验，大多数学生表示会主动参与到教师创设的教学情境中。然而，一旦情境创设操作不当，很可能会出现难以把控教学进程的局面，如学生将全部心思放在教师展示的图片、视频当中，无法回过神来，不能集中注意力思考教师的提问；或者，学生对教师创设的情境感到乏味，迅速失去兴趣和热情，选择视而不见等，这都会影响情境创设的效度，同时教师预设的教学目标也不能得到全部落实。

第八章　中学思想政治课堂中的提问与讨论技能

第一节　中学思想政治教师的提问艺术

一、提问的主要类型

(一)回忆性提问

回忆性提问主要是以问题的形式考查学生对学习过的知识通过回忆实现知识的再现能力。此类提问主要用于检查学生对基本知识和基本技能的掌握情况,但是学生在回答此类提问时不能以自己的语言进行表达,限制了学生独立思考能力的发挥。回忆性提问中一般有“什么”和“哪些”这样的关键词。如:什么是商品?货币的基本职能有哪些?

(二)理解性提问

理解性提问主要是考查学生对学习过的知识的解释、归纳和转换的能力。对于此类提问,学生需要用自己的话对事实或事件进行表述,因此对学生的知识加工和整理能力要求较高。理解性提问中一般会出现“区别”“比较”“解释”这样的关键词。如:流通手段与支付手段有什么区别?

(三)应用性提问

应用性提问主要是考查学生对已学知识的迁移能力。此类提问要求学生通过归纳和整理达到对知识的透彻理解和系统掌握。应用性提问中一般有“举例”“运用”这样的关键词。如:通常在买哪些商品的时候使用贷款消费呢？请举例说明。

（四）分析性提问

分析性提问主要是培养学生识别条件、寻找根据，进行解释和鉴别的能力。对于此类问题的回答，学生要经过对已知信息的分析、推论才能得出答案。如：对于“传统文化是财富”和“传统文化是包袱”两种对立观点，同学们的看法是什么？

（五）综合性提问

综合性提问的主要作用是培养学生的思维能力和创造能力。此类提问要求学生对知识进行整体性理解和把握，并通过分析和综合得出新的结论，有利于培养学生的思维能力和创造能力。综合性提问中常有“假如”“根据”和“如何”等关键词。如:如何维持人民币汇率基本稳定？

（六）评价性提问

评价性提问主要是帮助学生树立正确的世界观、人生观和价值观。对此类提问而言，拥有正确的判断标准是进行正确价值判断的前提。因此，教师在教学过程中要注重对学生进行情感、态度、价值观教育。在评价性提问中一般有“认为”“同意”等关键词。

二、提问的艺术

（一）精心设计问题

课堂教学中处处设疑、事事发问的做法是不足取的，那样只会浮光掠影，应在反复推敲的基础上确定提问内容。

1. 在教学重点处设问

思想政治课的教学重点包括马克思主义基本概念、基本观点、基本原理，以及训练学习各项能力和对学生进行思想政治教育的内容。在这些地方提问，能把学生的注意力引向理解教材的关键处，把学生思维导向知识体系中“牵一发而动全身”的地方。

2. 在教学难点处设问

教学难点一般指教材中抽象艰深、晦涩难懂的知识点。教学难点是学生原有思维模式和新知识结构相矛盾的产物。在此处设问，能化难为易，突破学生思维障碍，对学生思维的深入展开起到升华启迪的作用。

3. 在教学疑点处设问

教学疑点往往是学生在理论和实践上的疑虑处、困惑处、不明处。在这些地方提问，就能抓住学生思维中的“扣子”，达到指点迷津、明辨是非的目的。

4. 在教学热点处设问

国际国内一些重大政治经济现象和人们普遍关注的社会问题，往往成为思想政治课教学的热点。在此处提问，最易调动学生学习的兴趣，激起学生思维的火花，提高学生理论联系实际的能力，达到学以致用的目的。

（二）讲究发问艺术

1. 讲究发问时机

在课堂教学中，教师随时都可以发问，但只有在最佳时机发问才会取得最佳效果。那么，什么时候是发问的最佳时机呢？ 孔子说：“不愤不启，不悱不发。”当学生进入心愤口悱的状态时，就是发问的最佳时机，此时学生的注意力最集中，思维活动最活跃，认知矛盾最激烈，此时发问，就能击中学生思维的“兴奋点”，拨动学生求知的心弦，往往能使教材的“文路”、教师的“教路”、学生的“思路”趋于一致。

2. 讲究发问方式

首先，教师发问要贯彻全面性、民主性原则。少数学生频频发言、多数学生闷闷陪坐的场面，只会影响师生关系，此种做法要引以为戒。其次，教师提问应面向全体，既让优秀学生发言，也给予中等生、学困生以发言的机会，令全体学生的思维都处于警觉和活动状态，让全体学生进入被问者的角色。再次，在发问的次序上，要遵循先易后难、先浅后深的原则。最后，在发问的形式上力戒千篇一律、一成不变，要不拘一格、随机应变。

（三）善于提示点拨

智力结构的差异和思维活动的局限性导致学生对教师所提问题的回答不可能尽善尽美、学生回答“卡壳”的现象屡见不鲜。当学生思路受阻、陷入困境时，教师要把握火候，适时加以提示，在学生思维的“短路”处架起由未知通向已知的桥梁，帮助学生越过问题的障碍，引导学生得出正确的结论。提示点贵在引导、妙在开窍，要在学生未听清时重复发问，申明题意；问题难度过大时，要分解难点，化难为易；学生从某方面看问题陌生时，要转换角度，另辟蹊径；回答残缺不全时，要补充修订，力求完善。要做到“心有灵犀一点通”，通过恰到好处的提示点拨，使学生受阻的思维豁然开朗，从“山重水复”的困境进入“柳暗花明”的佳境。

三、及时总结评价

学生回答完毕，教师要认真总结评价。总结时要注意对不正确的给予订正，不完整的给予补充，不系统的进行梳理，不深刻的进行深化，使全体学生最终对所提问题有一个准确、清晰、全面、透彻的认识。评价时应公正客观地对学生的识记能力、理解能力、分析能力、运用能力、表达能力、创新能力进行评估，是优点的要给予肯定，让学生感受到成功的喜悦；是缺点的要及时指正，让学生明白自己的不足。教师要通过这种“画龙点睛”式的总结评价，给课堂提问画上一个完整的句号。

第二节　学生问题意识的培养

学生的问题意识是学生思维的动力，是创新精神的基石。培养创新精神，应始于问题意识，然而问题意识不是天生的，它也需要不断培养和激发。据研究，中学生的问题意识比较薄弱，具体表现为两种典型形式：第一类是不敢或不愿提出问题，第二类是不能或不善于提出问题。第一类情况是学生虽有一定的问题意识，但没有表现出来，呈潜在的状态。对教育者来说，要激发学生的问题意识，使学生潜在的、静态的问题意识转化为显性的、动态的问题意识，发挥其作用和价值。第二类情况是学生因教与学等多种因素，不善思考，思维惰性大，不能提出问题或者是不善于提出问题，问题意识较少或没有。对教育者来说，培养学生的问题意识是其重要任务之一。

一、学生问题意识培养的原则

（一）面向全体，因材施教原则

教师在引导学生进行问题意识培养时，需要关注全体学生，不仅要培养思维活跃的优秀学生的问题意识，更要注意开发与保护性格内向、羞涩等后进生的问题意识。要在培养问题意识的过程中做到充分关注学生的个体差异性，对不同学习基础、学习心理和学习能力的学生采用不同的方式来进行培养。

（二）抓住目标，给予自由原则

学生问题意识的培养必须紧紧围绕教学目标进行，学生要提什么问题、要质疑什么内容，教师都应该给予自由，以鼓励学生发挥积极主动性，形成自主探究、勇于质疑的精神。对学生偏离教学目标的提问和质疑，教师要及时纠偏，引导和提醒学生结合教学目标进行提问。

（三）循序渐进，开拓思维原则

学生在教师的教学中敢于质疑，敢于提问，是新课改理念下思想政治课堂活动形式所在的基本点。教师要在教学过程中以一种循序渐进的状态启发学生进行设问，鼓励学生开拓思维，并从多个角度进行思考与探究。

（四）及时鼓励，正面评价原则

学生在设问和质疑后，教师的反应是决定学生下一步学习行为的直接动力。对于敢于提问和质疑的学生，除了要确认学生的问题与质疑是否正确以外，教师应做到及时鼓励，正面评价和科学指导。

二、问题意识培养的方法

（一）树立新型教育观，唤醒学生的问题意识

教学观念对教师的教学具有一定的指导作用。教师具备什么样的教学观念就会有相应的教学模式和教学方法。传统的教学观，以提高学生的应试能力，获取高分，提高升学率为根本目的，忽视学生创新能力和思想道德素养的全面发展，因此，教师在授课时，往往采用"填鸭式""满堂灌"等刻板的教学方法，把学生看作接受知识的容器，学生始终处于被动状态，课堂上只能沿袭教师思维，学生的创新思维没有展现的机会。所以说，传统式的教育是一种"去问题"的教育模式，会导致学生走进教室没有问题，离开教室没有问题局面的产生，因此，在传统的教学观指导下，对培养学生的问题意识将产生严重危害。鉴于此，只有从根本上改变传统的教学观，才能树立现代素质教育观，即以促进学生全面发展，培养创新能力为目标的新型教育观。在这种教育观的指导下，教师注重的是学生能力的培养和全面发展，教师将给学生充分自由的空间和时间，教给学生学习的方法和技巧，而不是单纯地传授知识。这样，学生的问题意识就能被唤醒，从而激发学生的创新能力。如在教学中，教师尽量不要独占课堂时间。以少讲、精讲、讲重点的方法，让学生有时间、有机会去思考、去提问。

第一，教师在课堂上留给学生一定的时间，让他们有时间去阅读、去思考、去讨论。要想规避传统教学观的弊端，在政治课教学中培养学生的问题意识，有必要倡导自主、合作、探究的学习方式，这种方式的核心在于启发学生运用自己的心智能力去发现和探索问题，从而促进学生问题意识的养成，造就学生的创新能力。

第二，在课堂上，教师要充分发挥学生的主体作用，形成师生之间、学生之间的多向反馈结构，在教师的启发下，学生积极主动地解决问题。如，有时在教学中教师可以选择一些离学生生活比较近、学生比较容易理解的内容，让学生走上讲台当教师。在这个过程中，学生为了更好地发展和提高自己的能力，更清楚地为同学们讲解这个内容，他会深入阅读，仔细思考。

第三，作为教师，要善于引导学生发现教学内容中隐含的问题，激发他们的问题意识。为了解决这些问题，学生会更加主动地查资料求证，这样既充分调动了学生的积极性，同时，在遇到其他同学的质疑时，学生之间会产生争论，这又诱使他们更深入地学习，最终根据自己搜集的资料和对教学内容的理解给出合理的解释，从而加深他们对知识的理解。

（二）增进师生关系，构建学生的问题意识

教师在教学活动中起主导作用，教师的教学行为以及教学过程中民主、平等、和谐的师生关系是影响教学气氛的重要因素。教师的权威地位在一定程度上制约了学生的问题意识。因此，要想激发、培养学生的问题意识，教师应该正确定位师生关系，让学生敢于提出问题。课堂中的师生平等，应该是教师以参与者的姿态与学生一起进行探索、交流，而不是以权威者的姿态出现在学生面前。教师在课堂上应该尊重所有学生的人格、思想、情感、个性以及他们各自的哪怕是极为微弱的创造力。课堂上无论学生提的问题多么肤浅、多么幼稚，甚至离题万里，也不要简单地予以否定，都必须热情鼓励，从而激发学生的学习热情，增强学习的自信心，引导他们再认识、再发现、再创造。

第一，建立融洽的师生关系，让学生敢说。"亲其师，信其道"，融洽的师生关系是学生产生良好的学习情绪的触发器，是搞好政治课教学、提高思想政治课教学效果的重要保证。教师要主动放下架子，与学生交朋友，变师道尊严的师生关系为教学相长的朋友关系，从感情上缩短与学生的距离。通过师生关系的改变、课堂教学氛围的营造，调动学生在学习中的积极心态，让学生以更大的热情投入到学习中去，培养学生的问题意识。

第二，引导学生勇于质疑。学起于思，思源于疑，疑则诱发探索，开启创新思维，发现真理。问题意识的形成很多是从质疑开始，从解疑入手的。教师应当把引导学生质疑、解疑作为教学过程的重要组成部分。质疑问题就是要求学生在学习过程中善于思考，善于提出问题。教师在教学中要鼓励学生质疑，积极地发现问题、提出问题，不能因为学生提出看似"离奇古怪"的问题而不认真答疑，更不能讥笑挖苦学生，要明确告诉学生盲目相信书本不好，盲目相信权威不好，老师喜欢善于提出问题的学生，哪怕是一个微小的问题，都要鼓励学生的"质疑"行为。要让学生明白，提出一个问题比解决一个问题更重要，因为能够提出问题说明学生对所学知识进行了思考，有了自己的看法，这是难能可贵的。

第三，善待提问行为，保护学生的质疑心理。在学生提出问题和观点时，教师应尽量表情专注，态度和蔼，对学生提出的每一个问题都要认真对待，耐心解答，哪怕学生所提问题十分幼稚和肤浅，甚至是不正确的，都要尽量给予肯定和鼓励，防止在言行上伤害他们的自尊，挫伤其积极性。对于学生的提问，教师既要及时予以鼓励、表扬，又要引导他们探寻解决问题的办法，以使他们能独立地解决问题，获取新知识。即使由于种种限制，教师不可能就学生的提问立即引导他们去寻找解决的途径，也要充分肯定其动机，肯定其所提问题的价值，小心地保护好学生提问的积极性。特别是当学生提出的问题对权威，如书本、教师构成挑战时，教师应毫不含糊地肯定其敢于质疑的精神。只有当学生的

提问行为受到保护时，学生的问题意识才能自由呈现。对大胆发问的学生，对其问题要给予中肯的评价，让他们从中感受到成功的喜悦，使他们热情高涨，思维活跃，从而更加积极主动地思考和提出问题。

（三）创设问题情境，帮助学生培养问题意识

良好的问题情境，能激发学生的好奇心和求知欲，让学生对所学知识产生浓厚的兴趣，这样既能满足学生的学习需要，也能为学生的定向学习活动提供直接的外部诱因。教学中，教师把需要学习的知识内容以问题的形式有意识地、巧妙地寓于各种各样的生动具体的情境之中，就容易引起学生的认知潜力，激发学生强烈的学习愿望，从而使学生的注意、记忆、思维凝聚在一起，积极主动地投入到学习中来。政治课教学过程中，应该根据学科自身的特点探求多种模式，创设问题情境，具体的做法有以下三点。

第一，引导学生在教材中发现问题。

教与学都不能唯书，但教材仍是教学的依据，初高中政治课的教学都离不开教材。教材上的阅读材料、注释、插图，学科间交叉的知识等往往因为其高度的概括、抽象，会使学生产生畏难心理，影响学习的情绪。因此，在教学中，教师应根据教学要求，梳理出适合学生研究的问题交给学生，引导学生针对问题进行调查、研究，并通过对收集到的具体数据、材料、事例的研究，去把握原本抽象的东西，使他们既找到理论支持，又产生一种成就感。

例如，在教学《道德与法治》九年级上册第四单元“和谐与梦想”第七课《中华一家亲》第一课时《促进民族团结》时，因为本课的内容比较抽象，教师可以展示材料，与学生一起查证、展示、交流、讨论，让学生对我国的政策有进一步的理解。在这个过程中，教师没有现成的标准答案，一切要靠学生自己去发现、解决。教师始终关注的是学生怎样找到解决问题的切入口，怎样形成假设，怎样查找资料，怎样进行论证，怎样形成真正属于自己的见解。

第二，引导学生关注时政，在社会的“热点”“焦点”中发现问题。

当今世界新变化、新事物、新事件、新问题层出不穷，结合“热点”“焦点”问题学习，这是由“热点”“焦点”问题的特点和学生的特点决定的，也是由政治课的性质、任务决定的。因为提高学生的觉悟和能力，达到学以致用是政治课教学的出发点和归宿。因此，要引导学生把握时代的脉搏、与时俱进，对世界和我国政治经济与社会生活等密切相关的内容细心观察、深入思考、认真分析、从中发现问题、提出问题。

【案例展示】

例如，《道德与法治》八年级上册第一单元“走进社会生活”第二课《网络生活新空间》第一课时《网络改变世界》部分教案可以这样设计。

教师通过互联网出现前后，人们的生活状况的对比，提出网络对我们的日常生活的积极影响。通过电话的发展举例，说明网络打破了传统人际交往的时空限制，促进了人们的人际交往，网络使我们的生活变得更加便利和丰富多彩。

教师提问：为什么说网络推动了社会进步？

学生回答。

教师总结并展示中华人民共和国中央人民政府网站网址，并讲解网络是把双刃剑，通过展示网络上的四起网络谣言并提问。

(1)网络谣言有什么危害？

(2)怎样防范网络谣言？

经过再学习和讨论，最后学生得出结论：

(1)网络谣言加剧社会恐慌；引发社会信任危机；损害国家形象；侵犯公民或社会组织的个体权利；污染网络环境；扰乱公共秩序；败坏社会风气；损害公共利益和当事人的声誉等等。

(2)有赖于相关法律法规的完善。

(3)要靠广大网民守法自律，文明上网，不信谣，不传谣。

教师总结：网络给我们带来很多消极影响。网络信息良莠不齐；沉迷于网络，影响学习、工作和生活；个人隐私容易被侵犯。

从这些问题的提出和解决过程中可以看出，学生立足现在，关注未来，培养了学生的社会责任感、科学研究的前瞻意识和学用结合的良好学风 。

第三，在学生的“亲身体验 ”中发现问题。引导学生在实践中通过亲身感受和体验来学习。

【案例展示】

例如，《道德与法治 》七年级上册第一单元“成长的节拍”第一课《中学时代》第一课时《中学序曲》部分教案可以这样设计。

先通过播放视频：《告别小学时代》，让学生思考：

(1)你们从画面中看到了什么？

(2)告别小学时代,你的心情如何?

(3)对于初中生活,你想说些什么?

学生讨论回答。

教师总结并进入第一环节的教学——新的起点(感受新)。

教师提问:进入初中,对你来说最主要的感受是什么,用一个字来形容?

学生回答:新。

教师继续提问:进入初中,到底新在哪里?

学生回答:新同学、新老师、新同桌、新教室、新课本、新书包、新广播操……

教师总结:“新”在人——新同学、新老师、新同桌……;“新”在物——新教室、新课本、新书包……;“新”在事——新广播操……

教师继续提问:从学习的层面看,你认为进入初中后和小学有什么新变化?

学生回答。

教师总结:学习科目变多了、学习内容变难了、学习时间变紧了,课外时间变少了,知识面变广了……

教师提问:为什么说中学生活使我们站在一个新的起点上?

学生回答。

教师总结并布置学生活动:参照教材上钱学森老先生的故事,小组讨论,为什么中学阶段在我们生命中如此重要?

学生回答。

教师总结中学时代的重要性:中学时代见证着一个人从少年到青年的生命进阶。

教师播放视频《告别小学,拥抱初一》,并让学生思考:

(1)视频给了我们什么启示?

(2)你打算怎样来迎接中学新时代?

学生回答。

教师总结并导入下一个环节——成长的礼物,教师用PPT展示礼物并提问:

(1)你最想挑选哪类礼物?你希望盒子里装的是什么礼物?

(2)它会给你的生活带来什么变化?学生讨论回答。

教师总结归纳并提问:中学时代为我们提供了哪些发展自我的机会?

学生讨论回答。

教师总结归纳并提问:小学生活有快乐,也有遗憾。进入中学你打算如何弥补?

学生讨论回答。

教师总结归纳并提问:在中学这个新的环境中,我们会塑造一个怎样的“我”?

学生讨论回答。

教师组织学生阅读教材并要求回答:21世纪,我们需要学会什么?

学生回答。

教师总结。

这节课,教师结合学生生活实际组织讨论,学生们对自己进入中学时代要做什么有了更深刻的理解。正是在问题的搜寻、发现、确立、探索、解决的过程中,学生由被动的接受者、服从者、执行者变成了主动的研究者、探索者、发现者。在这一过程中,发现问题的喜悦感、解决问题的挑战性、问题解决的成就感相互融合,成为激励学生的强大动力 。

在课堂上教师有时要故意留点疑问,布设陷阱,让学生在教师的“百密一疏 ”中发现问题,这样反而能促使学生发现问题,培养学生的“质疑 ”精神。长此以往,学生对既有的学说和权威的、流行的解释,就不会像过去一样简单地接受和信奉,他们会辩证地思考,合理地吸收,也会有质疑进而求异,提出新的看法。另外呈现学生未曾意料且带有争议性的现象,激起学生的心理矛盾,是创设问题情境十分有效的手法。

【案例展示】

例如,《道德与法治》七年级上册第四单元“生命的思考”第八课《探问生命》第一课时《生命可以永恒吗?》部分教案可以这样设计。

以问题导入新课。

教师通过生命的思考提问:

(1)我是谁?

(2)我来自哪里?

(3)我为什么要来到这里?

(4)对于上面古老的哲学问题,你曾思考过吗?

通过《探究与分享》中的故事提问:两个女孩表达了哪些共同的感受? 她们

的分享使你对自己的生命有了哪些认识?

学生回答。

教师总结并展开活动:张开你的手掌,关注自己的手指,你知道它隐藏着怎样的秘密吗?

学生回答。

教师总结并播放视频《世界上最长寿的人》,请学生回答:

(1)视频中最长寿的人是谁?

(2)说说你所知道的最长寿的人是谁。

(3)人可以长生不老、生命永恒吗?

(4)如果不可以,为什么?

(5)如果可以,他将会怎么实现?

学生回答。

教师总结。

观看视频《人为什么活着》,提出问题:

(1)这些老人面临的现状是什么? 人生路上,他们即将面临的结局是什么?

(2)这几位老人做了些什么? 为什么这样做? 给了我们哪些启示?

(3)"每个人的最终结局是死亡,那我们人为什么要活着?"

教师:综上所述,谈谈你的理解。

学生回答。

教师总结并组织观看《孔子家谱》视频。请思考问题:有人说,"孔子已经死了";也有人说,"孔子还活着"。综上所述,谈谈你的理解。

预设:学生分成两个阵营,展开激烈的辩论。从更高层面人的价值进行全面的分析。学生认识到生命的接续的意义主要表现在三个方面:①在历史的长河中,个人的生命虽然短暂,但正是一代又一代的个体生命实现了人类生命的接续。②生命的接续,使得每个人的生命不仅仅是"我"的生命,还是"我们"的生命。在生命的传承关系中,我们能更好地认识和面对自己的生命。③在生命的接续中,人类生命不断发展,人类的精神文明也不断积累和丰富。因此,生命对于我们而言,不仅仅是身体的生命,还包括社会关系中的生命、精神信念上的生命;我们每个人都不仅仅是在身体上接续祖先的生命,也在精神上不断继承和创造人类的文明成果。

古人云:“授人以鱼,不如授人以渔。”针对一部分不知道该如何提问的学生,教师应教给学生如何产生问题意识的思维方法,提高学生的提问能力和辩证思维能力。叶圣陶先生说:“一要得其道,二要经常历练,历练成为习惯,才算有这种能力。”叶老说的“道”,指的便是方法,如果掌握了提问题的方法,在问的实践中历练 ,就为学生的创造力的培养奠定了基础。当然,学生受认知水平的限制,最初教师可以加以引导,不仅告知学生问“问题”的方法,而且要做好问“问题 ”示范,要站在学生的角度去问问题。另外,教师也可以引导学生围绕教学内容,多角度、有顺序地提问题。教师不仅要让学生掌握简单的直问直答式的低级认知提问技能,还要教给学生懂得分析提问、综合提问、辨析提问的技能。学生提问从不敢问到敢问,从少问到多问,从提低层次的问题到提高层次的问题是有个过程的,在这一过程中,教师的示范作用非常重要。

【案例展示】

例如,《道德与法治》八年级上册第三单元“勇担社会责任”第七课《积极奉献社会》第二课时《服务社会》部分教案可以这样设计。

教师先用雷锋说的“人的生命是有限的,可是,为人民服务是无限的,我要把有限的生命,投入到无限的为人民服务之中去。”导入课程,在PPT上展示《运用你的经验》中的图片,提问你参加过哪些类似的活动?与同学分享你的感受。

学生在看书、讨论的基础上回答。

教师总结。

学生提问:为什么说服务社会体现人生价值?

师生讨论:一个人的价值应该看他贡献什么,而不应该看他得到什么。

教师总结:在现实生活中,我们每个人都享受着社会所提供的生活和学习条件,人人都有责任回报社会,为他人和社会提供服务。只有积极为社会做贡献,才能得到人们的尊重和认可,实现我们自身的价值。

教师:请同学们看《探究与分享》并回答:(1)曹师傅的行动为什么能影响周围人?(2)他的事迹对我们有什么启示?

学生讨论回答。

教师总结:(1)在现实生活中,我们每个人无一例外地享受着社会所提供的生活和学习条件,人人都有责任回报社会,为他人和社会提供服务。(2)只有积极为社会做贡献,才能得到人们的尊重和认可,实现我们自身的价值。

这样,学生掌握了基本观点之后,又进一步思考更高层次的问题,从而引导学生在新知与旧知、已知与未知的矛盾冲突中去探索、去发展,学生的认知由感性认识上升到理性认识,由表及里,提出问题。

另外,教师应教会学生发现问题、提出问题的方法。首先,要理解课本,掌握知识,这是理论武器;其次,要关注新闻联播、报纸杂志,关心社会上发生的事情;然后把课本知识与社会现实、自己的认识相对照,看二者是否一致,为什么不一致,由此发现问题,再多角度思考,进行联想,从某一事实入手,由此及彼,由现象入门。

当学生向教师提出问题后,并不表明学生就不要继续思考了,教师应该正确引导和启发,让学生解决问题,运用点拨的办法,启发学生正确分析,从整体上把握各部分内容之间的内在联系,同时适时补充现实生活中的一些生动的例子和材料,引导学生学会运用理论联系实际的方法分析、解答问题。在教学过程中,教师也可以把提问作为教学的一个环节,进行有意识的训练。训练提问其实是训练思维、强化学生对学习内容的思考,有学才有思,有思才有问。把学生的积极性纳入预定的教学轨道,通过自己发现问题、提出问题、解决问题这样长期的训练,就能够使学生逐渐掌握提问题的方法,进而能提出问题,这样在促使学生学得扎实、灵活的同时,亦能培养学生的发散思维和求异的能力。

第三节　课堂讨论的组织和引导

一、实施课堂讨论的原则

(一)开放性原则

相比于灌输式的教学而言,思想政治课实施课堂讨论需要遵循开放性原则。

第一,讨论的内容具有开放性,学生在讨论的过程中可以讨论教师提出的问题,也可以由学生自己提问,提出的问题可以是源于对教学内容的疑惑,也可以是源于对社会实际现象的思考,答案不只局限于课本中的知识,也可以是课本外的知识。

第二,讨论的过程具有开放性,课堂讨论是一个动态发展的过程,需要教师灵活调控课堂。即使教师在开展讨论之前已经做好充足的准备，可是学生的思维是开放的，不可能按照教师预设的框架一步一步地进行，因此，教师要尊重学生的个体差异，允许师生之间、学生之间的观点存在不同。

第三，评价方式的开放性，评价课堂讨论的效率要求实施发展性评价，不但要重视讨论结果，而且更要重视讨论的过程。

（二）针对性原则

实施有效的课堂讨论应该遵循针对性原则。

第一，针对课堂教学内容和教学目标。思想政治课教师一定要理解课堂讨论的目的和意义，设置有效的讨论的主题，此外，设置的讨论主题应该与教学重难点相关联，而不是为了讨论而讨论。

第二，教师要针对学生的认知水平和个性特点去把控课堂讨论进程。比如教师在进行讨论分组的时候，应该使每个小组组员在搭配上有差异，让不同个性、不同层次的学生实现优化组合。

第三，要针对不同的教学目标、教学内容采取不同的讨论形式，发挥课堂讨论的最大价值。

（三）全面性原则

第一，学生的全面发展，不仅仅是“精英”学生的发展，还是每个学生的发展，尤其是“学习困难”学生和“心理困难”学生的发展。思想政治课在实施课堂讨论过程中，教师一定要关注到每一位学生讨论时的表现，不能只重视成绩好的学生而忽略了所谓的后进生，要给每位学生创造参与课堂讨论的机会。尤其是在最后讨论总结的环节，要将更多的机会留给性格内向的学生，让他们敢于在公共场合发表自己的见解。

第二，思想政治课作为一门综合性学科，在实施课堂讨论过程中，教师要重视知识的迁移，可以将历史知识、语文知识与政治知识进行整合，设置恰当的讨论主题，拓展学生的知识面。例如，高中《思想政治》必修四《哲学与文化》这一册教材的教学内容就与历史知识紧密相连，教师在实施课堂讨论之前不仅要做全面的教学设计，也需要引导学生在开展讨论时全面考虑问题，能够进行知识的迁移。

(四)理论联系实际原则

理论联系实际一直是中学思想政治课教学的基本要求,也是中学思想政治课课堂讨论所要遵循的原则。

第一,中学思想政治教学内容理论性强,高度抽象,学生难以理解。教师在进行教学设计时,要面向丰富多彩的社会生活,开发和利用学生已有的生活经验,选取学生关注的话题,围绕学生在实际生活中存在的疑惑和学生所关注的社会问题组织课堂讨论,设置课堂讨论的题目,尽量将基本观点、原理融入生活题材之中,全面落实教学目标。

第二,实施课堂讨论时,教师要从学生已有知识水平和认知能力出发,选取学生能够顺利开展讨论的论题,杜绝选取过大的论题,出现让学生无从下手的状况。

二、课堂讨论的组织和引导

(一)尊重学生主体性,清晰自身定位

联合国教科文组织国际教育发展委员会发表的一份研究报告《学会生存》中指出:“未来的文盲不是不识字的人,而是没有学会怎样学习的人”,强调教师要培养学生主动学习、主动探究的精神。当前,新课改强调要以“知识为中心”向以“发展学生的能力为中心”转变,传统的“教师权威”向“教师主导、学生主体”转变,进而突出学生的主体地位,通过学生的主体活动获得效能,主张把教师的“教”建立在学生“学”的基础上。教师在思想政治课教学中积极实施课堂讨论。首先,要转变教学观念,明确思想政治教学的最终目的不是学生考试得高分,而是要助力学生的全面发展;明确组织课堂讨论,不但能够帮助学生理解教学内容,而且学生还能通过参与讨论提高语言表达能力和自主探究能力。其次,教师要转变师生之间的关系,教师不仅是文化的传播者,还是学生学习的促进者、引导者,师生应该成为教学合作的伙伴,实现教学相长。教师组织课堂讨论教学:(1)要做好讨论前的准备工作,例如:钻研教材、分析学情,做好教学设计;(2)要扮演好讨论进程中引导者和管理者的角色;(3)要做好讨论后的总结和评价工作。

(二)理论联系实际,鼓励学生参与讨论

首先,在中学思想政治课开展讨论的过程中,教师要关注每一位学生的发展,让学生

都有参与讨论的机会，不仅要让健谈的学生或者成绩优异的学生有发言的机会，对于那些性格内向不善言辞的学生或者成绩落后的学生、不喜欢参与课堂讨论的学生，也要高度重视。教师要善于发现每一位学生的闪光点，为他们创造发言的机会，鼓励他们发言，并给予肯定，增加他们的自信心。其次，教师要理解学生不参与课堂讨论，极有可能是因为缺乏交流技能，对这一部分学生，教师要教导他们掌握沟通交流的技能，比如，在什么时候发言、怎样倾听他人发言、怎样评定他人的看法、如何发表自己的看法等。在课堂讨论尤其是小组讨论中学生出现分心现象时，教师要及时纠正学生，使他们能够专注于讨论。组织有效的课堂讨论，教师应明确规定学生在课堂讨论时的职责、具体任务或要求。

（三）熟悉学生，准确设置讨论的目标

在组织和引导学生进行讨论时，要注意以下几个问题：第一，问题应该适合学生的知识基础，要以学生已有知识、技能作为起点；第二，问题要能够激励学生展开研究；第三，要能够鼓励学生生成学习问题，激发学生自主学习；第四，要能够引发学生讨论、探究更多的答案，激发学生的学习兴趣。

教师在思想政治课上设置问题讨论时应该遵循以下原则。第一，教师需要充分熟悉教材内容，精心钻研课本知识，挖掘出具有讨论意义和讨论价值的论题。通过对教材进行剖析，分析教学中的难点，了解教学目标，设计出最恰当的讨论主题。在教学重难点处设置论题是因为学生通过亲自解决问题的体验，可以增加理解知识的深刻性。同时，依据“最近发展区”的原则，设置的论题要难易适中，防止出现难度太大，学生产生挫败感，难度太小，打击学生参与讨论的积极性的状况。第二，教学设计的服务对象是学生，教师在设置论题的时候，要充分考虑学生已有的知识水平和认知能力，把学生已有的知识经验作为新知识的增长点，引导学生从原有的知识经验中生长出新的知识经验，在学生已经具备的能力范围内达到提高学生解决问题的目的。第三，教师要设置有梯度、有层次的开放性论题，让学生有话可说，乐于参与、积极思考。第四，设置讨论的问题还需新颖，具有趣味性，贴近生活实际，跟学生的生活息息相关，能吸引学生的注意力，提高学生参与讨论的兴趣。

例如：教学《道德与法治》八年级上册第一单元“走进社会生活”第二课《网络生活新空间》第一课时《网络改变世界》时，教师首先分析教材和分析学情，确定教学重点是网络离我们的生活很近，它能给我们带来生活、工作上的便利的同时也会给我们带来消极的影响。然后，教师设置的讨论问题是如何正确地对待网络？说出你的想法。学生对这个

问题也很感兴趣，会与老师积极配合。比如他们会回答：(1)有赖于相关法律法规的完善。(2)要靠广大网民守法自律，文明上网，不信谣，不传谣等，这样可以使我们的课堂更加生动，教学效果更佳。

(四)联系生活，丰富讨论形式

课堂讨论的形式丰富多样，按参与人数分类，讨论形式有：同桌讨论、小组讨论、班级讨论；按讨论组织的方式有：辩论式讨论、情境式讨论等。在当前的中学思想政治课上，同桌讨论和小组讨论是教师倾向选择的两种讨论方式。常言道，教学的成败很大程度上取决于教师能否恰当地选择和运用教学方式，而课堂讨论的成功与否，很大程度上取决于教师选择了何种讨论形式。要想讨论获得最大实效，教师要选择恰当的讨论形式，而课堂讨论形式的选择要结合讨论的实际情况，这里的实际指的是学生的实际、教师的实际、教学的实际等。首先，教师要科学地进行分组，在分组时，要让每个小组组员在搭配上出现层次上的差异，教师应该根据学生的性格特点、对知识的掌握情况、学习能力、表达能力进行分组，让不同个性、不同层次的学生在讨论时进行优势互补。这就要求教师对全班学生的性格特点和学习状况充分了解，在讨论时，让优势学生发挥带动作用，从而兼顾到每一位学生的发展。其次，教师要根据讨论的目的灵活运用讨论形式，在实施课堂讨论时不能经常使用同桌讨论或者小组讨论(前后桌四人)的形式，虽然这两种讨论形式快捷且容易操作，却容易使学生产生厌倦的情绪，降低参与讨论的兴趣和热情。多样的讨论形式能够体现讨论的趣味性，因此，思想政治教师应该以达到教学目标的需要，以发挥学生的主体作用为前提，不局限于某种讨论形式，选择适当的讨论方式。

例如：教学《道德与法治》九年级上册第一单元“富强与创新”第二课《创新驱动发展》第一课时《创新改变生活》时，可以设计一场辩论式讨论：创新可以满足个人兴趣，与大众的幸福生活有无关系。正方观点：创新可以满足个人兴趣，与大众的幸福生活有关系。反方观点：创新可以满足个人兴趣，与大众的幸福生活没有关系。将全班同学科学分组，10 人为一组，其中一人担任主持人，一人记录，其他 8 人，4 人为正方，4 人为反方，开展辩论。选取辩论式讨论形式，其意图是通过辩论，促使学生发生思维碰撞，从而引导学生形成正确的观点，启发学生的思维，让学生更加全面、客观地看问题，学会用发展的眼光看问题，树立正确看待传统文化价值的态度，引导学生形成正确的文化价值观。

（五）巧用资源，营造讨论气氛

现代教育心理学研究指出：一堂课的教学效果不但取决于教师如何教、学生如何学，还取决于一定的教学环境。教学环境包括教学的物质环境和精神环境，其中精神环境指的是课堂氛围，课堂讨论氛围的好坏直接影响讨论的效果。苏联教育家苏霍姆林斯基也曾认为“师生之间是一种互相有好感、互相尊重的和谐关系，这将有利于教学任务的完成”。思想政治教师有必要营造一个宽松、和谐、自由的讨论氛围，建立良好的师生关系，保证课堂讨论的顺利进行。第一，假若学生对思想政治课不感兴趣，不参与课堂讨论，课堂氛围沉闷，教师要做好合理的预设。在平时的工作当中要多融入学生生活，多关爱学生，与学生进行平等交流，了解学生心中所想，提高自身素养，以自己的人格魅力吸引学生。第二，当学生参与讨论的积极性不高，教师在进行教学设计时，应当设置学生感兴趣的讨论主题，例如：现实生活中的热点、主流文化等。第三，教师要创设一个安全、被尊重的讨论环境，在课堂讨论过程中，当学生在讨论时，教师也要参与其中，多到课堂巡视，但不要随意打断学生的发言，在学生碰到疑难时要及时解惑，教师要善于听取学生的讨论见解，也要要求学生学会倾听。第四，在讨论结束之后，教师在听取学生发言总结时，要微笑面对学生，让学生勇于发言，乐于发言，即使学生的观点出现偏差，也不要一口否定学生，不然会打击学生的自信心，应当从侧面对学生进行点拨。在教师自己做总结时，可以表扬学生表现好的一面，对表现不好的一面，要给予建议，并鼓舞学生下次表现要好。

（六）随时监督，灵活应对讨论

思想政治教师的专业技能是思想政治教师从事教学的前提和基本要求。主要包括教学设计的能力、教学执行的能力、课堂组织和调控的能力等，要能有效运用教学方法和教学技术手段、对学生进行准确的评价和分析、对教学进行适当的调整、对学生学习进行监控。思想政治教师可以通过教学自我反思，参加教学研讨会等形式提升自己的专业技能。在课堂讨论过程中，教师需要对讨论进程进行随时监管。第一，教师要掌握课堂讨论的节奏，保证课堂讨论的时间，要避免在讨论过程中出现节奏过快，学生没来得及展开讨论或者有些学生还没开始发言，就出现讨论结束的现象，同时又要避免节奏太慢，而浪费宝贵的课堂教学时间。第二，教师要根据各个小组的实际情况进行具体指导。不同的讨论小组，讨论水平与讨论风格也不尽相同，教师应该根据具体的讨论情况进行指导，有的小组如果讨论完毕，可以适当布置下一个环节的学习任务，有的小组遇到疑惑则要给予适当点拨。第三，管理课堂讨论秩序，保证讨论顺利进行。在讨论进程中，教师要在教室走动，随时关注学生的讨论状况，要保证学生的发言是围绕讨论主题展开的，避免学生利用自由讨论的时间开小差，做与讨论无关的事情。当学生提出疑惑时，教师要给学生解惑，引导学生继续探讨。而对那些不善言辞或者内向、不敢表达的学生，教师要时常鼓励他们，给他们创造发言的机会，帮助他们不掉队。

（七）立足体系，客观评价讨论结果

传统的思想政治课堂评价往往以知识目标作为评价标准，忽略了对学生能力、情感、态度和价值观的评价。在思想政治课堂讨论的过程中，对学生的评价不能以简单的“正确与错误”作为标准，教师要以发展的眼光来评价学生讨论的结果。合理的课堂讨论评价体系应该包括以下几个方面：第一，评价的主体不能只是教师，可以是学生、教师和学生，也可以是学生自己；第二，评价的对象应该是学生能力的变化，而不是学生能力的水平；第三，评价的内容不再只是学生通过讨论掌握了多少知识，还应该关注知识之外的综合素质的发展；第四，评价的指标可以是学生参与讨论的程度、完成讨论任务所用的时间、与论题的相关性、表现出来的思辨能力、人际交往能力、团队协作能力。科学的思想政治课堂讨论的评价应该重过程而轻结果，不能只看到学生是否得出了讨论的结论，更要看学生在讨论过程中的表现。在各个讨论小组汇报自己的讨论结果时，思想政治教师对学生的观点和认识要作灵活而又巧妙的总结，好的观点，要认可、表扬，出现错误的地方，教师要及时有效地纠正。教师给予学生的评价应当是正面或者鼓励性的评价，主要参考学生在讨论过程中是否积极参与讨论，是否能够配合同伴，发言与讨论主题的相关性，是否能够学以致用等。评价的方式也该是多种多样的。例如教师评价、学生自评、学生互评、组间互评等，也可以将多种方式结合起来评价，比如，先进行学生自我评价，再进行教师评价。只有科学合理的课堂评价才能有效地评价课堂讨论结果，才能使学生全面地了解自己，实现课堂讨论的价值。

第九章　中学思想政治教师课堂观察技能

第一节　课堂观察技能概述

一、课堂观察技能的含义

课堂观察技能是指教师或教育研究者为了增强教学效果，在教学实施过程中凭借自己的感官（眼睛、耳朵等）或相关的辅助工具（观察记录本、录音录像设备等）对课堂运行情况进行记录、分析和研究，及时调整学生的听课状态，谋求学生课堂教学行为的改善，促进教师教学计划顺利实施的一种教学研究活动。

课堂观察技能在概念上有两种比较传统的理解：一种是以教师为主体来观察学生，获得反馈信息来改进教学方式的行为；另一种则将其简单理解为去听课或者是去看别人上课，从第三者的视角来理解课堂观察。关于课堂观察的不同理解，并不是互相孤立的，它们都是研究方法的一种，它们之间并不矛盾。然而事实上，在很多研究活动中，不同的方式方法会互相借鉴和融合。课堂观察作为教育科学的研究方法，具备理论性、选择性、目的性、系统性和情境性等特征。 近年，研究者更倾向于将研究的定量与研究的定性相结合的方法，具体的方法分类主要有以下三种：按资料属性及其收集方式细分为定量和定性观察；按观察者和被观察者的课堂关系分为自我和他人的观察；按观察主体分为团队、个体和自我间的观察。对课堂事件进行主观详细的描述和具体的细分，能更加全面客观地展示课堂的全貌，以便研究分析。

二、课堂观察技能的特点

（一）课堂观察是一种行为系统

课堂观察由明确观察目的、选择观察对象、确定观察行为、记录观察情况、处理观察数据、呈现观察结果等一系列不同阶段的不同行为构成。

（二）课堂观察是一种研究方法

课堂观察将研究问题具体化为观察点，将课堂中的连续性事件拆解为一个个时间单元，将课堂中的复杂性情境拆解为一个个空间单元，透过观察点对一个个单元进行定格、扫描，搜集、描述与记录相关的详细信息，再对观察结果进行反思、分析、推论，以此改善教师的教学，促进学生的学习。

（三）课堂观察是一种工作流程

课堂观察包括课前观察、课中观察与课后观察三个阶段。从课前对学生行为活动的观察，课中的观察与记录，到课后学生行为活动、言行举止的反馈，构成了“确定问题一收集信息一解决问题”的工作流程。基于对学生的课堂观察，教师能够从学生的言行举止中认识、理解、把握课堂教学事件，澄清教学实践的焦点问题，并在数据分析的基础上反思教学行为，寻求新的教学改进策略。

三、课堂观察的原则

（一）全面客观性原则

教师对学生的课堂观察应力求全面。全面观察要求教师在观察学生时注意多角度、多方面、多途径的观察，了解学生的全貌 。教师对学生的观察可以从不同的角度进行：或智力程度，或自身素质 ，或性格气质，或家庭教养，或环境影响等等。

（二）细致深入性原则

细致深入性观察就是要能观察到学生语言、行为、服饰、态度等的细微变化。学生是一个鲜活的生命个体，处于青春期的他们个性心理特征发生了明显的变化。他们渴望寻求自我、突破自我，希望能够得到家长、同学、教师的认可，能够树立威信，展示个人风采。处于青春期的学生比任何一个时期都热衷于表达自我，展现自我，这种表达与展现的渴望通过其语言、行为、服饰、态度等传递出来，为了掌握学生的学习心理，有效提高教学效能，教师应当遵循细致而深入的原则对学生进行观察。

（三）迅速准确性原则

能迅速地进行观察，善于抓住最能表现内心活动的主要表现，又不为假象所迷惑，也是良好观察力的主要特征。具有这种观察品质的教师善于在瞬间捕捉学生表情和行为的细微变化，迅速掌握学生的特点，真实地判断所发生的情况或学生的心理活动，及时地处理别人长时间难以处理的问题。

第二节　课堂观察的方法

教师的课堂观察能力是教师在课堂教学组织中最基本的课堂教学能力的体现。在教学过程中，教师是学生的第一观察对象。因此，在课堂教学中，教师需要具备课堂观察能力以便及时了解学生是否及时地掌握了课堂教学内容。

第一，观察学生的认知能力。教师对学生认知能力的观察不仅建立在对学生原有知识的理解能力之上，还包括学生对教师的课堂提问的回答是否流畅、语言表达是否准确、完成作业是否顺利这几个方面。

【案例展示】

下面是《道德与法治》九年级上册第一单元“富强与创新”第二课《创新驱动发展》第二课时《创新永无止境》片段教学案例。

1.情境体验，导入新课

“人类终将使电脑智能化且使其远胜人脑。”从可以跟你聊天的“小米”到能帮你开电视的智能音箱，从机器翻译到智能教育，从刷脸支付到无人驾驶，从可穿戴设备到智能医疗……人工智能已经全面走入人类的生活，广泛渗透到生产和生活的各个领域，并不断刷新人们的想象力。

教师设问：这些智能工具的例子给我们哪些启示？

引导学生归纳总结出智能创新。

2.探究新知

活动一：小组展示

课前，教师给分好小组的学生布置搜集资料的学习任务。

在课堂上，教师让各小组分别展示搜集到的有关中国科技创新过程中取得的成就。

教师观察到学生准备的材料较为齐全，而学生对科技创新有了一定的认知基础，于是教师便引导学生围绕小组展示内容并结合教材，对怎样“加快推动创新型国家和世界科技强国建设”展开讨论和分析。

活动二：自主探究

教师展示500米口径球面射电望远镜的图片，并展示案例：在2018年1月23日召开的2018年全国教育工作会议上，教育部部长陈宝生在详尽列举十八大以来中国教育事业发展成就之后强调，“我国教育整体大踏步前进，但局部差距依然存在；人民群众总体受教育机会大幅提升，但个性化、多样化需求仍未有效满足；目前我们人才总供给能力显著增强，但结构性矛盾尚未解决……解决教育发展不平衡不充分的问题，将是我们长期要面对的工作主题”。

结合环节一的小组展示，教师让学生带着以下问题展开探究。

(1)我国教育整体大踏步前进，取得了哪些成就？

(2)为什么把解决教育发展不平衡不充分的问题作为长期面对的工作主题？

教师根据学生的认知程度，加以适当点拨，引发学生参与思考。

学生：(1)总结成就。

(2)从教育的重要性方面来谈创新。

活动三：合作探究

教师：请阅读教材第25页《相关链接》，结合三个关键词谈自己的认识。

学生讨论并回答。

在学生回答的过程中，教师一直在观察学生的反应，并在学生回答完毕后，启发学生辩证地分析大众创新、万众创新的理念。在分析过程中，教师迅速掌握了学生对传统文化作用的认知程度，进入下一个环节。

教师进一步提出问题：你认为在“万众创新”大背景下企业应该怎么做？

学生讨论并回答。

教师总结：企业是社会创新的重要力量。提升创新能力是企业持续发展之基、市场制胜之道。核心技术不是别人赐予的，企业不能只是跟着别人走，必须自强奋斗、敢于突破。

教师追问：有人说，创新就该追求原创；有人说，我国发展起点低，创新应当从模仿开始。结合教材第25—26页《探究与分享》，谈谈你的看法。

学生开始出现短暂的沉默。

在这一环节中，教师引导学生加深对创新驱动的了解，引导学生共同探讨。

教师总结：我认为这两种观点都有一定的道理。中国高铁技术就是一个典型的“中国式创新”，在引进技术的基础上进行技术创新，也称为“二次创新”，在模仿中学习，消化吸收国外技术，集成创新再到最终实现自主创新。中国高铁经历了从无到有，从仰望到模仿，从创新到赶超的过程；经历了从发展初期的技术引进到消化吸收，再到自主创新，到完全掌握核心技术，拥有自主知识产权。中国铁路人用心血和汗水铸就了“中国高铁”这个品牌。

案例点评：有效的教学活动必须建立在对学生学情的准确把握基础上。对学生学情的把握离不开对学生认知能力的把握。学生的认知能力是一个动态的变化过程，需要教师根据实际教学情况通过观察进行把握。案例中的教师时刻都在观察学生，对其认知能力、回答水平、归纳分析能力有精准的把握，顺利地推进了后面的教学进程，有效完成了教学计划。如在后面的环节中，教师为学生展示案例后，问学生两个问题，学生顺利地回答了第一个问题，教师观察到学生对这个问题的回答相当自信，但是过于笼统，于是教师追问学生：你认为在“万众创新”大背景下企业应该怎么做？学生没有回答出教师的第二个问题，教师观察到学生集体沉默了，于是组织学生开展探讨。

第二，观察学生课堂学习的学习态度。课堂学习中，教师可以从学生举手回答的次数、课堂上的专注程度、参与课堂教学活动的活跃程度来进行观察。

【案例展示】

下面是《道德与法治》九年级上册第一单元“富强与创新”第一课《踏上强国之路》第二课时《走向共同富裕》片段教学案例。

【板书】二、走向共同富裕

教师组织学生阅读教材相关内容，并结合学生身边的生活实际，小组合作探究：

(1)阅读教材第9页《运用你的经验》；

(2)思考并交流：三位同学的假期经历有喜有忧，你从中发现我国经济发展有哪些新变化？

教师走下讲台对学生小组合作讨论进行观察，发现每个小组都能够认真思考并积极讨论，踊跃发言。

接着根据学生回答，教师进行点评并板书。

【板书】经济发展进入新常态。

【板书】我国经济发展进入新常态，已由高速增长阶段转向高质量发展阶段。

教师组织学生：

(1)阅读教材第10页《探究与分享》；

(2)分组思考并交流国家电网公司为什么主动进行战略调整、转变发展方式？

教师点名回答(教师点了两位注意力开始分散的学生)。

教师总结：从技术创新的角度看，电网发展与经济、能源、环境紧密相关。从社会责任的角度看，企业不仅要对盈利负责，还要对环境负责，承担相应的社会责任。

【板书】何谓新常态？

(在课件展示时，教师观察到有的学生出现了思想开小差和交头接耳的行为，于是开始提高音量进行讲述)

教师：新常态就是与以往不同的、相对稳定的状态。这是一种不可逆的发展状态，意味着中国经济已进入一个与过去三十多年高速增长期不同的新阶段。

教师组织学生：

(1)阅读教材第10—11页《探究与分享》；

(2)感受改革开放以来我国农村发生了哪些巨大变化。

学生讨论并回答。

教师总结:农村变化可从经济、教育、文化、医疗卫生等方面来说。

(教师在小结过程中,注意观察全班学生的反应及态度。并根据学生的课堂反馈提出下一个问题)

教师:我国农村发生了巨大变化,为什么还要实施乡村振兴战略?学生阅读教材相关内容,并结合所学知识进行小组合作、讨论我国实施乡村振兴战略的必要性。

学生讨论后回答此问题。

教师全程观察学生讨论过程中的参与度和行为反应。

教师总结。

案例点评:教师在教学过程中一直能够全程观察学生的专注度、课堂参与度等,并根据学生的实时反应来微微调整教学计划,如当发现有学生注意力不集中时,教师采用了随即设问的方式,专门点了注意力涣散的学生起来回答问题,以此既提醒了这两名学生,又提醒了其他学生需注意听讲。在后续的讲述中,教师始终做到了细致观察,并根据学生反应通过提高音量等方式把控课堂。

第三,观察学生的情绪表现。在课堂中,学生的情绪表现在一定程度上反映了学生对本堂课的认知程度。如:学生在黑板上做练习或者回答问题时是否胆怯,学生对教师组织的课堂活动是否积极参与等。总之,教师从观察学生的这三个方面可以大致地对学生的课堂行为做出判断,并积极地调整课堂教学组织活动。

【案例展示】

下面是《道德与法治》七年级上册第四单元“生命的思考”第九课《珍视生命》第一课时《守护生命》片段教学案例。

环节一:生活小感悟

教师:前段时间有些同学感冒发烧,请大家谈谈有什么感想。

学生畅所欲言。

教师继续设问:这给我们什么启示?

学生回答,教师归纳:守护生命首先要关注自己的身体。关心身体的状况,养成健康的生活方式,是一种对生命负责任的态度。(此时,教师观察到有一名学生始终没有投入到刚才的情境当中,这让教师感到很疑惑,于是,教师决定继续观察这名学生)

环节二:生活小剧场

课件展示情境素材:考100分的同学很开心,考试不及格的同学很沮丧。

教师:你从这则材料明白了什么?

学生:考试不及格的同学被承认和被接纳的需求没得到满足。

教师:上述情境中,内心的需求不被满足时,你的反应是怎样的?

学生讨论回答。

教师总结:当某些内心需要,如爱、被承认、被接纳、尊严、自由等得不到满足时,有的人经不起一时的挫折,容易做出过激的行为,甚至伤害自己的身体。

教师在总结时,观察到刚才那名同学的面部表情有了细微的变化,情绪较为低落。

环节三:生活小警示(播放视频)

教师:增强安全意识,自我保护意识,面对一些客观存在的、非人力可抗拒的自然灾害或一些人为灾难,要提高安全防范能力,掌握一些基本的自救自护方法。

教师:如果遇到地震、火灾等自然灾害的时候我们应该怎么做呢?

学生回答。

(教师一边讲述,一边注意观察那名情绪低落的学生,发现该学生始终情绪低落,眼神充满哀伤,于是教师决定抽空单独约谈这名学生,看看学生究竟发生了什么事情影响了听课。后经过和学生的交流才得知,这名学生的母亲离世了,所以在听课时听到"守护生命"两个字,学生便无法抑制自己的情绪。于是,教师对该生进行了心理安抚,并决定在下节课时,继续观察该生)

案例点评:初中阶段是一个人形成正确人生观、价值观的重要时期。一方面,随着自我意识的不断发展,七年级学生已经自觉或不自觉地开始探问守护"生命",思考生命的价值和意义。教师在进行授课时,很敏锐地捕捉到了学生的情绪变化,尤其是案例中那位情绪低落的学生的反应。很显然这位教师明白,中学生的心理发展还处于一个不稳定时期,并受其自身的认知水平所限,他们对生命问题的认识和理解不够全面,甚至会产生偏差。如果学生的这些思维矛盾或困惑得不到及时指导,可能会导致其不懂得尊重、敬畏、珍爱、守护生命,甚至会漠视生命。于是在整堂课中都对该生进行了全程观察,并在课后找到了症结所在。这样的情绪观察和行为,既为学生在课堂上保留了面子、保护了隐私,又让学生充分敞开心扉,倾诉心事,感受到了教师的关爱。

第十章　中学思想政治教师课堂调控与管理技能

第一节　教学组织技能

一、教学组织技能的概念

教学组织技能是衔接各个教学技能的关键连接点，是指课堂教学中，教师不断地组织学生、管理纪律、引导学习、建立和谐的教学环境，帮助学生达到预定的课堂教学目标的行为方式。

一方面，教学组织技能是辅助教学计划顺利开展实施、保障教学活动有效进行的驱动力，在一定程度上会影响教师授课的方向。其中，教师是教学组织的主导者，要充分考虑课堂教学的各个环节，预估课堂教学中可能会出现的各种突发情况，对教学内容、教学方式、课堂纪律等做出安排，提高教学组织能力，学生作为教学活动的参与者，也能在教师有序教学的过程中学到知识，发挥学生的主体性作用。另一方面，教学组织的实施时长要根据实际教学情况而定，可以从教学活动的开始到结束一直实施，也可以在教学活动的某一个时间节点实施。

二、教学组织技能的特点

课堂教学组织技能的特点有以下四点。

1.能充分体现教书育人的教育思想

思政课教师在课堂教学的过程中，要保持与学生的眼神交流，随时观察学生的学习状态，达到教书育人的目的。如果学生在听课的过程中全神贯注、心无旁骛、回答问题积极主动，那就表明学生对教师的授课内容很感兴趣，且能接受教师讲解的内容；如果学生在听课过程中对教师的提问一问三不知，或在自己的位置上小动作不断，根本就没有把注意力放在课堂上，那就表明学生对教师的上课内容不感兴趣，或者不想聆听。这时教师就要做好教学反思，对自己的教学内容和教学方法进行调整，达到思政课教师教书育人的目的。

2.课堂教学组织技能是完成课堂教学任务的方式

井然有序的课堂秩序，可以保证教师按教学计划完成教学任务，实现教学目标，同时也能确保学生的听课质量，培养学生良好的学习习惯和行为习惯，激发学生的学习兴趣，达到理想的教学效果。

3.教学组织技能体现以“教师为主导、学生为主体”的教学理念

思政课教学不是教师单纯地照本宣科，给学生灌输知识，而是要在给学生传授知识的基础上去启发学生，唤起学生的求知欲，让学生成为整个课堂的主角儿，教师成为学生知识的引导者，让学生跟随教师的步伐去思考、去探索、去讨论、去交流，在生生之间、师生之间碰出思想的火花，培养学生独立思考问题、分析问题、解决问题的能力。

三、教学组织技能的分类

课堂教学组织技能通常情况下分为三种类型：管理型组织技能、指导型组织技能和诱导型组织技能。

（一）管理型组织技能

管理型组织技能，顾名思义，是指教师在教学过程中对课堂纪律、个别学生行为习惯按照教学规律和管理办法进行一定的管理，以便于保障教学顺利进行和完成。

1.课堂纪律管理

对于课堂纪律的管理，每一位教师都有各自不同的准则。有的教师认为在进行授课时学生保持安静是对自己、对教学最大的尊重。有的教师认为热闹、甚至偶有一点儿小嬉闹的课堂氛围并不一定会影响课堂纪律。但无论教师对课堂纪律有怎样的个性化准

则，学生总会出现一些影响课堂纪律的行为，如思想开小差、迟到、早退、与同桌交头接耳、玩手机等。出现这些情况背后的原因是多方面的。如学生对教师的教学用语、教学方式等感到不满，产生逆反心理，因此在课堂上变得随心所欲，不认真听讲，公然和同学嬉闹、交头接耳等；或者是因为学生在课堂上被教师批评，心里一时难以接受，便做出一些过激行为进行反抗等；或者是因为跟同学的矛盾、家庭变故等给学生造成了心理负担，影响学生认真听课，于是产生扰乱课堂纪律的言行……教师在进行课堂纪律管理时，应注意从关爱学生的角度出发，注意观察学生，把握学生的心理状态，不急于下结论，深入了解学生的问题，懂得倾听学生的心声，用恰当合适的方式与学生进行沟通，然后对症下药，用课堂纪律来约束学生。

【案例展示】

下面是《道德与法治》八年级上册第二单元“遵守社会规则”第四课《社会生活讲道德》第三课时《诚实守信》片段教学案例。

板书：践行诚信

教师在PPT上展示《探究与分享》：(1)不管遇到什么情况，都要绝对尊重他人的隐私；(2)诚实与隐私不能共存，讲诚实就没有隐私，保护隐私就做不到诚实。(3)为了表明自己的诚意，有时难免说些“善意的谎言”。你是否赞同上述同学的观点？说说理由。

课堂上由小组代表进行分享交流。

学生活动。

在第一个学生进行汇报分享时，教师发现有一名学生在下面做鬼脸，并与旁边的同桌交头接耳，不时发出一阵窃笑声。教师使用目光提醒他要注意遵守课堂纪律。

在第二个学生分享汇报时，依然是刚才那名同学，带头发出了哄笑声和质疑声，于是教师先让台上的同学停止汇报，接着问哄堂大笑的学生，能不能上台汇报。该学生立马表示自己不了解情况，教师没有批评他，而是给了他机会，告诉他，扰乱课堂秩序是不好的，鼓励他下次搜集好资料用事实说服一切。

在第三个学生汇报的时候，那个同学开始认真听课。

案例点评：在该案例中，教师面对学生对课堂纪律的扰乱并没有予以正面批评，而是通过目光暗示和请该生上台来回答问题的方式巧妙地进行教育，传递给他一个消息：影响课堂纪律是不文明的行为，又予以学生鼓励，表明教师对他是有所期待的，希望他能够在下节课突破自我，进行展示，既保全了学生的面子，又维持了课堂纪律。

2.个别学生行为习惯管理

思想政治课堂教学是教师与学生进行思想火花碰撞的过程，在这个过程中难免会出现个别学生制造问题的现象，而这些个别学生出现问题，是教师不可预料的。但是，教师应该营造一种互相信任的和谐氛围，对学生施加教育影响。例如，对不影响教师教学的个别学生，教师可以选择非惩罚手段进行教育，可以用一种幽默机智的话语来进行提醒和暗示。相反，如果教师对其进行斥责批评则会让学生产生更大的逆反心理，从而引发师生之间的矛盾。同时，教师可以对学生的良好行为进行鼓励表扬，让其发挥正面而积极的作用并投入学习，从而削弱其不良行为。

【案例展示】

某教师从《捉妖记》出发，打破学生原有的对妖的一种思维模式，开启妖的新形象的创新之门来导入新课程《文化创新的途径》这一课时的学习。

教师：同学们，你们心中的妖怪是什么样的呢？现在请大家说一说。

（同学们心中的妖怪都各有特点）

教师根据学生的分享做简要的评价：同学们心中的妖怪各有特点，有的恐怖，有的妖娆，都有自己的一些想象，今天我要给大家介绍一只萌妖。

展示胡巴的影视资料。

教师：胡巴萌吗？

学生回答很萌，但是有个学生发出戏谑的笑声并且说：胡巴不萌。

教师相机问该生：胡巴为什么不萌呢？

该生收起笑容，回答：太胖太矮太作妖，太肥太圆太吵闹。

教师：每个人都有评价一个事物或者人的权利。首先，老师捍卫你的这种权利；其次，老师觉得，你的表达非常符合逻辑，而且语言简洁，让人听得明明白白，可见你的口才了得；第三，老师觉得你看问题的角度不同，我们看到了胡巴的萌，是因为他的胖和可爱，而你恰恰相反。看来今后，如果把你派到钓鱼岛，敌人拿糖衣炮弹来诱惑你，你都不会受到影响。很可能，敌人会被你三言两语就搞定。

全班哄堂大笑，该生脸红，然后一节课也没有再做出不良行为举动。

案例点评:该教师及时关注到了个别学生的起哄,为了防止该生继续影响后续的教学环节,教师没有惩罚学生,而是根据他的回答,理性分析,肯定了他的优点,让学生心服口服,又用非常形象贴切的例子,化解了紧张的课堂气氛,引发全体学生发出笑声,优化了课堂氛围。

(二)指导型组织技能

指导型组织技能,是指教师在授课过程中,充分运用充满感情、富有感染力的语言对学生进行指导,鼓励学生参与教学过程,指导学生顺利完成学习任务,获得良好的学习体验。

1.创造性指导

教师应该运用新知识、新理念,创造性地运用多种教学方式,在教学活动中对学生进行指导。教师的创造性指导应该体现在不同教学情境中,培养学生的好奇心,激发学生的求知欲,引导学生积极参与到教学活动中来。

【案例展示】

下面是《道德与法治》九年级上册第二单元“民主与法治”第四课《建设法治中国》第二课时《凝聚法治共识》片段教学案例。

创造情境:“政务专递,免费寄递”。走进东城街道综合服务中心,每台电脑显眼处都有温馨提醒,办事市民可享免费“政务专递”便民服务。2018年1月2日起广东省东莞东城政务服务中心推出“政务专递”便民服务,实行办理结果包邮服务,实现群众到政府办事“最多跑一次”。

教师:实现群众到政府办事“最多跑一次”说明了什么道理?

学生回答。

教师总结:政府的宗旨是为人民服务,政府的工作要对人民负责,为人民谋利益。

教师展示材料:随着我国高铁的迅猛发展,缩短了城市间的时空距离,高铁城际公交化成为现实,令人欢欣鼓舞。同时,铁路部门依托“互联网+”现代科技手段,不断创新服务,先后推出了12306网站、手机App、自动售票机等多种购票渠道,打破了以往单一窗口排队购票的传统模式,推出网上订票、自主取票等服务。

教师：我国政府大力发展高铁，大大方便了人们的出行，这说明了什么道理？

学生回答。

教师总结：在日常生活中，人们每时每刻都能感受到政府的作用。一方面，人们的社会生活需要政府管理；另一方面，人们又享受着政府提供的公共服务。

案例：习近平同志在党的十九大报告中指出"决胜全面建成小康社会、夺取新时代中国特色社会主义伟大胜利"的新形势和新任务，按照"深化依法治国实践"的新要求，对"建设法治政府，推进依法行政，严格规范公正文明执法"做出重要部署，吹响了建设法治政府的冲锋号，开启建设法治政府的新征程。

教师：为什么要"建设法治政府，推进依法行政，严格规范公正文明执法"？

学生回答，教师进行指导。

教师总结："法治政府基本建成"是全面建成小康社会的一项重要目标，做出重要部署就是在努力建设法治政府。

教师展示材料：十九大报告指出，深化依法治国实践。全面依法治国是国家治理的一场深刻变革，必须坚持厉行法治，推进科学立法、严格执法、公正司法、全民守法。

教师：你认为应如何厉行法治？

学生回答。

教师：厉行法治是对全体社会成员的共同要求。全体社会成员必须在宪法和法律范围内行使权利，履行义务。

辩题：(1)在国家和社会治理上法律发挥的作用大。

(2)在国家和社会治理上道德发挥的作用大。

学生分成两个小组，围绕辩题搜集材料进行辩论。

教师总结：国家和社会治理需要法律和道德共同发挥作用，既重视发挥法律的规范作用，又重视发挥道德的教化作用。以法治体现道德理念，强化法律对道德建设的促进作用；以道德滋养法治精神，强化道德对法治文化的支撑作用。法律与道德相辅相成，法治与德治相得益彰。

案例点评：教师在这场教学活动中通过案例和辩论活动进行了情境创设，也在情境当中对学生予以了创造性指导，教师鼓励学生冲破思维束缚，达成法治共识。值得注意的是，教师在这个过程中一直是一个指导者的角色，并没有过多参与，都是交给学生自行完成和探索。

2.多维指导

教师的指导，是一个循序渐进的过程，所以指导的呈现形式是不同的，如由表及里、由点及面、由深度到广度、由纵向到横向的指导等。这样的指导是对思想政治学科知识的系统性梳理，有助于引导学生对知识点全面地认知和掌握。

【案例展示】

下面是《道德与法治》九年级上册第二单元“民主与法治”第三课《追求民主价值》第一课时《生活在民主国家》片段教学案例。

导入新课：教师讲述“史上最牛公章”的故事。提问：“史上最牛公章”体现出了村民什么思想？

教师引导学生从不同的角度思考并总结。

活动：小记者采访。

选一名同学担任小记者，采访同学们对民主的看法，对同学们的观点进行分类整理。

学生表达自己的看法。

教师总结：一般来说，民主在价值上要求大多数人当家作主，民主价值的实现要靠民主形式和民主制度的建立。一个国家选择走什么样的民主道路，取决于它的具体国情。

教师：请阅读教材第31页《探究与分享》，在这些追求民主的先贤眼中，民主是什么样的？

学生思考、讨论，并总结。

教师指导学生研读教材第31—33页内容，理清中国共产党领导中国人民进行社会主义民主的不懈探索的脉络并进行总结。

小组进行总结，发挥学生在学习中的主体作用，调动学生自主学习、探究学习的积极性。

教师指导学生阅读教材第33页《探究与分享》。请学生思考：为什么人大代表和政协委员关注的都是群众关心的问题？

全班学生结合学案中的材料进行思考、讨论，并总结。

理论联系实际，不仅加强了学生对所学原理的掌握，也指导了学生对该原理的运用。

材料：近年，广场舞可谓是“星星之火，可以燎原”，火遍大江南北。不过随着广场舞群体的壮大，问题也日渐凸显，噪音扰民、争占场地、非法敛财等等，一时间广场舞这项运动与群体也备受关注与热议。特别是广场舞扰民问题一直都是社会舆论的热点，许多居民深受噪音困扰。

教师：你认为广场舞扰民问题应如何解决？

学生思考、讨论，并总结。

案例点评：学生学习民主这一内容要理论联系实际，结合具体案例进行分析和学习。教师的指导应充分体现循序渐进、由浅入深的变换过程，层层递进，一步一步让学生在潜移默化中掌握知识点，加强学生对所学内容的掌握，指导学生学会运用该原理。

（三）诱导型组织技能

诱导型组织技能是指教师在教学过程中运用亲切、富有启发性的语言引导、鼓励学生积极思考，顺利地完成教学任务的过程。这种组织教学的方式，不是教师生硬地灌输相关的知识，而是运用启发性的语言引导学生积极思考，集中注意力，形成师生间的良好互动，顺利完成学习任务，培养学生的学习兴趣。

【案例展示】

下面是《道德与法治》八年级下册第四单元“崇尚法治精神”第七课《尊重自由平等》第二课时《自由平等的追求》第一目“珍视自由”片段教学案例。

导入新课：教师讲述卢梭的《社会契约论》。

诱导学生回答：应该成为一切立法体系最终目标的全体最大的幸福究竟是什么？

教师引导学生从不同的角度思考并总结，导入本节课主题：自由与平等。

请学生打开课本第103页《运用你的经验》，教师讲述案例：八年级学生田某经常上学迟到，不按时完成作业，在校外抽烟喝酒，强行向同学索要财物等等，并认为这是他的个人自由……

老师请学生查阅《中华人民共和国义务教育法》和《中华人民共和国预防未成年人犯罪法》的相关规定，对田某的言行进行评价。

学生在教师的引导下作答。

教师总结：田某对自由的认识是错误的。法律是自由的保障，自由是在法律保障下的自由,只有在法治体制下人民才能够充分享有自由;而法律是自由的体现。自由是相对的而不是绝对的,人们做任何事必须在法律允许的范围内。

教师讲解《中华人民共和国义务教育法》和《中华人民共和国预防未成年人犯罪法》的相关规定。

教师:学习了《中华人民共和国义务教育法》和《中华人民共和国预防未成年人犯罪法》的相关规定,请回答"我们应该怎样珍视自由"。

教师请学生表达自己的看法。

教师:同学们回答得非常好,其实同学们回答的就是老师今天要给大家讲解的第一点:珍惜宪法和法律赋予我们的权利。那具体我们应该怎么做呢?请同学们看第104页的《探究与分享》,思考、讨论并回答以下两个问题:(1)请你评论唐某的言行。(2)如果你是关某,面对此事你会怎么做?

全班学生结合课本中的材料进行思考、讨论。

教师请学生总结。

教师总结:无论谁在网络上发言都必须遵守法律,一旦越过法律的界限,都要受到惩处。

案例点评:学习自由和平等这一内容要求教师在教学设计的各个环节都能结合学生的认知特点,循循善诱,并结合学生实际情况,引导学生积极思考并踊跃发言,使学生的发散性思维得以锻炼,并结合案例分析,学会分析问题和解决问题。

第二节 变化技能

一、变化技能的含义

变化技能是指在课堂教学中,教师为了引起学生的注意、减轻学生的疲劳、激起学生的兴趣、启发学生的思维,用变换信息传递方式或教学活动形式来改变对学生的刺激的一种教学行为,是教师必须具备的教学艺术和技巧。

二、变化技能的功能

（一）激发并保持学生对教学活动的注意

注意是学生学习的一个比较重要的决定因素。因此，教师的课堂教学能引起学生注意是教学成功的重要条件之一。学生的注意，是在学习过程中形成的，教师给教学内容增加一些刺激因素，可以起到指引和控制学生注意的作用。在引起学生无意注意、唤起他们有意注意时，往往需要教师运用变化技能来实现。比如，教师讲课声调的抑扬顿挫、演示操作的艺术技巧、教学活动方式的灵活多样、板书的独特新奇等，都可引起学生的无意注意，使学生的注意力集中、稳定。当讲到重点、难点或关键处时，教师采用一定的方式进行强调和提醒，可以唤起学生的有意注意，使他们的注意有明确的指向。在课堂上，学生只靠无意注意学习，难以完成学习任务；若过分要求他们依靠有意注意来学习，则易引起疲劳，导致精神涣散。因此，在教学中，教师应考虑使学生的上述两种注意有节奏地交替转换，在引导学生的注意做交替转换时，常常需要运用变化技能。

（二）激发学生的学习兴趣

变化技能的运用有利于学生对知识的领会和理解，多样化的教学方式和学习活动能够激起学生的学习兴趣，使他们精神振作。在很多情况下学生学习各类知识，是从感知开始的，教师在教学活动中按照感知规律提高学习的感知效果是非常重要的。一般来说，人只有在几种感官的协同合作下，才能获得对客观事物的全面了解。从信息传输理论角度看，各种信息传输通道传递的信息效率是不同的，产生疲劳的程度也不同。在教学中，教师运用变化技能适当地变换信息传输通道，可以有效、全面地向学生传递清晰而有意义的教学信息，使学生较好地领会和理解知识。

（三）为不同水平的学生创造参与教学活动的条件

教师引导学生主动参与教学，是启发式教学的特点，而引导学生主动参与教学的前提，是教师呈现给学生的教学内容必须能引起学生的思考和反应。由于学生在认识水平和学习能力上存在差异，不同的学生对各种信息传递方式的接受程度是不相同的。教师在向学生呈现教学内容时，运用变化技能有针对性地对不同水平的学生采取不同的表达方式，能使学生比较顺利地接收信息、进行思考并做出反应。采用灵活变化的方式进行教学，可以调动更多的学生积极主动地参与课堂教学活动。

（四）有助于形成生动、愉快、和谐的课堂气氛

教师运用变化技能 既能显示出教师的学识和能力，又能体现循循善诱、诲人不倦的师德，还有利于师生间的感情交流，形成愉快、和谐的课堂气氛。可以说，变化技能的运用是形成教师教学个性与风格的主要因素之一。

三、变化技能的构成要素

教师在课堂上所采用的变化方式，有的是课前设计好的，有的是在教学过程中就具体情况采取的灵活变化。不论什么情况下，只有明确了变化技能的构成要素，才能更好地运用，发挥它的作用。变化技能的构成要素主要有以下三个方面。

（一）做好铺垫

教师要改变教学方式，在变化前就要做好铺垫，使变化的出现流畅自然，而不突兀。如在讲新课之前，可以用准确简练的语言把上一节课的要点或与本节有关的知识叙述出来，以旧引新，为学习本节做铺垫。

（二）变换方式

变换方式是变化技能的主要内容。在特定的教学环境中，根据教学内容和学生听课情况，教师变换信息传递方式或教学活动形式进行教学，有的是为了引起学生的注意（如停顿、手势、目光接触等），有的是为了充分调动学生的感官，帮助学生领会学习内容（ 如教学媒体的变化），有的是为了活跃气氛，调动学生参与等。

（三）师生交流

教师在课堂上所采用的变化方式，应当得到学生的回应。在教学变化时，一方面，教师要充分调动学生的主体意识，激发学生的学习兴趣，培养学生参与教学、学会表达、学会思考，勇于发表自己的见解的能力，达到教学目的；另一方面，教师要根据不同的教学

内容和学生的心理特征，创设不同的教学情境，引导学生探究和学习，促进师生间的交流，创建和谐的课堂氛围。

四、教态变化技能的类型

教态的变化是指教师说话的声音、眼神、表情及身体动作等变化。这些变化是教师教学热情、教学责任心的具体体现。教态的变化是最基本的、最常用的变化技能。

（一）声音的变化

声音的变化包括语调、音量、节奏和语速的变化。从音量方面看，在课堂教学中，教师如果音量过高，就会使人的神经兴奋，容易使学生产生疲惫感；如果音量过低，就不能刺激学生的神经系统的兴奋，学生听课就会无精打采。从语速方面看，教师上课语速过快，学生在听课过程中就会没有思考的空间，容易跟不上教师上课的节奏，促使学生无法掌握教学内容。相反，语速过慢，又会导致学生的注意力不集中，产生心烦意乱的感觉。由此，思政课教师在教学中一定要注意音量的变化、语速的快慢，学会控制语音、语速和语调。

（二）目光接触的变化

这是师生情感交流的重要方式。讲课时，教师面对全班学生，运用注视全班和注视部分学生、个别学生相结合的方法，要与每个学生都有目光接触。目光接触可以表达教师对学生的期待、鼓励、唤醒、探询、肯定、赞许等情感，也可以表达对学生的暗示、警告、批评或提示等；从目光接触中教师还可以获取信息，了解学生的兴趣和理解程度。注意，一方面教师在课堂教学过程中，不能盯着学生以外的环境，如天花板、窗子外面、门、灯、风扇等，一定要做到眼里有学生，使学生时刻感到老师对自己的关注；另一方面，教师要学会调整自己的精神状态，始终保持神采奕奕、精神饱满，不要心不在焉，给人昏昏欲睡的感觉。

（三）表情与动作的变化

人的非语言的面部表情和身体动作又称体态语，它可以传递丰富的信息。在教学中，教师的体态语变化也起重要的作用。一方面，教师要面带微笑，给人以和蔼可亲、热情开朗的感觉，使课堂学习氛围更加和谐；另一方面，教师的面部表情要自然、不做作，且要随教学内容的变化而变化，使整个课堂更具吸引力。

（四）身体位置的变化

教师的身体动作对教学内容的讲解具有辅助性作用。教师在讲课时身体位置的移动大体有两种情况：一种是在讲台上适当地走动，引导学生看到黑板的各个部分；另一种是在学生活动时，在学生中间走动，这样，缩短师生的空间距离，使学生感到在心理上和教师接近。教师身体位置的变化，走动要轻而缓，姿势要大方自然，以不分散学生注意力为宜。比如当教师需要纠正个别学生不注意听讲的行为时，可以走到他身旁或轻拍他的肩膀，这样既能提醒学生注意听课，又不干扰正常的教学秩序。

（五）停顿

停顿在特定的情况下传递着一定的信息。教学时，教师采用停顿是集中注意力或引起思考的一种有效方式。停顿的时间可长可短，一般以不超过5秒为宜，恰当地运用停顿并与声音变化结合起来，会使人感到讲课具有节奏感而不觉得枯燥。同时，停顿也是教师控制课堂纪律的一种方式。比如在课堂教学中，学生无法进入学习状态，有学生扰乱课堂纪律时，教师可以适时停顿，暗示学生上课时间应专心听讲，把学生的注意力转移到课堂上来。

（六）教学媒体的变化

1. 视觉通道和媒体

视觉教学媒体是多种多样的，有板书、图表、照片、投影仪、模型、实物、演示实验、电视、计算机软件等。视觉媒体具有直观、形象、生动的特点，很能吸引学生的注意力，激发其兴趣。当然，只使用视觉媒体，或仅使用一种视觉媒体，容易使学生感到疲劳，应注意科学、合理地变换。视觉媒体的变换配合教师的讲解、演示，对学生理解知识有很大的帮助和促进作用。

2. 听觉通道和媒体

听觉通道传递教学信息的效率虽不如视觉高，但学生不易疲劳，且能为学生的思考、想象留有余地。听觉通道通常占中学课堂的70%。当前使用的许多教学媒体，都是视听结合的。在教学中，将一些视听媒体与教师的讲解、提问交替使用是完成教学任务的主要方式。

（七）相互作用的变化

在课堂上，教师、学生、教学内容三者是一个统一体。教学活动贯穿于教学过程中，每个活动都会以教师与全体学生、教师与个别学生、学生与教师、学生与教学内容、学生与学生之间相互作用的方式进行。相互作用的变化主要有师生交流方式的变化和学生活动方式的变化，相互作用的变化可以促进学生的学习。在教学中，为了解学生的想法和存在的问题，教师应采用多种方式与学生交流，如让学生回答问题、发表见解、提出疑问等，教师还应安排学生小组讨论、个别自学、辩论等，激发学生的学习主动性，让学生练习、讨论问题和听取别人的意见，培养他们分析问题、解决问题的能力。

【案例展示】

下面是高中《思想政治》必修四《生活与哲学》第三单元“思维方法与创新意识”第十课《创新意识与社会进步》第一课时《树立创新意识是唯物辩证法的要求》教学设计。

【教材分析】

《树立创新意识是唯物辩证法的要求》是高中《思想政治》必修四《生活与哲学》第三单元“思维方法与创新意识”第十课《创新意识与社会进步》第一课时的内容。在第七课中我们学习了唯物辩证法，知道了唯物辩证法的基本观点(总特征)(联系的观点和发展的观点)；唯物辩证法的根本观点是矛盾的观点；唯物辩证法的实质与核心是对立统一规律；唯物辩证法的根本方法是矛盾分析法；唯物辩证法的根本要求是创新意识。通过学习这一课时的内容，有助于更好地理解下一课时的内容，即创新是引领发展的第一动力。把握唯物辩证法的革命批判精神和辩证否定观，尤其是对创新意识的学习，有助于帮助学生形成创新重要性的认识，引导学生自觉树立创新意识，坚持解放思想、实事求是、与时俱进、求真务实。

【设计思路】

本框的设计思路是:是什么—为什么—怎么做?"是什么"环节是搞清楚什么是创新,理论创新的意义是什么? 理论创新、制度创新、科技创新、文化创新的关系。"为什么"环节主要是理解为什么强调创新的问题;"怎么做"环节主要解决如何创新的问题。

【教学理念】

本课的教学设计始终坚持"以生为本"这一理念,以学生主动探索、发现和解决问题为立足点,构建生活化的思想政治课堂。引导学生在特定的教学情境中去探究,再现知识的产生过程。师生互动,使教学从学生的生活中来,到学生的生活中去。实现学生自主学习、全面发展和让学生回归生活实际的两大教育理念。真正实现以学生为主体、以能力为中心、以活动为线索的有机统一。

【学情分析】

第九课学生学习了《唯物辩证法的实质与核心》,知道世界是普遍联系和永恒发展的,联系的根本内容是矛盾,发展的根本动力也是矛盾,没有矛盾就没有世界。矛盾的观点是唯物辩证法的根本观点。矛盾规律即对立统一规律是唯物辩证法的实质和核心,它揭示了事物发展的源泉和动力,提供了理解一切现存事物"自己运动"的钥匙。认识世界就是认识矛盾,改造世界就是解决矛盾。矛盾分析法,是我们认识世界和改造世界的根本方法。而树立创新意识是唯物辩证法的要求。由于高中学生缺乏生活经验和社会阅历,因而理解这部分内容难免有些抽象和困难。这就需要教师善于联系生活实际,从生活中的具体实例引出知识,使学生对创新有深刻的理解。

【教学目标】

1.知识与技能:

(1)理解辩证否定观的含义、特点与实质;识记创新是引领发展的第一动力。

(2)理解创新与社会进步的关系。

(3)列举实例,运用相关原理,辩证法的革命批判精神,说明创新推动了社会进步、生产关系和社会制度的变革,推动了人类思维和文化的发展。

2.过程与方法:让学生理解辩证否定观的含义、特点与实质,通过手机的发展历程,让学生了解什么是辩证否定观,并与形而上学否定观形成对比;懂得辩证法的革命批判精神的基本内涵,了解革命批判精神与创新意识的关系;AI技术的应用是如何促进社会生产力的发展的;结合实事分析理论创新的意义。

3. 情感、态度与价值观目标：通过本课内容的学习，让学生了解世界是一个永不停息地运动、变化和发展的世界。作为一种思维方法，辩证法要求我们以批判的、革命的精神看待世界。把握唯物辩证法的革命批判精神和辩证否定观，让学生自觉树立创新意识，坚持解放思想、实事求是、与时俱进、求真务实。

【教学方法】

本节课选择多媒体教学，教师通过创设情境，启发、组织和引导学生自主学习，探究、思考、讨论、交流学习成果。

【教学重点及难点】

教学重点：辩证否定观的含义、特点与实质；辩证法的革命批判精神的基本内涵；理论创新的意义。

教学难点：辩证法的革命批判精神的基本内涵。

【教学过程】

教学环节	教师活动	学生活动	设计意图
导入	唯物辩证法基本观点(总特征)(联系的观点和发展的观点)；唯物辩证法的根本观点是矛盾的观点；唯物辩证法的实质与核心是对立统一规律；唯物辩证法的根本方法是矛盾分析法；唯物辩证法的根本要求是创新意识。今天我们就进入创新意识的学习。	跟着老师一起复习。	让学生对上一章的内容有清晰的认识。引出新的知识点，达到承上启下的作用。
过渡	通过“手机之过去”提问： (1)“大哥大”在当时具有哪些优点?(列举几个方面) (2)为什么“大哥大”后来被淘汰?(列举不足之处) (3)“大哥大”被淘汰是否意味着对它全盘否定了?	学生回答： (1)沟通更加随时、便捷和快速；通信进入移动时代；应用无线电技术等。 (2)如：体积大、重量重、携带不便、功能少等。 (3)不是对它的全盘否定。	通过三个问题让学生把注意力转移到课堂上来。

续表

教学环节	教师活动	学生活动	设计意图
学习探究	探究一:这体现了手机是如何实现自身的发展的? 教师总结:辩证的否定不是外力作用的结果,而是事物内部矛盾运动的结果,否定的主体是事物本身。 探究二:“大哥大”、普通手机被淘汰是否意味着对它全盘否定了?为什么? 教师总结: (1)手机更加方便了人与人的联络,说明移动通信是发展的趋势。 (2)外形笨重,功能简单,说明我们必须改进外观,增强手机功能。 (3)手机需要逐渐走向多元化,从功能手机到短信、到多媒体,到互联网应用……说明手机的功能越来越强大,外形越来越时尚。	学生回答:辩证的否定是事物自身的否定,即自己否定自己,自己发展自己。 (1)手机方便了人与人的联络。 (2)外形笨重,功能简单。 (3)手机需要逐渐走向多元化,从功能手机到多媒体,到互联网应用……	学习探究环节提高了学生探知生活、分析问题的能力,从教师的总结中知道了辩证否定观的特点。

续表

教学环节	教师活动	学生活动	设计意图
	探究三:5G手机的出现,是否意味着对大哥大手机的全盘否定? 教师总结:辩证否定观既肯定又否定,既克服又保留,实质是“扬弃”。 扬:肯定、保留了旧事物中积极合理的因素。 弃:否定、克服了旧事物中过时的消极的内容。 探究四:如果简单地肯定一切或者否定一切,结果将是什么?这是一种什么哲学思想? 教师总结:形而上学的否定观。	学生回答:不是。 学生回答:肯定一切——事物将没有发展,或者发展受到阻碍;否定一切——事物将失去联系,无法实现发展。	
知识比较	辩证否定观:实质是“扬弃”,即既肯定又否定、既克服又保留辩证否定;是联系和发展的环节。 形而上学否定观:外力的否定;要么肯定一切,要么否定一切。		在知识的对比学习过程中了解辩证否定观和形而上学否定观的区别。

续表

教学环节	教师活动	学生活动	设计意图
思考	世界上有没有常开不败的花? 教师总结: (1)世界永远处在不停地运动、变化和发展之中,任何事物对它产生的那个时代和那些条件来说,都有它存在的理由。 (2)但是对它自己内部逐渐发展起来的新的、更高的条件来说,它就变成过时的和没有存在的理由了。 (3)它不得不让位于更高的阶段,而这个更高的阶段也要走向衰落和灭亡。	思考,回答。	吸引学生学习的兴趣。
探究活动	从人类在未来使用的超轻薄"指触"手机,归纳出辩证法的革命批判精神的基本内涵。 教师总结:批判的、革命的和创新的,分别指否定旧事物中的不合理因素;促使旧事物的灭亡,推动新事物的出现和成长,所以要做到以下两点:一方面,密切关注变化发展着的实际,敢于突破与实际不相符合的成规陈说,敢于破除落后的思想观念(破旧);另一方面,注重研究新情况,善于提出新问题,敢于寻找新思路,确立新观念,开拓新境界。(立新)	(1)辩证法在对现存事物的肯定的理解中同时包含对现存事物的否定的理解,即对现存事物必然灭亡的理解。 (2)辩证法对每一种既成的形式都是在不断的运动中,因而也是从它的暂时性方面去理解;(3)辩证法不崇拜任何东西,按其本质来说,它是批判的、革命的和创新的。	理论联系实际,引导学生把所学知识运用起来分析实际问题,提高分析问题的能力。

续表

教学环节	教师活动	学生活动	设计意图
思考	创新中国一分钟： (1)目前我国是靠什么取得的辉煌成绩? (2)谈谈技术创新是如何促进生产力发展的。(提示：生产力的要素包括劳动工具、劳动者和劳动对象)	学生回答。	引出创新意识的意义这一知识点。
案例	(1)AI技术在序列分析、结构预测、免疫学研究和药物研发等方面的诸多应用。 (2)针对NCP病毒的AI诊断技术，阿里达摩院研发了AI算法，大幅缩短确诊时间，并能精准检测出病毒的变异情况。 (3)通过计算手段进行的药物筛选可以在更广的范围内进行筛选。 教师总结： (1)科学技术的每一次进步都是通过创新实现的。 (2)创新推动社会生产力的发展。	(1)通过计算手段进行的药物筛选可以在更广的范围内进行筛选。 (2)AI技术在更多领域的应用。 (3)AI技术对高技术人员的需求。	提升学生总结归纳的能力。
提问	结合分析，谈一谈理论创新的意义。 教师总结： (1)实践基础上的理论创新是社会发展和变革的先导。 (2)关系：通过理论创新推动制度创新、科技创新、文化创新以及其他各方面的创新。	创新推动生产关系和社会制度的变革。	提升学生归纳总结的能力。

续表

教学环节	教师活动	学生活动	设计意图
案例	科技创新对人类生活的影响有两种方式。第一种方式是大家熟悉的，科技创新直接地，并且在很大程度上间接地生产出完全改变了人类生活的工具。第二种方式是教育性的，它作用于心灵。尽管这种方式不太明显，但至少同第一种方式一样锐利。 想一想：归根到底是什么决定了思维方式的变化？ 教师总结： (1)创新推动着人类思维方式的变革。①思维方式的变化，归根到底是由人的实践方式决定的。不同的实践活动决定着思维活动的不同性质和思维方式的不同内容。②实践基础上的理论创新和理论指导下的实践创新，使人类认识的对象日趋扩大，使得人类思维的能力和水平不断提高。 (2)创新推动了人类文化的发展。①人类文化的发展是通过创新实现的。②社会主义文化也不例外。中国特色社会主义文化是中国人民在实践中不断创新的成果。	学生讨论并回答： (1)创新推动着人类思维方式的变革。 (2)创新推动了人类文化的发展。	提升了学生分析问题和解决问题的能力。

续表

教学环节	教师活动	学生活动	设计意图
提问	播放视频并提问:创新的重要意义是什么? 教师总结:创新是引领发展的第一动力。谁在创新上先行一步,谁就拥有引领发展的主动权。我们必须把发展基点放在创新上。	学生讨论回答。	

专家点评:这篇教学设计最大的亮点就是资料非常丰富,变化的技巧可以在这里得以更好运用,实际教学中能够促进学生非常积极地参与。本教学设计通过利用多媒体教学,展示了大量的教学资料,并通过合理设疑和引导,很好地激发了学生的好奇心和参与课堂探究知识的热情。在整个教学环节中教师成为材料的提供者和学生学习的促进者,将课堂还给学生,这样的教学方式将学生的积极性很好地调动起来,使学生成为真正的学习主体,教师发挥了主导作用,课堂气氛很好。教师适时地点拨与总结,很好地升华了知识。在随堂练习中也证明,这节课的效果是好的。

第三节　强化技能

"强化"这一概念最早是由巴甫洛夫提出来的,他依据经典条件反射实验把"强化"定义为"在条件刺激之后的无条件刺激的呈现"。后来,美国行为主义心理学家斯金纳等人在这一研究的基础上进一步研究和发展,正式提出了强化理论。斯金纳认为强化是指某种行为之后,有助于该行为重复出现的事件。经过前人的研究和后人的推陈出新,强化这一理论已经形成了一种理论体系。强化技能使用在课堂教学中主要是为了引导学生对知识点加强记忆和反思总结。

在课堂教学中,教师引导学生学会利用记忆规律,对新知识加强记忆和反思,减少遗忘,这有助于学生增强学习动机,改善学习行为和学习结果。因此,对思政课程而言,我们可以把教学强化归结为：在课堂教学过程中，教师通过采用各种肯定、鼓励或纠正错误的方式，促进和增强学生正确的反应，使教学信息对学生的刺激与所期望的学生反应之间建立稳固的关系，从而帮助学生形成正确的行为，不断保持学习的动力，同时发展思维能力的行为方式。

一、强化技能的作用

（一）在课堂组织方面

强化技能的运用能够促使学生集中注意，主动参与教学活动并养成良好的行为习惯。在课堂上，教师对认真听讲的学生予以表扬或对聚精会神地听课的学生给予很高的评价等强化方式的运用，能促使学生把注意力集中到教学活动上，也可防止或减少由非教学因素的刺激所产生的干扰。教师对主动参与教学活动的学生给以鼓励，不仅能使他们本人更主动地参与教学活动，还能促使更多的学生投入其中，形成热烈、活跃的课堂气氛。实践证明，运用强化技能塑造学生的行为是行之有效的。教师在帮助学生形成良好的行为习惯，如遵守纪律、独立思考、课前预习、课后复习时，对做得好的和有进步的学生经常采用各种赞赏的方式，对学生形成并巩固正确的行为，能够起到很好的促进作用。

（二）在学生的学习方面

承认学生的努力和成绩，能促使学生将正确的反应行为巩固下来。研究还表明，强化不仅能改善学生的行为，还能提高学生学习的数量和质量。这是教师有目的地运用强化技能，使学生的正确行为以较高的频率出现的结果。在课堂上，教师提出问题或布置其他学习任务后，当学生做出的正确反应（如回答或操作正确、思维敏捷、见解独特等）符合甚至超过教师的期望时，教师采取适当的强化方式给予肯定和赞许，会使学生因自己的努力得到教师的承认而在心理上获得一定的满足感。这样，就有助于学生把自己正确的反应和行为巩固下来。如果学生的正确反应经常得到强化，学生的学习动机就会增强，学习水平也会得到提高。

（三）在师生情感交流方面

由于思政课的学科特点，对于中学生来讲，难免会觉得本门学科知识枯燥、乏味、抽象、难懂等。教师在进行课堂教学时，就更加需要使用强化技能激发学生学习的兴趣，增强学生学习的信心，促进师生间的情感交流，建立和谐的课堂教学氛围。比如学生主动回答问题，但是只有部分答案正确，这时教师就需要对其回答正确的部分使用鼓励性的语言，对其回答错误或不完整的部分使用引导性语言加以纠正。

二、强化技能的运用

（一）提供机会

在课堂教学中，教师要给学生提供表现自己、做出反应的机会，教师才能看到学生的反应，并对其正确的因素给予强化。在具体操作上可采取提问、让学生做习题或者对其他同学的反应做出评价等方式，给学生做出反应的机会。当学生的表达不太清楚时，教师还要给学生一定的思考时间，可进一步询问他想要说什么或做什么，让学生充分表达自己的意图。

（二）理性做出判断

学生做出反应后，教师要准确地判断其反应是不是所要求的表现。要善于抓住学生的反应中的每一个闪光点（有价值的因素）予以强化，这样才能调动不同水平的学生的积极性。当教师对学生的反应一时不能做出准确的判断时，不要武断下结论。

（三）表明教师态度

教师在对学生的反应做出判断后，要表明自己的态度，对学生的正确反应进行强化。这是教师在应用强化技能时的外显的行为。教师的态度应当明确，要使学生知道肯定的是他的哪些行为。在进行强化时，要面向全体学生，以取得更好的教学效果。

（四）提供线索，引导学生自我激励

当教师认为有必要也有可能让学生对自身做出的反应进行自我强化时，要给学生提供线索，引导他们对自己的反应进行检验或判断。提供线索的方式依具体情况而定，可采用提问、提示、实践验证等不同方式。

三、强化技能的类型

从教师实际应用强化技能的具体形式看，强化技能主要有以下四种类型。

（一）语言强化

教师用语言评论的方式对学生的反应或行为表明自己的判断和态度，或者引导其他学生给予鼓励。常用的强化词语有：对、好、很好、思路很清晰、很规范、大有进步等。语言是教师向学生传递信息的主要载体。因此，语言强化是使用最多、最普遍的强化方式。对学生在听课、回答问题、解答习题、进行实践等学习活动中的正确反应和行为，都可以用语言进行强化。

（二）动作强化

动作强化是教师用非语言的身体动作或面部表情（又称体态语），对学生的表现表明自己的态度和情感。比如：微笑，表示赞许；点头，表示肯定；鼓掌，表示鼓励或赞同；接触学生，用拍肩膀、摸头等动作表示鼓励和赞赏（对年龄小的学生更有效）；接近学生，表示关注和兴趣等。有研究表明，在言语行为的全部效果中，体态语占55%。在课堂教学中，教师的动作强化常伴随语言强化同时出现，往往能获得更好的强化效果，这是由于学生能够更强烈地感受到教师的鼓励和肯定。

（三）标志强化

教师对学生的成绩或行为给予象征性的奖赏物，以表示鼓励和肯定。比如，在作业上写“好”“有进步”等简短批语；加盖奖励性的图案印章；发小奖品等。

（四）活动强化

教师给在教学活动中有贡献的学生安排一些特殊的活动，以示赞赏和鼓励。比如：让他向全班阐述自己的见解或把自己的解答写在黑板上；分派一些学生代替教师进行班级活动；布置新的、高一级的学习任务等。

四、中学思想政治课堂教学中强化的运用要点

（一）要有明确的目的

在运用强化技能时，应根据教学目标，有目的、有选择地对学生的反应进行强化。在课堂教学中，教师不必对学生所有的正确反应都给予强化，而应当对与达到教学目标有密切关系的正确反应予以强化。

（二）态度要真诚

教师的态度应该是客观的、真诚的，这样才能使学生受到鼓励。不恰当的强化，如过分夸大学生反应的正确程度，教师的语言、表情过分戏剧化等，将会使学生感到别扭，甚至被学生认为是虚假的而适得其反。

（三）要有区别和变化

由于学生在年龄、性别、性格等方面的差异，学生个人对强化方式的喜好是不同的，教师应针对学生的实际，有区别、灵活地采取适合每个学生的强化方式。在进行强化时，还应注意变换方式，如果反复使用单一的强化物，对学生的激励作用就会减弱甚至失去应有的作用。

（四）要把握好时机

把握好强化的时机，对提高强化的有效性也是很重要的。对短小、简单的问题，作业完成的情况等应进行即时强化，这样可给学生留下较深刻的印象；对一些抽象、复杂问题的解答或对概念、原理的理解，则应待学生充分反应后再进行强化，以使强化更具有针对

性。实践证明,教师在课堂教学中如果能够艺术地把握强化技巧,能激发学生积极的求知欲望和注意力,强化他们对知识的理解和记忆,培养学生的观察、记忆、思维、归纳、推理和创新能力,使学生的学习兴趣、学习能力和学习成绩得到明显的提高,从而使教师顺利地落实教学内容,实现教学目标。

第十一章　中学思想政治教师课堂结课技能

第一节　课堂结课技能概述

一、课堂结课的含义

课堂结课又称“课堂收束”或“结尾”，它与课堂导入正好相反，是课堂教学的最后一个环节。如果将整个课堂比作一场交响乐演奏，那么，课堂结课就是这首交响乐的尾声，在整个课堂教学过程中起着十分重要的作用。课堂结课是思想政治课堂教学必不可少的环节，直接影响课堂教学的质量。一堂好的思想政治课必定需要一个让人感觉余音绕梁、回味无穷的结尾。

课堂结课是教师和学生一起通过归纳、总结、创新、实践等方式结束教学任务的一种教学活动。课堂结课的形式多样，可以是归纳、总结讲授过的知识点；也可以对知识点进行拓展延伸，过渡到新知；还可以运用所学知识进行实践。总而言之，课堂结课在课堂教学中起着至关重要的作用，课堂结课技能的学习，无论是对教师教学的改进，还是学生学习效率的提高都大有裨益。

二、课堂结课的功能

课堂结课技能在帮助思想政治课教师提高教学效率、安排教学结构、了解教学效果，帮助学生强化、提升知识、情感、信念、意志等方面都发挥着无可替代的作用。课堂结课的功能主要表现在以下四个方面。

（一）综合归纳

在思想政治学科新课教学的过程中，一般是在完成一章的教学之后才有专门的复习课，学生获得的大量知识都来不及梳理。而思想政治学科又不同于其他学科，一课的内容很多，尤其是重点章节，并且很多知识都要识记，记忆量很大。这就是思想政治课堂为什么教师讲得多，学生掌握得少，知识点记不住的原因。因此，在课堂结课环节对知识的综合归纳显得尤为重要。优秀的思想政治教师总会在每堂课结束之前，抽三五分钟对整堂课的教学进行一个小结，这有利于学生及时有效地归纳整理所学内容，帮助学生厘清知识脉络，促进学生对知识的记忆与运用，实现课堂教学效率的最大化。

（二）强化记忆

课堂归纳总结的一个明显功能就是帮助学生强化记忆，这一功能在政治课堂教学中表现得尤为明显。研究表明，课堂上及时回顾的记忆效率是课后记忆效率的数倍。尤其是高中阶段，高中生日常需学习的课程量大，课余背诵时间少，如果教师只是一味地讲授新的章节，学生对旧的知识就没有充足的记忆时间，很容易造成边学边忘的情况，导致课堂教学效率低，教学达不到理想的效果。良好的课堂收束，不但能起到知识梳理、归纳、综合的作用，同时也能有效地帮助学生理解记忆。教师花在结课上的时间虽然只有短短的两三分钟，却能大大提高学生的记忆效率，减轻学生的课后记忆负担帮助学生养成及时记忆、及时复习的好习惯。

（三）把握重点

如前所述，思想政治课的知识量多且杂，但系统性很强。一方面，需要教师带领学生一起建构思想政治学科的基本知识框架，帮助学生理解、掌握和记忆；另一方面，教师要通过课堂结课这一环节，提示学生该堂课的重点，以及这个重点在整个思想政治学科中的地位，帮助学生从众多的教学内容中提炼出重要的知识点，避免学生“眉毛胡子一把抓”，造成学习效率低下的情况。

（四）促进迁移

学会知识的迁移与运用是学习的较高层次，是检验学生能否学以致用的关键。迁移与知识的衔接有相同之处，即都属于知识的融会贯通。其不同点在于，知识的衔接是指新知识与旧知识之间的相互联系；而知识的迁移则指学生把正在学的知识与还未学的知识联系起来，这是一种自然而然的迁移。教师在课堂教学即将结束的时候，可以运用结课的几分钟时间，跳出教材，将教材中的内容引向课外知识，勾起学生学习的兴趣。总而言之，优秀的教师能够注重结课环节的迁移功能，拓宽学生的视野与思维空间，激发学生的学习兴趣，提升学生学习的积极性，促进知识之间的迁移与灵活运用。

第二节　课堂结课的原则与方法

一、课堂结课的原则

课堂结课作为思想政治课堂教学的一个重要组成部分，它是为实现整节课的教学目标服务的，思政课教师必须依据本节课的教学目标、教学重点和难点、学生学情等来确定结课内容，在结课过程中帮助学生温习整节课的内容，并遵循首尾呼应、语言精练、留有余地、方法灵活、思路创新等原则。

（一）首尾呼应

作为整个课堂的有机组成部分，课堂结课应该与课堂的导入相互呼应，不能离题太远，一个好的结尾是一堂课的点睛之笔。收束要建立在整堂课的教学内容之上，要与整堂课的内容自然衔接，切忌突兀。

（二）语言精练

课堂结课是课堂教学的最后一个部分，应该做到干净利索。教师要把握好结课的时间，做到准时下课，结课时间以3—5分钟为宜，切忌拖拉，将结课时间拖得过长。结课过程中，要精练语言，因为下课在即，容不得烦琐冗长，对不太重要的知识点，做到点到即止，不宜展开叙述。对重要的知识点，要把要点从逻辑上讲清楚。

（三）留有余地

当一堂思想政治课结束时，教师应该以一种含蓄、深沉的方式结束课堂，切忌过于直白，要故意引出问题，让学生自己课后去思考与领悟；抑或采用精巧的语言以及有趣的知识拓展，点拨学生，让学生课后回味无穷，从而引发学生对相关知识的再学习。

（四）方法灵活

教学的过程不仅是教书，更重要的是育人，因此，教学方法必须灵活多样，一旦形成定式，课堂将失去活力。结课这一环节也是如此，教师要灵活运用各种结课方式，切忌单一呆板。同时，课堂结课的时间，是学生注意力相对分散且比较疲劳的时刻，为了集中学生的注意力，教师必须采取灵活多样的方法，这样才能帮助学生在临近下课这一段时间快速回顾这堂课所学内容，对知识进行记忆、思考、整理。

（五）思路创新

思想政治课堂的结尾环节，教师要拓宽思路，不断创新，根据学情以及教学内容本身的特点，机动灵活地运用结尾方式，并不断研发新的结课方式。为此，政治教师要不断学习先进的教育思想和教育理念，开拓自己的眼界与思路，研发新颖的政治课堂结课方案，让学生带着回味、带着好奇继续学习新的内容，让思想政治课堂充满活力。

二、课堂结课的模式

思想政治课堂结课的模式多种多样，不同的教师针对不同年级、不同班级的学生，根据学生的身心发展规律、课程教学内容采取不同的结课方式，归纳总结出符合本班级学生实际学习情况的结课模式，并不断地发展和完善，较为常见的课堂结课模式主要有以下几种。

（一）总结式

总结式是一种最为常见也是操作起来最为简单的结课模式。总结式结课模式要求教师对整堂课的教学内容、重要知识点进行提纲挈领地总结和概括。在结课过程中，政治教师要带领同学们对知识进行归纳，搭建让学生能够由博返约，在大脑中形成知识框架，有助于学生牢固地掌握所学知识。这样的结课模式，简单易操作，能很好地帮助学生加深对知识的印象，使得零散的知识更加系统化，重点难点也更加突出，有利于学生记忆。总结式的结课方式要求教师以准确精练的语言为学生提供知识线索，帮助学生建构知识框架，具体的知识点需要学生课后再花时间去整理与回顾。对于重难点的内容也是点到即止，不要将结课环节变成上课环节的机械重复。

【案例展示】

某教师在完成了高中《思想政治》必修四《生活与哲学》第九课《唯物辩证法的实质与核心》第一课时《矛盾是事物发展的源泉和动力》第二目“矛盾的普遍性和特殊性”的教学之后，进行了如下结课。

> 同学们，这一堂课我们主要学习了两大重要知识点：一是矛盾的普遍性原理，二是矛盾普遍性原理的方法论意义。我们在矛盾的普遍性原理中提到，矛盾无处不在，普遍存在于一切事物之中，例如：各种运动的基本形式都是矛盾运动；矛盾无时不有，矛盾贯穿于事物发展过程的始终。除了矛盾的普遍性原理之外，还讲了矛盾的方法论意义，学了矛盾的普遍性原理之后，要学会运用这一原理分析生活中的现象，要学会承认矛盾、揭露矛盾和分析矛盾。此外，在讲课的过程中，也给同学们举了几个臆造矛盾，回避矛盾，否认矛盾的例子，与这些事例类似的行为都要反对。

案例点评：该教师采用了总结式的结课方式，这样的结语，对整堂课的教学内容作了一个很好的概括；同时，又板书了这一课的知识框架，加深了学生对知识的印象，带领学生串联知识点，起到强化记忆与加深理解的作用。

（二）呼应式

一堂好的思想政治课要求能够首尾呼应，使整个课堂浑然一体。呼应式结课作为一种较为常见的结课模式，具有点题性、完整性、统一性等优点，要求结课过程要呼应课堂开始时设置的问题、困难、悬念、假设等。做到能够解答开头设置的问题，解释悬念，克服困难，证实假设等。这种呼应式的结课方式，逻辑性强，能使学生品味疑惑消除、豁然开朗的乐趣，进而激发学生学习的兴趣。

【案例展示】

某教师在讲授高中《思想政治》必修四《生活与哲学》第九课《唯物辩证法的实质与核心》第一课时《矛盾是事物发展的源泉和动力》第二目“矛盾的普遍性和特殊性”时，通过提问的方式导入新课，该教师在导入时设置了一个悬念——“矛盾的普遍性与特殊性之间存在什么样的联系，学习这些关系对我们的生产生活有何意义呢？让我们一起走进课堂，探寻矛盾普遍性与特殊性的关系原理及其意义。”该教师在课堂结束时，又做了以下结尾。

> 教师：同学们，通过这堂课的学习，想必大家都已经弄清了矛盾普遍性与特殊性的关系原理及其重要意义。现在请同学们合上书本来回答一下这堂课开始时我为同学们留下的两个问题——1.矛盾普遍性与特殊性的关系；2.该原理的重要意义。（教师请了一位同学进行回答，一位同学进行补充，并形成了结课板书）

案例点评：该教师的课堂结课与课堂导入首尾呼应，课堂导入部分提出问题，让学生带着问题走进课堂教学，在课程结束时，又以同样的问题结尾，让学生自己回答导入部分留下的问题，首尾呼应，同时也对这一课的重点内容进行了复习。

（三）练习式

练习式结尾指的是教师以带着学生做练习或者布置练习题的方式结束课堂教学。练习可以是对课堂教学内容的总结，也可以是对课堂教学内容的一种拔高。练习是检验学生知识获取情况与教会学生运用知识的一个重要手段，思想政治课教学的一个主要目的是让学生学会用思想政治理论知识分析日常生活中的一些现象。然而，长期以来，政治课堂教学忽视了训练，具体表现为讲多练少，有的甚至几乎不练习，上完新课，教师一般只会布置几道选择题了事，很少会让学生运用所学知识分析案例。往往是在所有课程结束之后，才拿出中高考试题中的简答分析题让学生做，这在一定程度上割裂了学习与练习的联系。学生平时很少会有材料题作为练习，突然地集中练习，会让学生很难适应。因此，在平时的教学过程中，教师要利用好课堂结课的这几分钟，抓住一堂课的教学重点与难点，依据学生学情，收集日常生活中的素材，并设计一些精妙的问题，让学生通过对问题的解答，消化吸收新的知识点，让学生领悟思想政治学科知识的实际效用，在无形之中提高学生的思想政治素养。

【案例展示】

某教师在完成了高中《思想政治》必修四《生活与哲学》第三单元“思想方法与创新意识”第七课《唯物辩证法的联系观》第一课时《世界是普遍联系的》的教学之后，进行了如下结课。

教师：本节课主要学习什么是联系，以及联系的特征，包括联系的普遍性、客观性和多样性，下面我们来巩固一下所学知识点(PPT展示以下几个问题)。

判断对错，并说出理由。

(1)任何事物都处在联系中，任何两个事物之间都存在联系。

(2)事物的联系是客观的，因此具有不变性。

(3)自在事物与人为事物的联系都独立于人的意识之外。

(4)事物的存在和发展是有条件的，条件是可以改变的，改变条件是无条件的。

请同学们合上课本，回忆今天学习的内容，回答这四个问题(教师请同学单独起来回答问题，并做出评价)。

案例点评：该教师采用了练习式的结课方式，首先对课堂教学内容进行了总结，然后布置四个判断题检验学生的学习效果，恰到好处。

(四)拓展式

拓展式是一种要求教师根据讲课的内容引导学生从课内向课外拓展的结课方式。教师结课时拓展的内容可以是教学内容在实际生活中的体现，也可以是一些名人的事迹，还可以是与课本内容相关的理论知识。拓展式常常与练习式并用，教师通过对课本知识的延伸，激起学生的学习兴趣，此时，教师正好利用学生的学习热情，布置课后作业，这些作业可以是学生自主阅读的作业，也可以让学生搜集相关的新闻逸事等等。此外，拓展式结课也可以成为与第二堂课链接的纽带，教师可以在结课环节拓展与第二堂课有关的内容，设置悬念，激起学生学习第二堂课的兴趣。

【案例展示】

某教师在完成了高中《思想政治》必修一《经济生活》第一单元“生活与消费”第三课《多彩的消费》第二课时《树立正确的消费观》的教学之后，进行了如下结课。

教师：通过这一课时内容的学习，相信同学们对消费观念有了新的认识，在本堂课将要结束之际，我给同学们讲一个故事。

从前，有一个富翁，有无数的钱财，他可以挥金如土，可以买到一切可以用钱买到的东西。

有一天，他掉了两文钱，请同学们猜一下他的态度将会怎样。

生a：置之不理，两文钱能买什么？

生b：捡起来，然后放进口袋。

教师：有没有第三种答案？（无人发言）

学生沉默。

教师：可是，香港巨富李嘉诚却给了我们第三种答案。有一次，他不小心把一枚两分的硬币掉在了地上，硬币滚向阴沟，他便蹲下来准备去捡，旁边一位印度籍的保安员便过来帮他拾起，然后交到他的手上。李嘉诚把硬币放进口袋，然后从口袋中取出一张100元作为酬谢交给他。有记者曾问起这件事，李嘉诚的解释是，“若我不去捡那枚硬币，它就会滚到阴沟里，在这个世界上消失。而我给保安员100元，他便可以用之消费。我觉得钱可以去用，但不能浪费。”李嘉诚是商人，商人的法则是利润最大化，但这件事并不是可以用经济规律解释得通的。相信同学们学完今天的内容，就可以分析李先生的行为价值所在。

教师点评：教师在临近下课之际，给学生讲了这样一个故事作为课堂教学内容的一个拓展，这个故事与这一课时的内容相关，并且能够发挥名人效应，更有利于帮助学生养成正确的消费观念。在临近下课这一时间段中，同样能很好地吸引学生的注意力，帮助学生重温课堂内容。

（五）对比式

知识在对比之中显得更加清晰，有对比，才能感受知识点之间的区别与联系。这种结课方式就是要求教师在课堂教学结束之际，从知识内容和知识结构等方面，有所侧重地将该堂课所学的知识点与之前学过的相类似的知识点进行对照比较，常以表格的形式出现，帮助学生厘清知识，减少知识记忆紊乱与知识点之间混淆不清的情况，进一步帮助学生理解新的知识点，巩固旧的知识点，加深学生对于知识的理解。

【案例展示】

某教师在完成了高中《思想政治》必修四《生活与哲学》第一单元“生活智慧与时代精神”第二课《百舸争流的思想》第二课时《唯物主义与唯心主义》的教学之后，运用对比的结课方式，将唯物主义理论与唯心主义理论放进一个表格之中进行对比，内容如下。

教师：同学们，通过今天的学习，我们对什么是唯心主义、什么是唯物主义有了一定的了解，这两个概念容易混淆。因此，我做了一个表格，希望同学们能够通过对二者的对比，更加准确地掌握这两个知识点的内容。

表11-1　唯物主义与唯心主义区别表

<table>
<tr><th>两大阵营</th><th colspan="3">唯物主义</th><th colspan="2">唯心主义</th></tr>
<tr><td>基本观点</td><td colspan="3">认为物质是本原的，意识是派生的，先有物质后有意识，物质决定意识</td><td colspan="2">认为意识是本原的，物质依赖于意识，不是物质决定意识，而是意识决定物质</td></tr>
<tr><td>派别</td><td>古代朴素唯物主义</td><td>近代形而上学唯物主义</td><td>辩证唯物主义和历史唯物主义</td><td>主观唯心主义</td><td>客观唯心主义</td></tr>
<tr><td>主要区别</td><td>认为世界的本原是一种或几种具体的物质形态</td><td>认为自然科学意义上的原子就是本原，原子的属性就是物质的属性</td><td>不仅承认世界的本原是物质、物质决定意识，而且承认意识对物质具有反作用</td><td>把人的主观精神（人的感觉、经验、观念、目的、意志、心灵等）作为唯一真实的存在和世界的本原</td><td>把客观精神（如上帝、理念、绝对精神、绝对观念等）看作世界的主宰和本原</td></tr>
<tr><td>基本评价</td><td>坚持了唯物主义的根本方向，本质上是正确的，可惜只是一种猜测</td><td>丰富、发展了唯物主义；具有机械性、形而上学性和历史观上的唯心主义等局限性</td><td>是无产阶级的科学的世界观和方法论，是我们认识世界和改造世界的伟大思想武器</td><td>夸大了人的主观能动性</td><td>夸大了客观精神的作用</td></tr>
<tr><td>根本分歧</td><td colspan="5">是否承认世界的本原是物质</td></tr>
</table>

案例点评：该教师以表格的形式对比唯物主义与唯心主义相关的知识点，在结课阶段帮助学生再次厘清这两个知识点，起到帮助学生归纳整理与加深记忆的作用。

（六）悬念式

悬念式结课方式，适用于关联性较大的两堂课，多适用于同一课程内容需要多个课时才能完成的情形。这种结课方式讲究悬念迭出，令人回味无穷，给学生一种课虽尽而意无穷的感觉。教师要在课堂收尾阶段，巧妙利用设置悬念的方法，给同学们一种“欲知后事如何，请听下回分解”的课堂效果。教师在这堂课收尾时留下的悬念又正好可以作为下一堂课的导入，一举两得，无形之中贯穿了教学内容，使得课堂教学一直处于流动状态。

【案例展示】

某教师在完成了高中《思想政治》必修三《文化 生活》第一单元“文化与生活”第一课《文化与社会》第一课时《体味文化》的教之后，学进行了如下结课。

教师：这节课是《文化生活》的第一课，通过这堂课的学习，我们了解了究竟什么是文化，相信同学们已经完全体悟到了文化以及文化的含义。正如在这一课中学到的那样，文化现象无处不在、无时不在，又丰富多彩，“文化”是相对于经济、政治而言的人类全部的精神活动及其产品。我们这堂课只是对文化了解的一个开始，往后的几堂课中，我会继续带领同学们领略中华文化的多样性、独特性，以及一些世界优秀文化，希望同学们能像今天一样，带着满满的热情去学习接下来的课程。

案例点评：该教师采用悬念式的结课方式，《体味文化》是《文化生活》这一教材的第一课时的内容，教师在此处设置悬念，提前告知学生，这一册书的后面还有很多有趣的内容，并列举了学生感兴趣的知识点，吊足了学生的胃口，最后提出对学生学习这一册教材的一个期望，让学生在刚接触这一册书时，就充满了兴趣。

（七）激励式

中学思想政治课教学是对中学生进行直接德育的主要途径，这就要求教师在教学过程中，要激励学生，帮助学生形成正确的世界观、人生观和价值观，课堂结课这一环节也不例外。激励式结课模式要求教师从教材的德育因素出发，结合学生的思想特征，运用富于激励性的语言，起到激发学生积极情感、态度、价值观的重要作用。

【案例展示】

某教师在完成了《道德与法治》七年级下册第二单元“做情绪情感的主人”第四课《揭开情绪的面纱》第二课时《情绪的管理》的教学之后，进行了如下结课。

> 教师：同学们，你们要知道，学生时代是培养兴趣爱好的重要时机，多培养一些兴趣爱好，可以丰富自己的课余生活，使自己的生活变得充实而有意义。同时，培养兴趣爱好还可以帮助你们减少消极情绪的产生，有利于良好情绪的保持和培养。爱因斯坦曾经说过，“真正的快乐，是对生活的乐观，对工作的愉快，对事业的兴奋”。我们要时刻提醒自己保持健康的心态，做一个宽宏大量的人，让我们心中的爱多于怨恨，成为一个乐观、愉快、豁达、忍让，不悲观、消沉、焦躁、恼怒的人，做情绪的“主人”。我们一旦不能保持乐观的心态，不能控制好我们的情绪，就会被情绪掌控，失去理智，还会酿成大祸，就会如课上讲过的那个去北京野生动物园因为不能掌控自己的情绪，走出车子，最后被老虎吃掉的那个女士一样，后果十分严重。因此，同学们应该时刻牢记，要保持乐观的心态，做情绪的“主人”。

案例点评：这位教师的结课语重心长，简短的几句，既总结了课堂，又激励了学生。教师在结课过程中，通过引用名人爱因斯坦说过的名句，同时回顾课堂教学中举过的例子，从正反两个方面来最后论述掌控情绪、保持乐观心态的重要性。语重心长，言辞恳切，起到了很好的激励效果。

（八）讨论式

讨论式结课模式一般适用于课堂结课时间较为充裕的情况。在课堂教学尾声，政治教师针对教学中的关键之处，结合社会中的一些常见现象，提出一些存在争议或者疑惑的问题，引导学生进行讨论，让每位同学都参与其中，鼓励学生自由发言，达到启发学生思维，引导学生深入学习的目的。

【案例展示】

某教师在完成了《道德与法治》七年级上册第一单元“成长的节拍”第一课《中学时代》第一课时《中学序曲》的教学之后，进行了如下结课。

教师：同学们，“千里之行，始于足下”。中学生活的序幕刚刚拉开，面对各种可能与挑战，我们要珍视当下，把握机遇，从点滴做起，为美好明天付出不懈的努力。现在老师有几个问题想跟大家一起探讨。

请结合自己的实际情况，写下中学阶段自己想要完成的几件事。与父母进行一次沟通，听听他们希望你在初中三年要完成的事情。

请思考：哪些事情必须现在做？哪些事情可以将来做？哪些事情需要一生去做？

教师组织学生分组展开讨论。

学生讨论、总结并回答。

教师总结。

案例点评：该教师采用讨论式结课方式，向同学们展示了一个与日常生活息息相关的论题，并让同学们结合所学知识，来给这个家庭提几条合理消费的建议。这样的结课方式，促进学生讨论思考，并将所学知识与生活实际紧密联系，加深了学生对知识的理解，促进了学生对知识的灵活运用。

第三节　课堂结课技能训练

在前两节的学习中，我们已经对课堂结课的概念、功能以及结课时必须遵守的原则和方法有了一定的了解，这一节我们主要讲述如何训练政治课堂的结课技能。课堂结课技能的训练可以按小组进行，以相互听课和评课为主要形式，每个人可以准备3—5分钟的课堂结课片段设计，学习者尽量要在每次训练中尝试采用不同的结课方式进行结课，做到经过长期的逐个训练，达到能灵活自如地运用各种结课方式进行结课。对于初学者而言，首先，要在听评课的过程中，能够辨别讲课教师采用的结课方式；其次，要做进一步的提升，做到能够灵活自如地运用各种结课方式。同时，初学者在结课训练中，应该注意对自己的语言技能、强化技能的训练。

下面选取了一些不同的教学案例，案例中的教师在结课时采取了不同的结课方式，请仔细阅读这些教学案例，判断教师采用了哪种结课方式，并试作评析。

【案例展示】

某教师在完成了高中《思想政治》必修一《经济生活》第一单元“生活与消费”第三课《多彩的消费》第二课时《树立正确的消费观》的教学之后，进行了如下结课。

教师：课已经上完了，那么，回到日常生活中来，我这有一份美国前总统尼克松在他曾经编辑出版的《吝啬家月报》里提供的十项省钱致富小秘诀，请同学们一鉴。（多媒体显示）

1. 不断从薪水中拨出部分钱来存入银行，5%，10%，25%都可以，反正一定要存。

2. 搞清楚你的钱每天、每周、每月流向哪里，也就是要详细列出预算与支出表。

3. 检查、核对所有的收据，看看商家有没有多收费。

4. 信用卡只保留一张，能够证明身份就够了，欠账每月绝对还清。

5. 自带饭菜上班，这样每周约可节省45美元的午餐费，每年就可以省下将近2200元，可付房屋贷款或存作退休基金。

6. 与人合乘或乘公共交通工具上下班，节省停车费、汽油费、保险费、汽车的耗损以及找停车位的时间。

7. 多读些有关修理、投资致富的实用手册，最好从图书馆借，或从因特网下载。

8. 简化生活，房子不应太大，买二手汽车，到廉价商店或拍卖场等处购物。

9. 买东西时别忘了想想“花这钱值不值得”。便宜货不见得划得来，价钱贵的也不一定能保证质量。

10. 绝对要砍价。你不提出，店家绝不会主动降价卖给你东西。

教师：有位经济学家说：“你省下来的一块钱，大于你赚进的一块钱。”其实，俭朴的人生也是富裕的人生。

正如谚语所说：节俭朴素，人之美德；奢侈华丽，人之大恶。劳动是幸福的左手，节俭是幸福的右手。让我们带着今天所学去调整、去改变，为自己创造出充实、轻松、快乐的生活。

【案例展示】

某教师在完成了高中《思想政治》必修四《生活与哲学》第二单元“探索世界与追求真

理"第六课《求索真理的历程》第二课时《在实践中追求和发展真理》的教学之后，进行了如下结课。

教师：当我们从学习中逐渐了解世界奥秘的时候，当我们的好奇心在学习中获得满足的时候，当我们通过学习发现自己潜能的时候，学习的快乐就洋溢在我们的心中。只要我们留心周围的世界，我们会发现生活中还有更多的有趣的现象和问题，需要我们不断地探索和发现。(PPT展示)

1.你知道以下奥秘吗？恐龙是怎样灭绝的？到底有没有外星人？埃及金字塔是怎样建成的？宇宙中存在黑洞吗？

2.小时候不能理解、现在已经理解的一个问题是什么？你是怎样知道答案的？

3.你还有哪些不知道的或不能理解的现象？在今后的学习与生活中，应该如何让这些未知的知识变成已知的知识。

请同学们思考这三个问题，并用心体验在实践中追求真理和发展真理的乐趣。

【案例展示】

某教师在完成了《道德与法治》八年级下册第二单元"理解权利义务"第三课《公民权利》第一课时《公民基本权利》的教学之后，进行了如下结课。

教师：同学们，学完了今天这堂课，我们对公民的权利和义务有了一定的了解。作为一名学生，我们要知道依照宪法的规定，我国公民享有广泛的政治权利和自由，可以通过各种途径和形式参与国家政治生活。通过学习，我们知道国家公民都有选举权和被选举权、政治自由、监督权、名誉权、姓名权、隐私权、财产权、劳动权、受教育权等。请同学们把书翻到42页，围绕本课介绍的公民的基本权利，以班级为单位，开展课堂情境表演。

活动步骤：

1.确定主题。选取与我们的生活紧密相关的某项基本权利，以"我们的××权利"为主题组织活动。

2.编写剧本。围绕主题、展现该项权利的相关生活场景，突出权利在我们生活中的落实；符合情境剧本的一般要求。

3.将全班同学分为编剧、导演、演员、剧务和观众，人人参与，分工负责。

【案例展示】

某教师在完成了高中《思想政治》必修四《哲学与文化》第二单元“认识社会与价值选择”第六课《实现人生的价值》第二课时《价值判断与价值选择》第二目“自觉站在最广大人民的立场上”的教学之后,进行了如下结课。

教师:通过这堂课的学习,我们知道了毛泽东、邓小平、胡锦涛、习近平等国家领导人对待人民群众的态度。也让同学们思考了:为什么说共产党人的一切言论行动必须以最广大人民群众的根本利益为最高标准这一问题。通过对这一问题的讨论,我们知道:我们要自觉站在最广大人民的立场上,牢固树立为人民服务的思想,把献身人民的事业、维护人民的利益作为自己最高的价值追求。通过王群等同志的事例,我们知道了个人利益和国家利益发生冲突的时候,要把个人、集体、社会利益三者的统一作为选择的标准。当个人利益同人民群众的利益发生冲突的时候,就要自觉地站在人民群众的立场上进行选择。当个人利益与他人利益发生冲突的时候,要善于从不同的角度思考,理解和尊重他人的正当选择。最后当个人利益与社会、集体和他人利益发生冲突时,要把个人、集体和社会三者的统一作为自己选择的标准,两者相权取其重,两弊相衡取其轻。

【案例展示】

某教师在完成了高中《思想政治》必修四《哲学与文化》第二单元“认识社会与价值选择”第六课《实现人生的价值》第二课时《价值判断与价值选择》的教学之后,进行了如下总结。

1. 各种价值判断和价值选择都不是凭空产生的,而是社会存在在不同人的头脑中的反映,是在社会实践的基础上形成的。人们选择的目标能否实现,以及实现的程度如何,取决于人们的认识是否符合社会发展的规律。

2. 把握价值判断和价值选择的社会历史性,有助于我们正确评价历史和现实中的各种价值观念,防止简单化和片面化倾向,有助于我们的价值观念与时俱进,从而做出正确的价值判断和正确的价值选择。

【案例展示】

某教师在完成了《道德与法治》七年级上册第二单元“友谊的天空”第五课《交友的智

慧》第二课时《网上交友新时空》的教学之后，进行了如下结果。

教师：同学们，我们学习了这一课之后，懂得了需要考虑网上交友对自己学习和生活的影响，学会了理性辨别慎重选择。对于交友而言，互联网只是一个工具，关键在于我们怎么使用。请同学们一起来看书上《探究与分享》中的案例，并做讨论分析(PPT展示)。

13岁的小梅在网上聊天时认识了一位网友，他常常和网友讲述自己的生活，说说自己的心里话，小梅对网友越来越好奇，正巧对方发出邀请想在周末和她见面。要不要和网友见面呢？小梅发帖求助。

小饭说："互联网中不真实的东西太多了，最好不要和陌生网友见面，尤其是女孩子要小心坏人哦！"

冰冰说："我觉得见一见无所谓，只要不是单独一人。"

小小说："我不会去见我的网友，我想保留一些神秘感，只做网上的好朋友。"

米多说："见面，也许会给双方关系带来负面影响，失望大于欣喜，即使见面后，双方感觉良好也不能毫无保留。"

1.你如何看待这些回帖？

2.你的建议是什么？

3.请教父母、老师，听听他们会给出怎样的建议。

教师引导学生探讨问题，并做总结。

第十二章　中学思想政治课教学评价与反思

第一节　中学思想政治课教学评价

一、思想政治课教学评价的概念

思想政治课教学评价是对思想政治课教学工作质量所做的测量、分析和评定。它以参与思想政治课教学活动的教师、学生、教学目标、内容、方法、教学设备、场地和时间等因素的优化组合的过程和效果为评价对象，是对教学活动的整体功能的评价。人们常把“为学”比作学海行舟，把“思想政治课教学评价”比作行舟导航，领航员为了使船正确地航行，必须知道船的方位与航行的目标才能领航。思想政治课教学亦是如此，必须不断地测评教学之舟的方向、位置，以便修正航线，驶向目的地。思想政治课教学评价是实现教学目的的一个重要手段，它主要是为了了解、诊断、评定、调整与提高教学质量服务的。思想政治课教学评价包括学生思想政治课学业成绩的评价、教师教学质量的评价和思想政治课课程的评价。本章主要讲述思想政治课教学评价的原理和学生学业成绩的评价，并简要论述教师教学质量的评价。

思想政治课教学评价与思想政治课教学测量既有联系又有区别。首先，测量是评价的一个主要工具。只有通过包括测验在内的各种测量，以量化、精确化的打分方式，获得评价对象在某个时段、方面的情况、信息，如通过测量获取学生学习思想政治学科知识技能的分数，才能为思想政治课教学评价奠定基础。可见，没有教学测量便无法进行教学评价。但是，测量又不是评价，二者之间存在区别，测量收集的仅仅是反映评价对象某个时段、方面的资料、信息和数据，而评价则要求测评教学活动的整体功能。测量重在描述一种情境，而评价则重在判断价值。例如，某学生在一次思想政治课测验中得分是80，但这一次测验的得分只能表示该生暂时对思想政治学科的学习情况，此外，这一测验分数并不能完全代表该生的学习状况。由此可见，思想政治学科评价应以测量为工具和基础，教学测量不能完全代替教学评价，教学测量的结果也需教学评价对其做出正确的质量分析与评价。

二、思想政治课教学评价的意义

思想政治课教学评价对学校、家长、教师、学生和教学活动本身而言，都具有重要的意义。对学校来说，思想政治课教学评价可以记录学生学习思想政治学科的情况，并作为学生道德教育的一个重要考核标准；对家长来说，思想政治课教学评价可以帮助家长更好地了解子女思想政治学科的学习情况，更好地促进家校合作，督促子女学习，配合学校开展教学工作；对教师来说，可以及时了解学生的学习情况和获得教学效果的反馈信息，明确自己教学的优缺点，以更好地改进教学，对学生实施个性化教学；对学生来说，可以及时得到学习效果的反馈信息，查漏补缺，扬长补短。思想政治课教学评价最重要的作用在于运用它来探明、改善和提高教学活动本身的功能。思想政治课教学评价是整个政治学科教学的反馈系统，只有很好地掌握政治教学评价这个反馈系统，才能了解教学系统的运行状况，进而有效地调节和改善政治学科教学，寻找最佳方式促进学生的发展，实现预期的教学目的、任务，提高教育质量。

当然，思想政治课教学评价在实际操作过程中也存在一些问题，这都是需要我们在教学实践中防范与规避的。从教育大环境来看，思想政治课教学评价本该为改进思想政治学科教学，促进学生发展服务，但受当今片面追求升学率等错误思想的影响，思想政治课教学评价在实践过程中往往本末倒置，给教学和学生的发展带来严重的负面后果。教师与家长往往将考试与评分作为评价学生政治学科学习情况的唯一标准，一切围着考试转，使教学评价一直处于一种畸形发展的态势。这种单一偏激的评价方式，当评未评，给学生带来了极大的负担，危害极其深远，如何根除这一严重的弊病，是我国教育界面临的一项长期并且艰巨的任务。

此外，如何完善评价体系，使思想政治课教学评价体系更加完善也成为教育界一直在思考的一个问题。对学生思想政治学科的学习成效以及发展的测评是件复杂而困难的事，测定的结果只是一个近似值，对学生的能力、创造性与思想品德的测量尤为不准。因此，必须完善评价体系，结合多种评价手段，注意评价对象的全面与实际情况，力求做出较为全面准确的评价。

第二节　中学思想政治课教学评价的基本类型及方法

一、教学评价的基本类型

教学评价可以根据不同的分类标准进行分类，常见的有以下三种。

（一）根据评价在教学中的不同作用，分为诊断性评价、形成性评价和总结性评价

1.诊断性评价

诊断性评价是在学期教学或者单元教学开始时，对学生现有的知识水平和能力发展的评价，如各种摸底考试。其目的是弄清楚学生现有的知识水平和能力发展情况，发现学生的长处与不足，以便更好地改进教学，做到因材施教。

2.形成性评价

形成性评价是在教学过程中，对学生知识掌握和能力发展所做的比较经常而及时的测评，包括对学生的提问、书面测验、作业批改等。其目的不注重于成绩的评定，而是使教师和学生都能及时获得反馈信息，更好地改进教与学，以促进教师和学生共同发展和提高。

3.总结性评价

总结性评价是在一个大的学习阶段，对学生学习成果进行制度化的正规考查、考试及其成绩评定，也称终结性评价。其目的是为学生评定一定阶段的学习成绩。通常，也将总结性评价用来评定教师在一定阶段的教学状况。

（二）根据评价所运用的方法和标准的不同，分为相对性评价和绝对性评价

1.相对性评价

相对性评价是一种用常模参照性测验对学生成绩进行的评定，依据学生个人的成绩在该班学生成绩序列中或常模中所处的位置来评价和决定学生成绩的优劣，而不考虑是否达到教学目标的要求。故相对性评价又称为常模参照性评价。相对性评价又可按人数分为小规模常模与大规模常模。小规模常模适用于人数较少的情况，例如一个班级，一般通过简单的计算便可得出评价结果；大规模常模则更加科学，因为它需要经过大规模的抽样测试、实验研究才能求得评价结果。相对性评价适用于人才选拔，但不能测试被试者在学业上是否达到了特定的标准。

2.绝对性评价

绝对性评价是用目标参照性测验对学生成绩进行评定，依据教学目标与教材编制试题来测量学生的学业成绩，判断学生是否达到了教学目标的要求，而不以评定学生之间的差别为目的，故绝对性评价也称为目标参照性评价。它适用于升学考试、毕业考试、合格考试，不适用于人才甄选。

在实际评价中，往往将相对性评价与绝对性评价结合起来，用以选拔学业上达到特定的标准，且表现突出的人才。

（三）根据评价的主体不同，分为教师评价和学生自我评价

1.教师评价

教师评价主要指任课教师与班主任对学生的学习状况与成果进行的各种评价。这种评价不仅包括教学中正式的提问、作业、测验、考查、考试以及成绩评定，还包括教师在整个教学过程中对学生的各种评价。具有以下三个特点：一是广泛性，教师不仅要评价学生的知识掌握与能力发展情况，而且还涉及对他们的学习态度、学习方法与习惯、品行的评价。二是具有针对性，教师在进行评价的时候要针对学生的情况给出具体的评价，既要有肯定与鼓励，又要有否定、规劝与建议。三是互动性，是指政治教学评价中的教师评价不应只限于教师对学生的评价，师生之间还可以相互交流与磋商，教师应该允许学生有不同的意见。教师评价灵活机动，可操作性强，在教学实践过程中效果较好，但在使

用的过程中，教师占据绝对话语权容易出现偏颇，可能产生师生对立。

2. 学生自我评价

学生自我评价是指在教师指导下学生对自己的作业、试卷及其他学习成果进行的自我评价。学生学会自我评价具有重要的意义。学生一旦学会了自我评价就意味着他们开始懂得要更有意识、细心又严格地检验自己的学习成果，分析自己作业的优劣，并用心改正。教师在教学实践过程中要培养学生的自我评价意识，当学生养成了自我评价的习惯之后，就会更加重视教师和同学对自己的评价，这更有助于提高自我学习与反思的动力和力量。

二、教学评价的方法

教学评价的方法很多，较为常见的有观察法、测验法、调查法和自我评价法。这四种教学评价的方法都有各自的优点以及缺陷。因此，在教学实践过程中，应该综合运用多种教学评价方法，对政治教学进行多方位的评价。

（一）观察法

观察法是直接认知被评价者行为的最好方法。适用于在教学过程中评价那些不易量化的行为表现，如兴趣爱好、学习态度、学习习惯、学习方法以及学习能力等，还包括一些不易量化的技艺性成绩，如阅读、搜集资料、制作简报和探究学习等。同样，观察法也存在缺陷，被观察者若知道自己正在被他人观察时，行为便会异于平常，这在一定程度上会影响观察结果的可靠性。同时，观察法在应用的过程中，很难保证结果的精确性。为了提高观察法的可靠性与精确度，可以采取以下两个措施：一是应该使观察经常化，对学生的行为进行记录，并形成行为日志或者逸事报告，使评价依据的材料更加全面；二是可以采用登记量表，对学生的行为进行更加精确的观察。

1. 行为日志

行为日志或者逸事报告，一般用来记录学生值得关注的行为或者异常行为表现，重在描写行为发生的经过，并需要做简单的解释与说明。行为日志可由教师自己保管，教师可以专门准备一本本子，每位学生占若干页，对学生较为突出的行为表现进行记录，以更好地帮助学生提高思想政治学科的学习成绩以及学习能力。逸事报告与行为日志需交由教导处保管，供研究学生工作使用（见表12-1）。

表12-1　行为日志（格式）

	班级	学生姓名	日期
事件描述：			
说明：			
			观察者：

2.等级量表

等级量表，常用于评价学生的技能、口头作业和手工作业等，例如，评价学生的社会调查作业以及课堂学生口头回答作业的完成情况等。运用等级量表能大大提高评价的准确性。等级量表的制作并不难，评价者可根据评价内容和评价要求进行局部调整。一般说来，等级量表的制作分为四个步骤：首先，评价者应该确定从哪几个方面对学生的行为或者作业进行评价；其次，要分清楚几个等级，常见的有优、良、中、差，或A、B、C、D、E这两种分等级的方式。评价者要从实际出发，采取适宜的评价学生某种技能或者作业成绩的等级量表。等级量表要简明扼要，注意实用性。

（二）测验法

测验法是考核、测定学生成绩的基本方法，主要以笔试的形式进行。适用于对学生学习政治文化知识的成绩评定。优点是能在同一时间，用同一试卷测量众多对象，简便易行，省时省力，结果也相对可靠。不足是对学生的智力、能力和行为技能的水平不能进行科学系统的考查。但总的来说，测验法可操作性较强，历来受到重用，在教学评价中也占有重要地位。

1.测验的质量指标

测验法有4个重要的质量指标，分别是信度、效度、难度与区分度。这四个质量指标在一定程度上影响着测验效果的准确程度。

信度指测验结果的可靠性、稳定性和同一性程度。信度是测验的必要条件。如果一个测验在反复使用(如对同一对象多次进行)或以不同方式使用(如换成等值试题进行)都能得出大致相同的可靠结果,那么,这个测验的信度就较高。否则,信度就较低。常见的影响测验信度的因素有以下几点:试题多寡难易程度;测验的时间长短;受试者的身心状况(如是否感觉紧张、身体是否不适);测验指导语清晰程度;评分标准是否统一等。

效度指测验能够达到测验目的的程度,即是否能测出它所要测出的目标,也就是测验的准确度,效度表示一个测验研究的真实性和准确度。不能离开特定的目标,笼统地判断这个测验是否有效。要知道,一种对某个目标有效的测验方法,对其他目标不一定有效。例如,论文式测验,对测定学生的智能水平效度高,而对测定学生的知识面效度低;客观性测验,对测定学生的知识掌握情况效度高,而对测定学生的能力发展水平效度低。一份效度高的试题必定有较高的信度。测验效度又分为内容效度、结构效度、并存效度和预见效度。其实,无论何种效度,都只是为了确保测验本身要确实能测出它所拟的目标程度。比如,学生成绩测验,就要切合该年级学生的认知程度和经验,切合教材内容,切合教学实际。

难度指测验所含试题的难易度。一份测验试题应该做到难易得当,难题与简单的题都要占一定比例,这样得出的准确度较高。

区分度指测验能够拉开考生得分差距的程度。区分度与难度有关,只有在试卷中包含了不同难度的试题,才能提高区分度,使水平高的学生得高分,水平低的学生得低分,拉开考生之间的得分差距。

2.测验的种类

常用的测验有论文式测验、客观性测验、问题情境测验和标准化测验。各种类型的测验都有自己的优点与不足,在实际思想政治课教学评价过程中,应该结合各种类型的测验模式,相互补充,使得测验结果更加准确。

论文式测验是指通过出少量的论述题,要求学生对这些题做出系统的回答,以此测定学生的知识与能力水平的测验。论文式测验的优点在于能有效测定学生分析和论述问题的能力,缺点主要表现在阅卷任务重,缺乏客观的评分标准,阅卷过程易受阅卷人主观意识的影响,测验结果存在一定偏差,故论文式测验也称为主观性测验。

客观性测验是指通过一系列客观试题,包括选择题、填空题、判断题、改错题和简答题等，要求学生回答以测定他们的知识和能力水平的测验。这种测验方式具有取样广泛、命题知识覆盖面广、答案明确、不易受评卷人主观态度影响等优点，能够有效地测出学生知识的掌握情况；但也存在缺点，比如编制测试试卷任务繁重，难以测定受试者的能力等。

问题情境测验是通过设计出一种问题情境或提供一定条件，要求学生完成具有一定任务的作业来测定学生知识与能力水平的测验。这种测验方式的优点在于能够测定学生创造性地运用知识解决实际问题的能力，缺点是这类测试知识覆盖面太窄。

标准化测验是一种具有统一标准，对误差做了严格控制的测验，是相对于教师自编试题的测验而言的。在教学中，大量的测验是教师根据教学需要自己编制的测验，这种测验用于教师自己所教班级的学生，其结果是可信的，若将它广泛应用于测验其他校内校外同年级的学生，则会因教学内容与方法的不同等各种原因，产生较大的评价误差。标准化测验就是为了解决教师自编试题的缺陷而出现的，它是一种能普遍适用的可信的测量工具，是由专家精心编制的标准化测验。具有以下特点：试卷大量选用客观性试题，题型多样，知识覆盖面、试题明确、测验的实施需严格按照“测验指导”；试题评分需严格按照正确答案以及评分标准进行。这样，其结果便可与较大范围内的同类测试进行比较，得出的结果也相对公正。

（三）调查法

调查法是通过收集有关学生成绩评定的资料以探明他们学习的真实情况及原因的一种评价方法。调查法适用的范围较广，特别是适用于了解学生的学习态度、方法和习惯等方面。

调查法又可以分成问卷调查法、访谈调查法等。

问卷调查法是通过预先设计好的具有选项的调查题，要求学生选择，以获得评价资料的方法。问卷设计得是否合理是影响问卷调查准确程度的一大重要因素。问卷调查要求问卷设计简明具有吸引力，使人愿意回答；问题涉及的维度要全面，不仅要有封闭式问题，还要有开放式问题。同时，在问卷调查过程中，要选取具有代表性的调查样本，样本容量大于100；要给答卷人以答题的自由，力求答案真实，否则将毫无价值。对收集到的问卷要及时进行整理、统计和分析。

访谈调查法是了解学生学习兴趣、需要等多方面情况的一个重要方法。访谈调查的形式很多，可以是一对一的个别交谈，也可以是较为轻松的座谈，可以是有具体访谈提纲的结构性访谈,也可以是没有提纲的非结构性访谈。但无论何种形式的访谈调查,访谈者都应有所准备,问什么问题、达到什么样的目的,怎样选取有价值的回答进行记录等,这些都要做到心中有数。

(四)自我评价法

自我评价十分重要,可以帮助学生明确教学目标,自觉改进学习。教师可以在实际政治教学过程中运用以下方式指导学生,帮助学生培养自我评价意识。

1.运用标准答案

学生在课堂或课后完成作业时,教师可以给学生作业的答案,指导学生根据标准答案去分析自己的作业,让学生检查正误并加以评定,必要时指导学生对标准答案进行补充。这有助于学生养成自我检核和评价的良好习惯。

2.运用核对表

政治学科教学过程中,会有不少的论文式作业,这些作业并没有标准答案,教师要指导学生根据核对表来进行自我评价。核对表要规定作业的质量标准,可由教师根据不同作业的特点来制定。例如:高中政治分析题核对表可含以下标准:答题范围准确;答题思路清晰;结合阅读材料讲问题,分析得当;灵活运用课本知识;文句通顺;字迹清晰等等。

3.运用录音机、录像机

政治学科评价过程中,应该将评价的范围扩大,对学生学业成绩的评价也不能局限于作业本上的练习题,还应评价学生的课堂参与度以及学生的一些政治知识讲话训练等等。这些课堂活动都可以用录音机或录像机进行记录,课后发给学生,让学生通过自我评析,了解自己的上课状态,这就像给了学生一面镜子,可以让学生看见自己上课时的一言一行,从而帮助学生在上课时规范自己的行为举止。

第三节　中学思想政治课教学反思

一、中学思想政治课教学反思的概念与意义

教学反思指教师对教育实践的再认识、再思考,并以此来总结经验教训,进一步提高教学水平的一种有效手段,教育上有所成就的大家都非常重视教学反思。近年,教育界也越来越重视教学反思,要求教师从自己的教育实践中反观自己的得失,并形成教育案例、教育故事或教育心得等来提高自己教学反思的质量。

教学反思有四个历程:具体经验→观察分析→重新概括→积极验证。具体经验阶段的任务是使教师意识到自身教学过程中存在的问题,并明确问题的情境。观察分析阶段需要教师将广泛收集并分析的有关经验,特别是关于自己的活动的信息,以批判的眼光反观自身,包括自己的教育理念、教育态度、教育情感以及真实的教育行动。思想政治课教师在获得一定的信息之后,要对这些信息进行分析与检视,进而找出问题的根源,经过观察与分析,教师会对问题情境形成更为明确的认识。重新概括阶段需要教师在观察分析的基础之上,反思旧思想,积极寻找新思想与新策略来解决现阶段面临的教学困境。积极验证阶段要求教师要验证前一阶段所形成的新思想与新策略。在检验过程中,教师会遇到新的具体经验,从而又进入新一轮的教学反思。以上四个环节,反思在观察与分析阶段表现得最为明显,但只有将这一阶段与其他三个阶段结合起来,教学反思才会发挥更好的效果。在实际反思活动中,以上四个环节往往前后交错,没有明显的界线。思想政治学科教学的各个环节就处于这样一个不断流动的状态,思想政治课教师在教学实践过程中不能囿于某一个环节,要让各个环节相互联系、相互促进,以此来提高教学质量。此外,思想政治学科教学永远没有最好的教学模式,只能不断反思、不断创新,不断寻找更好、更合适的教学方法,教学之路,没有一劳永逸之说。

二、中学思想政治课教学反思的类型、方法和内容

思想政治课教学反思的类型很多,方法也多种多样。较为常见的思想政治课教学反思类型按照不同的分类标准可分为纵向反思、横向反思、个体反思和集体反思等。思想

政治课教学反思方法有反思日记、实际讨论、行动研究、学生反馈等等。各种类型的教学反思与反思的方法都有各自的优缺点，没有一种思想政治课教学反思与方法是万能的，在进行思想政治课教学反思的过程中应视情况而定，选择最适宜的教学反思方法，抑或综合使用各种教学反思方法，提高政治教学反思的质量。

（一）思想政治课教学反思的类型

1.根据反思的角度，可以将教学反思分为纵向反思和横向反思

纵向反思是指教师把自己的教学实践作为一个认识对象放到自己教学的历史过程中进行思考与梳理，同时，不断地获取学生的反馈意见，并把它作为另一个认识对象进行分析。不断地反思自己从教以来的教学活动，时刻检视自己的教学思想与行动，是促进教师教学水平提高的一个重要手段，对教师的长期发展发挥着重要的作用。

横向反思是指教师将自己的教学实践与他人的教学实践进行对比，反观自身的不足，进而促进自身教学方法的改进，教学水平的提高。反思不仅需要反思自己从教以来的教学实践，更需要跳出自我，与他人的教学进行比较，窥见自己教学的不足之处。为此，学校应该定期开展听评课活动，让教师通过横向比较，找出理念上的差距，解析手段、方法上的差异，从而提升自己。

2.根据反思个体的数量，可以将教学反思分成个体反思和集体反思

个体反思指的是教师个人对教学进行的反思，个体反思对新教师的成长十分重要。个体反思机动灵活，教师可以根据实际需要对自己的教学进行反思，个体反思对教师的自觉性有很高的要求。个体反思又可以根据课程的教学进度分成“课后思”“单元思”“月后思”“期中思”“期末思”等等。新教师要在一堂课结束之后，就对这堂课进行总结，并形成教学日志，发现问题及时反思。在熟悉教学工作之后，可以进行宏观的反思，例如就一个学期、一个学年或一届的教学进行反思。这种教学反思方式有利于对教师的教学情况进行追踪。

反思不仅仅是“闭门思过”，更注重与外界的沟通与交流，集体反思就是一种注重教师间沟通与交流的反思方式。集体反思指教师与同事一起观察自己的或者同事的教学实践，与同事一起就教学实践中的问题进行对话与讨论。这是一种互动式的教学反思方式，对教师的合作意识具有较高要求，这种教学反思方式注重教师间成功经验的分享、合作学习和共同提高，要求建立合作学习的共同体。集体的智慧有助于弥补教师个体反思

的不足，正所谓“当局者迷，旁观者清”。在集体教学反思中，教师以旁人的眼光来审视自己的教学实践，能使自己对问题有更加深入的认识，通过与同事之间的交流，获得解决问题的广泛途径。

目前，部分学校的集体教学反思流于形式，没有从真正意义上实行集体教学反思。由此可见，高效的组织形式是集体教学反思得以真正实行的重要保障。各教师在参与集体教学反思时，必须亲自到场观摩教学，详细记录所看到的情境，还可以用摄像机进行录像，将教学活动拍摄下来，组织教师进行观看并讨论。每个参与观摩的教师必须写教学反思，认真分析，认真思考，针对教学实践过程中普遍存在的问题进行团队反思，每个教师都要发表自己的见解，提出解决问题的思路。教师在研讨的过程中要开阔胸襟，包容与自己不同的见解，即使出现认识上的冲突，也要将其视为智慧碰撞与切磋学习的机会。注重教师之间的合作与交流是集体教学反思的一个重要特点，除了同事之间的集体反思之外，还可以邀请政治教育学者与专家介入，提高政治教学反思的科学性。

3. 根据反思开展的时间，可将教学反思分成教学前反思、教学中反思和教学后反思

教学前反思指的是教师在教学工作开展之前就对自己的教学安排进行反思，反思的内容包括教学内容、教学目标、教学模式、教学策略等等。此外，教师还需对自己制定的教学计划以及教学进度进行反思。教师在教学前进行反思，主要是反思自己制定的教学目标与教学策略是否符合学生的学情，是否符合课标的规定，教学计划与进度是否与之前的计划一致。教师在教学前反思过程中，还要反思自己的身心状况，反思自己是否带着良好的状态来开展新课程的教学。教学前反思有利于教师在课前就发现自己在备课过程中存在的一些不足，及时调整，确保课堂教学的正常开展。

教学中反思是指教师在教学过程中，对一些不可预料的教学状况的发生进行反思，以及教师在与学生的互动过程中，根据学生的学习效果反馈，对教学计划进行调整。教师在课堂教学过程中，当不可预料的状况发生时，教师要善于抓住有利于教学计划实施的因素，因势利导，解决突发状况，使课堂教学回归正常。根据学生学习效果的反馈，教师对教学计划进行反思，进而对原有教学设计进行适当修改与调整。教学中反思有利于教师及时发现问题，及时解决问题，确保课堂教学顺利完成。教学中反思要求教师全身心地投入到教学活动中去，调动各感官捕捉反馈信息，快速、灵活地做出调整。教学中反思教师可以运用录音和录像技术，并结合观察与详细记录手段，为教学后反思提供反思信息。

教学后反思是指教师在完成课堂教学之后，围绕教学内容、教学过程、教学策略、课堂效果、学生学习的反馈进行的全方位的反思，目的是发现自己教学中存在的一些问题，研究改进策略，更好地为下一次教学服务。

（二）思想政治课教学反思的方法

常见的反思方法有四种：详细描述法、实际讨论法、行动研究法和学生反馈法。在实际教学反思过程中，这四种反思方法通常结合起来使用，以提高教学反思的科学性。

1.详细描述法

详细描述法是较为常见的一种教学反思的方法，适用于各种类型的教学反思。教师可以在一天的教学工作结束之后，以反思日志的形式详细记录自己一天的教学经历。详细描述法可供教师本人进行教学反思，也可以在相互观摩中，详细描述自己看到的教学情境，以便交流讨论。

2.实际讨论法

实际讨论法一般适用于集体教学反思，教学工作者聚集在一起，就课堂上出现的一系列问题进行讨论，研讨解决问题的办法，最后得出可供教学工作者共享的解决问题的方案。

3.行动研究法

行动研究法是指为弄清实际教学过程中遇到的一系列问题，探索改进教学的行动方案，教师以及相关研究者，以教学班级为研究对象，合作进行调查和实验研究的一种方法。行动研究法不同于教育研究者的实验研究法，它更侧重于教学实践的改进，研究结果适用范围较窄。采用行动研究法，可以帮助教师检验教学反思过程中所提出的改进策略是否适用于自身教学实践的改进，属于政治教学反思的“积极验证”环节。

4.学生反馈法

学生反馈法指的是教师课后深入学生当中，通过特定的问题和学生进行沟通与交流，通过学生的反馈对自己收集的问题进行补充，了解学生对知识的掌握情况，以及对课堂的一些看法，制定出相应的教学预案。教学反思不仅要从教师的角度去反思问题，学生作为整个教学活动的主体，对教学过程中的一系列问题更有话语权，学生的反馈能对教师发现的问题进行补充，更能促进教师教学反思的全面性与科学性。

（三）思想政治课教学反思的内容

思想政治课教学反思的内容主要包括记录教学过程中的成功之处、不足之处、教学过程中的生成和再教设计。

在书写教学反思的过程中，要先写下教学过程中的一些成功之处，例如：教学过程中达到预先设计的教学目的、引起学生教学共振效应的做法；课堂中临时应变得当的措施；层次分明、条理清晰的板书；某些教学方法的成功利用过程；一些教育学、心理学基本原理使用的感触；教学方法改革的成功实践等等都应该详细记录下来，供以后教学时进行参考，以后的教学可在此基础之上，不断改进、完善、推陈出新，进而促进教师教学水平的提高。

教学反思不仅要记录教学过程中的成功之处，对不足之处的记录也显得尤为重要。即使是成功的课堂教学也会存在疏漏，教师在教学反思的过程中，要对这些疏漏进行详细记录，并做深刻的反思、探究与剖析，吸取教训，积累经验，更好地为日后教学的改进做准备。

教师对课堂中的一些意外生成也应该记录下来。课堂教学过程中，随着教学内容的展开，师生之间存在教学的互动，往往会因一些偶然事件而产生瞬间灵感，这些"智慧的火花"需要教师课后及时记录，不然便会随着时间的流逝而被淡忘。教学过程中，学生是课堂的主体，教师应该充分肯定学生在课堂上的一些独特见解，学生的好方法、好思路应该记录在教学反思之中，使其成为拓宽自己教学思路，补充今后教学的一大重要材料。

教师还应该在教学反思部分写下自己的再教设计。一节课下来，教师通过反思优点与不足，静心沉思，产生了一些新的思路，教师应该在教学反思部分梳理自己探索出了哪些教学规律，教法上有哪些创新的想法，知识点上有哪些新的发现，组织教学方面有没有新的方法等等。教师要对这些内容进行必要的归纳与取舍，考虑再教时能否有所突破，并写下简要的"再教设计"，以求精益求精。

在实际教学反思过程中，教师对上述内容不必面面俱到，要根据自己上课的实际情况，选取突出之处、重要地方和值得记录的事件进行记录，以便日后更好地查阅这些资料。

【案例展示】

某教师在完成了高中《思想政治》必修四《生活与哲学》第三单元“思想方法与创新意识”第九课《唯物辩论法的实质与核心》第一课时《矛盾是事物发展的源泉和动力》第二目“矛盾普遍性与特殊性”一课的教学之后，做出了如下教学反思。

对学生进行思想教育，并非硬要“专题报告”；寓思想教育于教学之中，也无须长篇大论。如用“多数同学遵守纪律是普遍性，少数同学不遵守纪律是特殊性”的错误说法来反证矛盾普遍性和特殊性的关系，不是多数与少数的关系，既讲清了哲学道理，又自然而然地对学生进行了遵守纪律的教育，真可谓“一箭双雕”。

案例点评：这是一位教师的课后反思，该教师在教学的过程中发现用“多数同学遵守纪律是普遍性，少数同学不遵守纪律是特殊性”的错误说法来反证矛盾普遍性和特殊性的关系，取得了较好的教学效果，便把这一意外生成作为自己课堂上的一个成功之处记录了下来，以备日后教学之用，详略得当，重点突出，反思虽然简短，但足够用心。

【案例展示】

某高中政治教师在高一上半学期结束时，对自己过去半学期的教学，做了以下反思。

高一上半学期已经过去了，站在下半学期的起点上回望，发现本人在教学活动中存在一些问题。

一、提问落实不够

思想政治课记忆性很强，学生如果光理解，仅限于课堂上的听讲，课下不去及时复习记忆就会很快遗忘。在下节课讲新课时，会出现知识衔接不上的情况。根据艾宾浩斯的遗忘曲线原理可知反复记忆的重要性。高一政治课一周只有2节，学生平时几乎不去抽时间背记政治，所以思想政治课的记忆落实很重要。为此，本人采取相关措施并且加以执行，但是力度还有待加强。

第一，在备课讲课上再下功夫，争取把课本简洁明了地讲给学生。这样在课堂上可以节省时间，以便给学生在课堂上留下时间去趁热打铁，背记刚刚学过的内容。我想这样效果可能会更好些。另外，每节新课完成后都固定抽查两位同学来给我背诵，其他同学跟组长背诵，组长跟课代表背诵。

第二，抓好课前提问。每个班的政治课两节间的间隔时间为2天左右，所以每堂课前的回顾复习很重要，每节课前我精心准备复习问题，把它列到黑板上或用投影仪打出来，让同学们照着复习。五分钟的复习记忆时间后，注意多提问那些程度不好的同学。

二、课堂不够生动

思想政治课由于其固有的学科特点，加上初中时有些老师在讲课时往往不够重视，照本宣科，让学生把课本背背记记，导致学生从初中起就对思想政治课形成一种偏见，加重了对思想政治课枯燥无味的认识，形成了心理定式。学生普遍重视程度不够，因此导致思想政治课上常有这样的现象：老师在组织学习，趴着的，说闲话的，看课外书的，漫不经心的……同学们有各种表现，虽然在老师用肢体、眼神或语言提醒下，表面终止了这些现象，谁又能说清其思想是否转到学习上来了呢？缺乏热情，没有主动，思维游离于学习之外的学习没有也不可能有效果，尽管造成这种状况有诸多原因。面对这种境况，思想政治课教学要在教育的本质上找注解，要激起学生的动力，努力使学生自己想学，愿学，乐学，逐步使学生的兴趣浓厚起来，学习的习惯好起来，自觉主动性强起来，形成稳定的后劲。我们不能改革教材，但我们可以变换教学方式，使教学变成一道靓丽的风景，从而吸引学生参与其中，使得生命壮丽成长。例如，将知识竞赛引进课堂，将生动有趣的蕴含哲理的情境及事例纳入教学。例如，在讲解《企业的经营与发展》一课时，我引用了马化腾从创办QQ到微信再到财付通的创业故事，这个例子与学生实际生活贴近，学生们听得津津有味，乐此不疲。

对于高一的教学，我们要注意初高中教学的衔接，要培养学生良好的学习习惯。要让我们的学生充分认识到高中政治与初中政治在能力要求、学习方法等方面的不同，要引导学生端正学习态度，要加强对学生学习方法的培养。

新课程的教学仍然要重视基础知识和基本理论的教学，要引导学生记忆、领会教材的基本概念、基本原理。学生丢分的原因，尤其是选择题丢分，主要是基本概念不清、基础知识不扎实、基本技能不熟练造成的。所以基础知识主干知识是中学教学复习的重点，也是培养能力的基础。

教学要重过程，要教会学生分析、解决问题的方法。要教会学生根据材料联系理论，运用所学理论解决试题提供的问题。教师在教学过程中，应尽可能地多设计背景材料，充分发挥教师在教学中的主导作用，积极引导学生参与教学过程，让学生在参与中悟道理，把握知识。要充分调动学生的学习主动性和积极性，特别要教会学生自主地将课本知识系统化、构成知识体系，做到能随时将知识线索从大脑的记忆库中提取起来。

坚持理论联系实际，关注社会热点，关注社会生活，注重学以致用。例如，在讲解《做理智消费者》时，当掌握了做理智消费者要“勤俭节约，艰苦奋斗”原则后，我联系了习近平总书记到庆丰吃包子的新闻，教育学生要学习我们的主席践行勤俭节约美德。在讲解《影响消费水平因素》时，为了让学生能够理解针对未来收入预期影响消费水平的因素，应采取完善社会保障体系措施时，引用了《今日视线》播出的汕头将推行“高龄津贴”的做法，有学生也看了这个新闻，调动了学生的学习兴趣。在教学过程中要精心引导学生关心国内外重大时事，关注社会生活实际，关注社会热点问题，有意识地培养学生产生联想的习惯。要引导学生经常进行对社会性、生活性问题的思考，这样就可以将书本知识和社会热点问题、生活中的实际问题融会贯通，提高学生理论联系实际的能力。

自觉锤炼教师个人的教学基本功，为学生提供不竭的“活动力”。作为一名思想政治课教师，需要学习的地方还很多，所谓教学有法，但教无定法，在今后的教学中要继续努力，不断探索，不断反思。教师只有不断锤炼自己的教学基本功，才能给学生一个良好的示范，才能不断发现自身的不足，发现学生的不足，及时纠正自身在教学中的问题和学生学习中的问题，才能为自身的业务素质的提升和学生学习成绩、思想素质的提高提供源源不断的“活动力”，力争使自己的教学上升到一个新的台阶。

案例点评：从该教师的反思形式来看，这是一个半期教学反思，教师在期中的时候进行反思，既反思了学生的学习情况，也反思了自己的教学情况，并且，还结合了具体课文。由此可见，该教师平时也肯定时常进行教学反思。该教师对自己上半期的教学做了具体反思，并提出了上一学期教学过程中的一些问题，再从这些问题出发，又提出相应的解决策略，策略也相当中肯实用。

【案例展示】

以下是某初中《道德与法治》课教师对自己九年级思想政治课教学的反思。

我在经历了多年的思想政治新课程教育教学实践后，渐渐认识到，在思想政治课的教育教学过程中，可以从以下几个方面努力上好思想政治课。

1.充分树立思想政治课教学新理念，多运用情境教学模式

随着课程改革和新课程的实施，新的教学理念正逐步深入每一位教师的心

灵，它使得教学成为人的解放过程。这就要求我们要把学习的本质看作学习者调适心理的过程，这种心理，既包括规范的拥有内在逻辑系统的、可以从多种情境中抽象出来的基本概念和原理，也包括在具体情境中所形成、与具体情境直接关联的不规范的非正式的知识和经验；建构主义教学观也要求师生分别以自己的方式建构对生活世界的多元理解，并通过合作性探讨建构世界的意义。在实际的教学过程中，我们可以采取以学习者和问题为中心的教学策略，充分运用情境教学或支架式教学的模式，主动创设开放的、充满意义解释和建构的学习环境；这样，学生在宽松的学习氛围里，能积极主动地参与知识学习，体验快乐，增长见识，提高觉悟，培养能力。

2.注重学生学习思想政治课的兴趣培养

在情境教学中，运用各种情境的主要目的是充分调动学生学习知识的积极性和兴趣，让他们在愉快的心理状态下主动学习，这是思想政治课教学获得成功的关键。诚然，在思想政治课的教育教学过程中，我们可以运用诸如音乐、电视、广播、多媒体教室等许多现代化教学手段，以便激发学生的求知欲和新奇感。不过，我认为这只是解决了形式上的问题，要真正培养学生学习思想政治课的兴趣，还得从课堂教学内容本身去下深功夫。

(1)始终坚持启发式教学。坚持启发式教学，是思想政治课教学的重要的历史经验教训之一。特别是在实施思想政治新课程教学的过程中，我们更要坚持贯彻启发式的教学方法。启发式教学作为思想政治课教学的总方法，是思想政治课教学改革要达到的目标的一部分，也是思想政治新课程的教学改革取得成功的必然要求，我们必须坚持。近几年，一些有责任感的教师在这方面已经进行了不少有益的尝试。在教学实践中，我坚持深入钻研教材，发掘教学内容中的启发因素，设计富有启发性的问题。值得注意的是，一个较好的启发性问题，应该具备下列条件：

第一，问题本身是学生未知的新问题，且能体现教学的重点内容。

第二，与学生的认识能力、已有的知识和经验水平相适应，不过难也不过易，使他们跳一跳后方能摘到的“桃子”。

第三，问题的表述清楚明确，能引起学生的兴趣和求知欲。

(2)理论联系实际，国内外重大时事政治穿插运用。理论联系实际，是思想政治课教学中居于主导地位的基本原则，这对调动学生学习思想政治课的兴趣也很重要。因为思想政治理论与生活实际相结合，学生就会觉得，思想政治课的内容就在我们身边，很实际，并不只是纯理论学习，它要解决的是我们身边的一些实际问题，学了之后有用，如此，自然就能产生要学好思想政治课的动机与兴趣。不过，要贯彻这一原则，重要的是我们要正确把握它在不同教学阶段的不同要求。

首先，在阐明教材理论知识阶段。我们可以通过实际材料使学生感知与理解教材。这时我们要在深入钻研教材的前提下，联系学生比较熟悉的、易于理解的、生动具体形象的、又能准确反映教材理论知识的实质的实际事例进行教学。

其次，在运用理论分析说明实际问题阶段，即课本知识的应用。这时，我们要着重联系与教材内容有关的、学生关心和感兴趣的重大社会实际，以及学生中带有倾向性的思想行为问题，巩固和深化所学理论知识。比如，在进行科教兴国这一基本国策教育时，我联系到有关2020年火神山、雷神山交付使用的重大时事，说明我们党和政府对科学技术工作的重视，以及这一事件将对我国全面建成小康社会产生的深远影响，科学技术的强大力量，让学生进一步明确我国为什么要实施科教兴国战略。再比如，在讲到坚持真理、反对谬误、破除迷信这一知识点时，我联系到危害我国社会发展的邪教法轮功、天安门广场自焚事件的社会实际进行教学，既让学生清晰地看到了迷信思想的重大破坏作用，也加深了学生对课本知识的理解和应用。

(3)倡导研究性学习，以问题解决贯穿课堂始终，抓好课堂教学这一中心环节。

研究性学习，要求学习者通过对所要学习的对象进行探索、体验、分析、提炼、总结，以便获得知识，并在这一过程中发掘自己的各种潜能与技能。这显然是一种学习方式的革命，它必然要求以问题解决为核心。能解决问题，始终是学习的中心任务。我们可以指导学生自己去通过阅读教材发现问题，提出问题并列出提纲(搭起知识的支架)，分析探索问题，寻求问题的最终解决，自主建构对知识的理解；而在教学实践中，我的做法是我自己先为学生拟定好知识学习提纲(即知识支架)，让学生带着所列问题去预习教材，并试着解决自己能解决的问题，然后带着尚未解决的问题参与课堂学习，以最终解决“所有问题”，从而实现知识理解和世界意义的建构。

另外，研究性地完成作业也很重要，要正确发挥作业本后面的参考答案的作用。时下,大部分思想政治课教师都是把思想政治课作业本中的参考答案直接撕掉,这当然有一定好处。而我的做法,是保留这个参考答案,让学生根据课内、课外学习对知识的掌握情况,首先试着做完作业,再行对照订正,并在错误的地方多问几个为什么;或者也可以直接参考解答做完题目,但要求必须在作业本上分析清楚作答理由与过程。这种做法既有利于提高学生的分析解决问题能力,也有很好的实际效果。

案例点评:这是教师的一个学年教学反思,教师根据自己初三一学年的教学情况,并结合近几年自己的教学,从三方面提出了自己的教学建议,具有实用性和可操作性。

第十三章　中学思想政治教师听课、说课与评课技能

第一节　听课技能

一、听课的意义

听课，也称课堂观察，是对课堂的运行状况进行纪录、分析和研究，并在此基础上谋求学生课堂学习的改善和促进教师发展的专业活动。作为专业活动的听课或者课堂观察，它要求听课者或者观察者要带着明确的目的，凭借自身感官及有关辅助工具（观察表、录音、录像设备），直接或间接地从课堂上收集资料，并依据资料做出相应的分析、判断。它是教师常规教学的基本功之一，也是教师专业学习与发展的重要内容。听课的主体一般为同行教师、教研员以及教育系统的领导等，同行教师通过听课活动，可以更好地借鉴与观摩其他教师的课堂教学，相关教育专家和管理部门可以通过听课了解教师的一些基本教学情况。听课是提高教师素质，提升学校教学质量的重要方式。听课意义重大，主要表现为以下四个方面。

其一，教师通过听课促进教师专业发展。听课可以促使教师通过观察记录其他教师的课堂表现，进而反思自己的教学行为，感悟和提升自己的教育教学能力，提高教学水平。同时，讲课教师在完成课堂教学之后，会与听课教师进行交流，从中了解自己讲课过程中存在的不足，并进行改正，为自己今后的教学积累经验。

其二，听课可以改善学生的课堂学习。一节课成功与否，不仅取决于教师的教学，还取决于学生的课堂学习情况。通过听课，我们可以知道学生的学习情况，比如，学生对教师所教的内容是否感兴趣，学生有没有掌握教师所讲的知识点，学生能否运用教师所教的方法去分析和解决现实问题等。由此可见，听课活动的最终受益者是学生，因为课堂

有效教学的实质就是关注学生是否学得有效。而判断学生是否学得有效，最重要的途径就是通过课堂观察，也就是听课活动来判断。

其三，通过听课推进教学团队的形成。听课是互惠性的，观察者和被观察者都能受益。教师基于课堂听课观察的目标、任务和要求开展专业性的教研活动，可以让授课教师从不同角度接受同伴的指导帮助，获取教学能力的提升；听课者也可以学习授课者的教学设计、教学目标处理、教学方法选择和教学过程安排的有效经验，相辅相成，共同发展。听课更加有利于形成良好的教学风气，促进教学模式、教学方法的改革。

其四，听课活动还有助于推广教育经验。组织教师对一些优质课进行听课，能使教师在听课的过程中习得优质课的教学经验，这些好的教学经验就在听课的过程中，悄无声息地被推广开来。值得注意的是，所谓的听课既要听精心准备、排练过数次的优质课，又要听没有精心准备和排练的常态课。不管所听的是常态课还是优质课，对教师尤其是对青年教师教学水平的提高都有重要意义。

二、听课的原则与内容

听课"听什么""怎么听""为什么听"这是很多教育工作者关心的问题。学会听课，首先，在观念上要端正态度，思想上要重视听课；其次，要以借鉴和筛选的眼光去听课，不管多么优秀的教师，其课堂教学或多或少都会存在问题；听课者在听课的过程中要遵循听课的原则，把握听课的方法，以达到预期的听课目的。

（一）听课的原则

教师在相互观摩听课的过程中，不能盲目地听课，而是要有目的有计划地去听一堂课，并从专业的角度去评析该教师这一堂课。教育工作者在听课时应该做到"备""看""记""思""评"五个方面。

1.听课要"备"

听课者应该将自己定位为教学活动的参与者、组织者，而不是旁观者。在听课之前，就要做好充分的准备，提前熟悉课程内容，了解教师的上课意图，对教学目标、教学重难点要了如指掌，同时也要了解教材、教师以及学生的基本情况。只有这样，才能在听课的过程中做到有的放矢，增加听课的针对性及评价的客观性和公正性，而不是一头雾水、听完即止。听课教师只有有“备”而听，并尽可能以学生身份参与到学习活动之中，才能学到更多的教学经验，为自己教学水平的提高奠定基础。

2.听课要“看”

听课，不仅要做到用耳朵“听”，还要用眼睛“看”。听课时需要观察的内容很多，包括教师的举止、神情、板书、课件、学生的课堂参与度、课堂的活跃度等等。“看”是对“听”的一种补充，听课教师若在听课的过程中只听不看，必然会错过很多重要的信息，比如学生表现、课堂纪律等。

3.听课要“记”

教师在听课的过程中，要对该堂课的一些重要信息进行记录，最好事先列出要记录的项目，形成听课表格。记录的内容主要有：课型、听课时间、授课者、课题等，还要记录主要教学内容、板书以及教学方法。在记录过程中听课者要把主要精力、注意力放在听课、观察师生活动和思考问题上，对教师在教学过程中所做的重点提问、教学过程、学生的典型发言、师生互动情况、有效的教学方法和手段、教学中的创新和失误之处等要详细记录。

4.听课要“思”

听课，不仅仅是耳朵听，眼睛看，还要求听课教师不断思考，边听边观察，只有在听的过程中伴随思考，才能有进步和提高。那么，听课教师应该在听课的过程中思考哪些问题呢？教师在听课的过程中应该注意思考授课教师对教材是如何处理的；这样处理有何好处；换成自己会如何处理；他在教学过程中用了什么样的教学方法；效果如何；是否值得自己借鉴；授课教师是如何突出重难点的；授课教师是如何化繁为简处理难点的；以及授课教师是如何应对课堂突发状况的……由此可见，听课教师在听课过程中，需要思考的问题很多。

5.听后要“评”

听课的目的是使教师个人和整体教学活动得到改进和提高。因此，听课不仅仅要听，要记，还要评，通过听课活动鼓励和支持教师参与教研活动，取长补短，相互借鉴教学经验，并主动进行教学改革，不断提升自己的教学质量。

（二）听课的内容

明确听课听什么是听课的重要要求。教学是涉及教师与学生双边互动的活动。一堂有意义的课，不仅仅在于教师讲了多少知识点，更在于学生掌握了多少知识。因此，听课也不仅仅要听教师的“讲”，还应关注学生的“学”，做到既听又看、听看结合，时刻关注学生在课堂上的反馈。主要体现在以下四个方面。

1.听教师教学，关注怎样教的问题

听授课教师是否熟悉自己的上课内容是什么，教学内容是否偏离教学目标，重点是否突出，教师确定的教学目标是否符合教学内容的特点，教学内容的展开是否有条理，各个教学环节是否合理，教师对教学内容呈现的方法是否正确，过渡得是否自然，教师与学生的对话是否得当，教师有没有正确地指导学生活动等。

2.听学生学习，关注怎么学或学得怎么样的问题

听课教师要在听课的过程中观察学生能不能听懂教师的授课内容，能不能接受教师的教学方法，学生能不能对教师提出的问题进行探究等。

3.听教学设计，关注教师对教学内容的呈现方式

包括讲授教师是通过使用什么样的教学方法进行教学的，与学生的交流互动是否得当，教师的整个教学过程是否得当，所使用的教学资源有哪些，整个课堂的教学文化氛围如何等。

4.听学生课后反馈

听课教师听课不应止于课堂的40或45分钟，听课活动之后还应对学生进行访谈，听取学生的课堂反馈，并对学生的反馈进行理性的思考、归纳和总结。

总而言之，听课活动不仅需要听课教师带着耳朵去听，还应带着眼睛去观察。一是要观察教师的状态，看教师的精神是否饱满，教态是否自然，板书是否工整，教师使用教具是否熟练，教师对于课堂突发状况是否处理得当等。二是观察学生的学习状态。学生是否在教师的引导下积极参与到学习活动中，整个课堂学生的学习情况，比如，精神是否饱满；学生参与思考、讨论的积极性；学生对于教材的感知程度；观察学生分析问题、解决问题的能力是否得到锻炼等。

【案例展示】

以下是某教师对《道德与法治》七年级下册第二单元“做情绪情感的主人”第四课《揭开情绪的面纱》第二课时《情绪的管理》的听课记录。

课题:情绪的管理　　　　　　　地点:

讲课人:　　　　　　　　　　　班级:

听课记录:

一、复习并导入新课

教师复习上一单元知识。

教师播放视频,提问:这则新闻说明了什么?

学生回答。

教师总结。

二、进行新课

活动一:请你来辨析

1.有的同学说,我要哭就哭,要笑就笑,要骂就骂,关别人什么事?是这样的吗?

学生举手回答(学生听课认真)。

教师总结。

活动二:请你来帮忙

小强的故事——烦躁的星期一(多媒体展示图片)。

画面一:小强愁眉苦脸,因为明天就要期末考试了。

画面二:妈妈因为小强贪玩不学习而训斥他。

画面三:小强大喊“烦死了”。

说一说:小强可能会产生哪些不良情绪?你有哪些好办法能帮助小强调控情绪,摆脱目前的困境?

学生回答。

过渡:在同学们的点拨下,小强的心情平静了许多。第二天他骑上自行车匆匆赶往学校,接下来他又遭遇到了什么?

2.小强的故事——倒霉的星期二(多媒体展示图片)。

画面:小强骑车与别人相撞。

说一说:

小强此时可能产生哪些不良情绪？他应如何调节和控制自己的不良情绪？

学生回答。

过渡：小强听取了大家的意见，控制住不良的情绪，匆匆奔向学校，可是考试已经开始了。小强顿觉手心直冒冷汗，心怦怦直跳，接下来小强又遭遇到了什么呢？

画面：考场上小强眉头紧皱，不知所措（课件展示）。

教师引导学生分析讨论此时小强的不良情绪，以及应如何调控情绪渡过难关。

3. 小强的故事——伤心的星期三（多媒体展示）。

画面：小强面对满是错号的试卷伤心极了，同学在旁边冷嘲热讽。

说一说：小强此时可能产生哪些不良情绪？伤心、悔恨、愤怒种种不良情绪让小强痛苦不堪，他该怎么做？

提示：学生畅所欲言，纷纷献计献策（学生回答问题非常积极）。

教师总结调节情绪的10种方法。

活动三：学以致用，走进生活

小强的生活烦恼只是我们生活中不良情绪的一个缩影，不同的人有不同的烦恼，下面是同学们生活中可能会遇到的不良情况，请你们试着用以上方法去调节。

（1）我考试考得不好，有位同学对我说："你是个笨蛋！"

（2）我很努力，但是总考不好，也找不到好的方法，愁死我了。

（3）有同学在背后造谣，说我喜欢某女生。

（4）我花了很长时间写了一篇很好的作文，但语文老师说我这篇文章是抄袭的，我很委屈。

提示：学生回答，教师评析。

案例点评：该教师《情绪的管理》这一堂课的听课记录十分详尽，不仅记录了教学内容和教学步骤，还记录了教学方法，甚至还有细节处的记录，并将课堂上的闪光点重点记录了下来，给予简短的评价，可见该教师在做这份听课记录的时候十分认真。但是，应该指出的是，这样的听课记录不够一目了然，最好还是采取表格的形式。此外，内容过于详尽便无法突出重点，也给记录带来困难，因此，在做听课记录的时候，应该有详有略，对于较为突出的地方以及教学重点，应该重点记录，平常之处，几笔带过即可。

第二节　说课技能

一、说课的概念及特点

（一）说课的概念

说课就是让教师以语言为主要表述工具，在备课的基础上，面对同行、专家系统而概括地解说自己对具体课程的理解，阐述自己的教学观点，表述自己具体执教某课题的教学设想、方法、策略以及组织教学的理论依据等教学研究活动。简而言之，说课就是教师回答“教什么”“怎么教”和“为什么这么教”的问题。说课的类型可以按不同标准进行划分：按说课时间可划分为课前说课、课后说课；按范围可划分为个人自说、两人或多人互说；按目的可划分为研究性说课、示范性说课、评价性说课等。说课可以反映一个教师的综合素质，有助于提高教师的专业素养与教学技能，有利于提高教师的教学水平、教学效率和教研水平。

（二）说课与上课的关系

说课和上课都是上课教师围绕同一个教学课题，展示教师课堂教学操作艺术，反映教师语言、教态、板书等教学基本功的方式。因为说课说出了教学方案设计及其理论依据，使上课更具有科学性、针对性，而上课实践经验的积累，又为提高说课水平奠定了基础。那么说课与上课有哪些区别呢？

1.目的不同

上课主要解决教什么，怎么教的问题；说课则不仅解决教什么，怎么教的问题，而且还要说出“为什么这样教”的问题。

2.对象不同

上课是课堂上教师与学生间的双边教学活动；说课是课堂外教师同行间的教研活动。上课的对象是学生，说课的对象是具有一定教学研究水平的领导和同行。说课不受空间限制，不受教学进度的影响，不会干扰正常的教学；同时，说课不受教材、年级的限制，也不受人员的限制。大型说课可面向全校，小型说课也可面向教研室等。

3.评价标准不同

上课的评价标准虽也看重教师的课堂教学方案的实施能力，但更看重课堂教学的效果，看重学生接受新知、发展智能的情况；说课重在评价教师掌握教材、设计教学方案、应用教学理论以及展示教学基本功等方面的情况。

4.时间要求不同

说课时间较为灵活，一般为8—15分钟；上课时间固定，一般在40—45分钟左右。

（三）说课的特点

说课具有说理性、科学性和预见性三大特点，具体阐述如下。

1.说理性

说理性是说课区别于其他教学活动的最突出的特征。备课，可以从教案中看出“教什么”“怎么教”；上课，可以从课堂教学中看出“怎么教”；而说课，不仅要说出“怎样教”，还要说出“为什么这样教”，即运用教育学、心理学、政治课程与教学论等教育教学理论知识去阐明“为什么这样教”。不仅要让听者知其然，还要知其所以然，这就促使教师必须认真学习和钻研相关教育教学理论，运用教育教学原理研究实际教学问题，提高教育教学理论水平。

2.科学性

说课的内容和方法必须具有高度的科学性。教师要以科学的理论为指导，用科学的方法解决教学中遇到的矛盾和问题，要遵循教学原则去设计教学过程，教材的处理、挖掘和传达要具有科学性、逻辑性和思想性。由于说课的对象是懂教材、熟业务并具有一定科研水平的专家、同行和领导，鉴别能力较强，容易发现说课过程中的缺陷和问题，这就要求说课者必须认真钻研教材，学习有关教育理论，充实说课理论依据，提高自己的专业水平，以加强说课的科学性。

3.预见性

说课的预见性，是指说课者通过说课对课堂实际教学效果以及学生的接受情况等做出较为准确的预估。说课者要对学生的学情进行分析,学情分析包括对所教学生的知识技能、智力水平、学习态度、心理特点、非智力因素等方面的差异进行分析,预先估计各层次的学生对教师的教法有什么反应,对新知识的学习有哪些困难。此外,说课者还应对预见的问题提出相应的措施和办法,并预估学生对自己的提问将会作何回答,对课堂上可能发生的偶然事件,教师打算如何处理等等。

二、说课的基本内容

(一)说教材

1.文本解读

文本解读要求教师对教材从宏观到微观进行解读,这种解读的前提是教师对教材有全面细致的把握。与其他学科的教材编排一样,政治学科的教材编排看似形散,且较为开放,实则是一个密切相连、科学严谨、编排错落有致的知识体系。从单元导语到每一个单元的编排,再到各单元、各小节知识点之间的过渡、重点、难点等,都需要由教师整体把握并深入解读。说教材的首要环节就是要教师说出对教材的整体把握及该知识点在本教材中的地位和作用,以体现教师对文本的解读能力、教师对章节知识与课程整体知识关系的把握能力。

2.说教学目标

说教学目标是要求教师准确地提出具体明了可实施的教学目标。教学目标的确定,需要具体化,更要具备可实施性,即在一堂课的开始围绕教学目标展开,一堂课的结束充分体现该目标,以检验这堂课的效果。教学目标说得越清楚明了,越能反映出教师的备课能力。

3.说教学内容

说教学内容是要求教师分析教材的编写思路、教学内容的结构特点、知识点的体现、教学侧重点和需要突破的教学难点等。要说清楚对教材结构特点的认知,讲授该知识点和突破重难点时的设计思路、设计技巧,以体现教师的专业素养和思维能力。

（二）分析学生的认知和思维特点

不同学段学生的认知和思维特点各有不同，即便是初、高中这两个学段中的某一个学段，各年级学生的认知和思维特点也不尽相同。比如七年级的学生，刚由小学升入中学，大脑当中对直观的、形象知识的关注仍占一定比例，而八年级的学生已经形成较强的自我意识，急于得到他人和社会的认可，逻辑思维能力逐步增强，不再认为教师说什么都对。所以，教师应从以下两个方面分析学生的认知水平和思维特点。

1.分析学生的实际生活经验

政治教材中一个个生动丰富的案例往往来源于实际生活，与学生的生活经验有一定联系，相对其他学科而言，容易走进学生的主观意识当中。在进行分析学情时，一定要结合学生的实际生活经验，注意观察学生，了解学生在平时生活中所学到的或者了解到的知识，再将其恰当地运用到课堂教学中，学生就容易理解所讲授的内容，对学科知识的兴趣也会逐步增加。经验丰富的教师善于将学生的实际生活与新知识的学习联系在一起，激发学生的学习兴趣，加深他们对知识的理解，并提高其应用知识的能力。

2.分析学生的知识基础

分析学生的知识基础需要教师对学生原有的知识面和知识水平进行深入把握。分析学情的目的就是让教师明白学生已经掌握了哪些知识，以防在进行教学设计时，超越学生的认知范围，给学生的学习带来困难，因此分析学生的知识储备状况，能帮助教师进行教学设计。

（三）说教法

说教法是教师要说明设计该教学内容时所采用的教学方法、教学手段，以及选择该方法和手段的理论依据。教师一定要根据教材的特点、学生的实际情况、教师的教学风格及教学设备的状况等，说明选择某种教学方法和手段的依据。教学有法，教无定法，贵在得法，学生学情不同，教法也不同。教学方法没有优劣之分，能更好地达成教学目标的教法就是合适的教法。

（四）说学法

说学法是教师要能够说出指导学生学习的方法，并说明为什么要选用这些方法和怎样运用这些方法。由于教法与学法具有不同程度的相通性或相似性，所以在说学法时，要注意不要和教法重复，但是要着重体现学法与教法的呼应。如教师在教法中采用直观法，那么在学法中，与之相对应的则是观察法。

（五）说教学过程

说教学过程是整个说课的重点部分，能够直观体现教师对文本的解读程度和对教学内容的独特设计，更能反映出教师的专业素养、教学风格和教学思维。教学过程设计要合理，要以教学目标为主线，重视主导和主体作用的发挥。说教学过程要展现教师如何引发学生的学习动机、如何展开教学内容、如何安排教学程序以及采取何种手段来反馈和强化学习结果，按教学规律促进教学过程有序进行。只有通过对教学过程设计的阐述，才能看出教师的教学安排是否合理、科学，是否具有艺术性。说教学过程要说明课堂教学过程和步骤安排以及这样安排的理论依据，要说出教学过程中教学各环节的衔接和过渡，这是说课中更为具体的内容。教学过程要求层次清楚、过渡自然、环环紧扣、结构严谨、详略得当、重点突出。

1.说教学思路的设计与教学环节的安排

教师要说出自己对教材的理解和处理，说出对教学内容的安排，针对学生实际，借助哪些教学手段来组织教学的基本教学思路。整个教学思路要层次分明，富有启发性，能体现教师的主导作用和学生的主体作用。教师还要逐点解释教学设计的理论依据，理论依据的解释要联系教法、学法、教学手段、学生的认知规律等方面加以说明(包括大纲依据、课程标准依据、教学法依据、教育学和心理学依据等)。说教学过程要求教师把所设计的基本环节说清楚。如课堂的导入，新旧知识的衔接，新授内容分几个部分，各部分的教学如何展开，如何提问和组织讨论，各教学环节之间如何过渡，如何小结等等。但具体内容只需概括介绍，只要听讲人能听清楚“教什么”“怎样教”“为什么这样教”就行了，不必像按教案给学生上课那样讲。

2.说教与学的双边活动安排

教与学双边活动的安排要求教师说清以下方面的内容：首先，要说清怎样运用现代教学思想指导教学，怎样体现教师主导作用和学生主体活动的和谐统一、教法与学法的和谐统一、知识传授与智能开发的和谐统一、德育与智育的和谐统一。其次，要说清引导学生积极思维、培养学生创新意识、创新能力所采用的方法和手段，学习方法的选择上要充分考虑学生的自身因素与情境因素，如分析学生的认知基础、心理特征及对学习该内容的可接受性，分析学生思维方式与学习习惯对该内容的适应性，分析学习中可能产生的个性差异。最后，要说清如何在关键性问题和环节上做到教师主导性与学生主体性，知识结构的内在规律和学生认知规律的统一，在掌握知识和发展思维能力的最佳结合的同时，做到与学生最佳状态的情感交流与情感调控等。

3.说重点与难点的处理

在这一环节当中，教师要说明在教学过程中，怎样突出重点和解决难点，确立重点难点的依据是什么，运用什么方法解决难点。重点难点一般应依据教学资料、课程标准、课程方案、学生学情等方面的内容来确立。

4.说教学手段

教师需要说明采用哪些教学手段辅助教学，在什么教学环节使用这些手段，这样做的理论依据和作用是什么。教学手段一般应依据课程标准、课程方案、教育学、心理学等基础理论、新教法、新理念等进行选择。

5.说作业布置

教师需要说清楚在课堂上或课后会采取哪些方式来检测学生的学习效果，如何获得教学反馈。

6.说板书设计及设计意图、设计理念

如果说课时间充裕的情况下，可以在说教学过程中写出板书提纲，或者可以事先写在白板或纸上，适时展示，并说出这样设计的原因。

（六）说教学反思

由于教师的认知水平、资料的查找及对学生学习情况等方面的了解具有局限性，每一堂课都会出现这样或者那样的问题。因此，在说课过程中我们需要对自己设计的课程以及在上课过程中可能遇到的问题进行反思。

在说课的过程中，由于说课时间的限制，一般要求是8—15分钟，以上说课的六个方面不一定全部都说到，应该突出重点，抓住关键，以便在有限的时间内进行有效的陈述，该展开的内容充分地展开，该说透的道理尽量去说透，这样才能取得良好的效果。

三、说课的技巧

要说好课,应该从以下六个方面着手。

(一)精心搜集和选用材料是使说课深刻生动的根基

课题确定后,说课能否深刻、生动,有吸引力和说服力,材料的搜集和选用是关键。那么,说课应依据哪些标准,选取哪些材料呢?

(1)教学课标中的教学目标、教参对教材内容的分析。

(2)有关的教育教学理论及教学原则。

(3)学生的相关情况。包括学生原有的知识、技能、能力、学习方法、学习态度等非智力因素。

(4)为了突破或分散本节难点而需要的有关铺垫材料。

(二)锤炼说课内容是使说课深刻充实的保证

说课的显著特点在于说理,即内容与说理的有机融合要体现在整个说课过程中。靠内容的充实和环环相扣,使说课具有科学性、逻辑性、深刻性。要给听者留下深刻的印象,必须做到"说主不说次""说大不说小""说精不说粗"。所以要对说课的内容进行锤炼,削枝强干。锤炼说课的内容要从以下五个方面着手。

1.突出"说"字

说课跟备课不同,不能只做教学设计;说课也不同于上课,教师面对的不是学生,而是同行或专家;说课也不是背课,不能按教案去背;说课不等于读课,不能拿事先写好的说课稿去读。说课时,要抓住一节课的基本环节去说,说思路、说方法、说过程、说内容、说学生,紧紧围绕一个"说"字,突出说课特点,完成说课进程。

2.要明确教学目标

依据课标、教材和学生实际,从知识、技能、能力、思想品德等方面确定本节课的教学目标,如果说教材是说课的"血肉",结构是说课的"骨架",那么,教学目标就是说课的"灵魂"。也就是说,目标确定后,说课的整个安排都要服从于教学目标,目标不能模糊,也不能和教学内容脱节,还要具体、明确而全面。

3.要准确分析重难点

要结合教材的内容和学生的学习基础分析教学的重难点，尤其要分析突破重难点或分散重难点的关键措施，以及在重难点的教与学中培养学生思维能力的策略。

4.要采取有效的教学方法与教学手段

教学方法的选择要有效，即要根据教材和学生实际选择能调动学生学习积极性、培养学生能力、适应学生个别差异的教学方法，所选择的教法能和学生心中的弦对准音调，能在学生心中弹奏。另外，教学手段要以正确发挥教学作用、提高课堂教学效果作为出发点。

5.要设计有目标控制的、有启发性的教学过程

为了确保既定教学目标的实现，在设计教学过程时，从新课引入到归纳小结，每一个环节的设计都要随时注意与教学目标相呼应。一方面，教学目标的控制必须落到实处，不搞形式，不搭花架，一锤一音，一步一印，要着眼于各个环节去实实在在地完成任务。另一方面，要依据教学目标对全部教学内容进行取舍、剪辑、逐一“审查”，该详则详，该略则略，主次分明，重点突出。总之，教学过程的设计，既要注意强化教学目标，又要注意具有启发性，要始终面向全体学生，根据学生的实际水平，选择恰当的教学策略、教学方法、教学手段去启发引导，让每个学生都能达到大纲规定的基本要求。

（三）构建系统完整的说稿是锻炼课程思维能力的关键

将经过锤炼的说课内容按照它们的内在逻辑组合成一个完整的系统，使内容与说理有机融合，并体现在整个说课中。这个过程，对说课的老师来讲，主要有以下五个方面的作用：第一，它能强化教师的认知能力，尤其是揭示事物本质的能力，从而使说课显现出强大的说服力；第二，它能使教师的思维精确缜密，看问题周详全面；第三，它能使教师思路敏捷，可以敏感地把社会现象及社会热点问题融入说课内容里，使之骤然生辉；第四，它能使教师的情感更加丰富，并将这种情感体现在说课中，最终以情感人；第五，它能强化教师的逻辑能力，把一节课的教学，如蚕茧抽丝，层层剥落，展现内涵。总之，说课需要教师能娴熟合理地加工处理各种要素，并使之相互关联。

（四）恰当地使用视觉材料是使说课生动精彩的阶梯

统计表明，听者如果仅使用其听觉的话，其接收的信息在3小时后仅能保持70%，3天后仅能保持10%；听者如果仅使用其视觉的话，其接收的信息在3小时后只能保持72%，3天后，却还能保持20%；但听者如果结合使用视觉和听觉的话，其接收的信息在3小时后能保持85%，3天后仍然能保持65%，可见视觉材料在说课中的重要性。教师的语言（音量、音调、音速）及非语言（表情、目光、姿势），都会影响说课的效果。光靠教师单调的说，听者处于被动接收信息的状态，难免不“走神”，这就要求教师灵活采用视觉材料，在说课前设计出使用视觉材料的时间、手段，如通过板书、投影、不同颜色的图片、图表、直观教具、实物或实物图展示等方式，吸引听者的注意力，调动听者的兴趣，使说课内容更加生动、精彩，从而取得最佳的说课效果。

（五）说出特点、说出风格

说课时不宜把每个过程说得过于详细，应重点说出如何实施教学过程、如何引导学生理解概念、掌握规律的方法，说出培养学生学习能力与提高教学效果的途径。说课更加注重理性，讲课更加注重感性和实践，因此，用极有限的时间完成说课内容不容易，必须做到详略得当、简繁适宜、准确把握说课的“度”，说出本节课的特色，同时也要在说课过程中发挥个人的特长，说出个人的风格。

（六）语气得体、语言精练

说课时，不但要精神饱满，而且要充满激情。要使听课者首先从表象上感受到说课者对说好课的自信和能力，从而感染听者，引起听者的共鸣。同时，教师说课的语言表达应简练，力求有声有色，灵活多变，前后内容连贯紧凑，过渡流畅自然。

第三节　评课技能

一、评课的原则

评课是参加听课的教师对执教者的讲课进行客观科学的评价。评课是教学、教研过程中一项经常开展、形式多样的活动，有同事之间相互学习的研讨评课，有学校领导检查的诊断评课，也有上级专家鉴定的评判评课等。通过评课，同事之间可以相互学习，相互促进；领导可以发现学校教学的不足，也可推介优秀经验；专家可以了解教学动态，发展教学理论。在实际教研活动中，一般将听课、评课两个部分结合，教师听完课便进行评课，提高工作效率，因此，常将评课与听课简称为听、评课。评课要坚持以下六个原则。

（一）实事求是原则

实事求是原则又称为客观性原则，即要求评课者在评课时要做到实事求是、客观公正。评课者要坚持两点论，一分为二地看问题，不能走向极端，要用发展的眼光看待课堂教学。同时，在实际评课中要注意评课流于形式的倾向。因为评课活动涉及任课教师，评课结果不好就意味着老师上课水平不高。为不得罪老师，评课教师之间似乎达成了某种默契，在评课过程中，多采用千篇一律的套话来进行评课，这在很大程度上违背了实事求是的原则。

（二）真诚交流原则

评课要讲究评课者与授课者之间的真诚交流，对评课者来说，不要因为怕得罪人而不敢评课，或以评课为噱头恶意诋毁、奉承授课教师，应该坦诚相待，发挥“旁观者清”的优势，帮助授课教师改进教学方法，提高教学水平。对授课者来说，更应该端正态度，虚心接受他人的意见或建议，勇于批评与自我批评，敢于自我剖析。

（三）针对性原则

评课要讲究效果，不要空话、大话、好话连篇，抑或是追求面面俱到，不深入实际。评课过程一定要抓住关键和要害，突出重点，有针对性，要提倡“一课一评”的课堂教学评价机制。对授课教师课堂教学中的闪光点要重点表扬，对突出的问题也要明确指出，意见和建议要中肯，不能眉毛胡子一把抓，用和稀泥的态度去评课，也不要把细枝末节作为评课的重点。

（四）区别对待原则

评课不能搞“一刀切”，要根据评课对象自身的特点区别对待。对骨干教师评课的标准要适当高一些，对新教师的标准可以适当降低一些，以后逐步提高要求。要根据“优质课”“研讨课”“汇报课”“过关课”的不同要求来评课。同时，评课也讲究因材施教，不仅要关注被评课教师的层次，还要结合他们的性格与自身特点给予不同的评价。若所有教师与所有层次的课都是一个评课标准，将不利于教师教学水平的提高。

（五）理论指导原则

评课要讲究理论指导，不能只有评价却没有教学评价理论依据，没有理论支撑的评价和建议是难以让授课者信服的。有效的理论支撑体现了评课的科学性，正确使用相关理论可以体现评课的合理性。一个有效的评课，需要评课者根据被评课教师的实际教学过程，结合科学的教育教学理论知识，严谨地做出判断。

（六）激励性原则

评课要从调动教师教学的积极性、主动性和创造性出发，善于发现教师教学过程中的闪光点，给予教师理论上的指导，方法上的点拨，过程上的交流，使教师在评课的过程中得到启发，受到教益。

二、评课的内容

（一）评教学内容

评教学内容是评课活动的一个关键，是评课的重中之重。评价教学内容包括以下几个方面：被评课教师对教材内容的把握是否正确、科学；教学目标的确立是否合理；教学过程是否紧紧围绕教学目标,具有目标指向性;重点、难点处理是否恰当;教学过程是否严谨有序、环节转换是否自然;练习设计是否恰当、合理;教学目标是否得以实现、教学任务是否得以完成。

(二)评教学方法

评课除了评教学内容之外,还要关注与教学内容配套的教学方法是否合理。教学方法总是与教学内容同时出现,不存在脱离教学内容的纯粹的教学方法,也不存在脱离教学方法的纯粹的教学内容。评教学方法主要包括:整个课堂以何种教学方法为主;课堂教学的各个环节分别使用了什么样的教学方法;这些教学方法是否与教学内容相符合;教师使用的教学方法是否能让学生接受;媒体设备在课堂教学过程中的应用情况等。

(三)评学生状态

评价一堂课是否成功,最根本的是要关注学生对知识的接受程度,学生的学习状况可以根据以下六个方面去评价。

第一,评价学生的注意状况。评课者要观察学生的注意力是否在追随教师的一言一行,学生的目光是否紧随教师,学生的回答是否针对教师所提出的问题,学生聆听时是否全神贯注等。

第二,评学生的参与状态。评课者要观察学生学习时是否全员参与、全程参与、主动参与和有效参与,互动时是否积极思考,讨论时是否主动积极,甚至还可以观察一些学生有没有发挥指导别人的作用。

第三,评学生的交往状态。评课者要观察学生在学习过程中合作是否友好,整个课堂气氛是否民主、和谐,师生之间、生生之间是否相互尊重,课堂上是否有多边、多样、丰富的信息联系与信息反馈。

第四,评学生的思维状况。评课者要观察学生思维的敏捷性,看学生的语言是否流畅、有条理;观察学生思维的批判性,看学生是否善于质疑;观察学生思维的独特性,看学生的回答是否具有创新性。

第五,评学生的情绪状态。评课者可以通过捕捉学生细微的变化去判断他们的情绪状况,如果学生情绪高昂,表明他们对课堂的投入度较高;反之,则表明学生的投入度较低。

第六，评价学生的生成状态。可以观察学生在课堂学习中能否随着教学的展开，提出深层次的问题，使得课堂教学内容更加丰润；可以观察学生是否都各尽所能，积极参与；观察学生掌握了知识之后，是否能灵活运用所学知识分析和解决现实问题；观察学生是否对后续的学习更有信心。

（四）评教师状态

评课活动不仅要评教学内容、教学方法、学生状况，还要对在课堂教学中发挥主导作用的授课教师进行评价。对教师的评价主要包括：评价教师上课的精神状态是否饱满、充满激情；教学理念是否正确；教师的专业基础知识是否扎实；教师的教学语言是否准确、生动；教师的板书是否规范、美观，现代媒体的使用是否熟练；教师对课堂突发状况的处理是否机智、灵活；教师是否尊重学生的想法；教师是否创建了一个民主、活跃的课堂等等。

【案例展示】

以下是某教师听了高中《思想政治》必修二《政治生活》第一单元“公民的政治生活”第一课《生活在人民当家作主的国家》第二课时《政治权利与义务》这一堂课的教学之后所做出的评价。

听了王老师的《政治权利与义务》这一节课，感受最深的是：他很好地运用了“三步五环节”课程理念来统领整节课，讲得很精彩，展示了一位优秀政治教师的风范和优点，需要我学习的地方也很多。

第一，整节课系统性强、教学目标定位准确。王老师以视频导入新课，展示学习目标，并让学生结合学案的自学部分去阅读教材，大约用了5分钟时间。在学生阅读之后，通过设计几个重要的问题让学生回答，检查自学情况，教师再加以点拨，自然地把问题的答案呈现出来，在这里很好地处理了这么多自学内容与检查落实的矛盾、讲与不讲的矛盾。整节课以问题探究为龙头，以思维训练为主线，给人的感觉是内容多而不乱，环环相扣，有条不紊。

第二，自主性、合作性强，体现新课程的教学理念。王老师在教学中充分体现了“教师为主导，学生为主体”的新课改理念。这节课，立足于“学生的发展”，这种发展不只是简单的教材知识的罗列，更多的是教材知识的重组和整合，把教材内容浓缩成几个探究问题，让学生紧紧围绕这几个问题去思考去探究去总结，注重培养学生正确的学科思维。在学生掌握基础知识之后，提升其分析问题、解决问题的能力。

整节课始终体现“互动、合作与探究”的课堂教学氛围，实现了师生互动、生生互动。在教学中教师留时间让学生去回忆、去探索、去寻找问题的答案，学生有合作交流、探讨研究的时间。比如：突破公民参与政治生活应把握的基本原则，采用了情景模拟，“贿选”自编情景剧，通过人物对话反映了选举中存在的问题，从中体会行使权力和履行义务应该遵守的基本原则有哪些。这些充分体现了学生的自主性、合作性、探究性，深刻地体现了新课程的教学理念。

第三，精讲、点拨，突破疑难点。本节课内容比较多，但王老师精心设计，化繁为简，精讲点拨，通过设计易混点、易错点，如在我国，所有的公民都拥有选举权和被选举权，选举权是选举国家机关工作人员的权利，监督权几个方面的区分，法律面前一律平等的知识等，很好地突破了重难点，再加上有激情的语言，震撼了课堂，提高了效率，显示出王老师很高的课程理念。再比如课堂小结，用了一般思维（是什么—政治性权利义务有哪些、为什么—我国是人民当家作主的国家、怎么办—公民参与政治生活应遵循的原则）很好地统领了本节课的知识，呈现了知识的立体感觉，便于学生理解记忆。

第四，时代性强，热点把握准确，恰当地选用情境材料。从开始的全国人民代表大会的视频，到我市的学雷锋活动，以及我们身边的环境，如食堂标语等等，无不显示出王老师善于观察、善于捕捉当时当地的时政材料，再设计带有思维训练的问题，提高了学生的兴趣，培养了学生分析问题、解决问题的能力。也彰显了一名优秀政治教师所应有的善于捕捉时代信息的优秀品质。

第五，整节课注意知识把握与思想教育相结合。从自由与法律关系的处理，到“贿选”情景模拟；从打油诗学法律到食堂标语厉行节约；从每小节的精彩语言的诵读到以“切实履行义务，厉行勤俭节约”为主题的课后实践作业，无不渗透了这一德育思想，发挥了政治课德育的主阵地作用。

第六，课堂评价、共同体的利用、课堂留白、作业布置等其他环节都很好地贯彻了“三步五环节”课堂理念，成立评价团队，老师在整个授课过程中对学生的展示从不吝啬使用鼓励性的语言进行评价，并让评价团队做好记录，不仅有老师的评价，还有生生之间的评价，课程结束评出最佳共同体并予以表扬鼓励。

第七，课件的设计，从形式到内容都下了一番工夫，很好地体现了“三步五环节”课堂理念，有一张图片直接设计了自学—对话—评价，用它来统领全课，值得学习借鉴。

此外，教师和学生在课堂上的状态都很好。当然，也有一些需要商榷的地方。

1. 学习目标的确立：能否依据课程标准的要求“引述宪法对公民政治权利和义务的有关规定，说明公民有序参与政治生活的意义”。每节课教学目标的确立要先看看课标，可以把握得更准确。

2. 基础知识的把握应如何系统化？讲与不讲的知识如何让学生全面系统地把握？

3. 一些模糊点的处理上应再加强说明。（立法权，谁立法，是否是全国人大代表去立法，还是他们去行使了表决权。当然选举权与被选举权这一部分还要在后面讲），监督权的方式区别用了一个例子很好，但是否是一一对应，对同一现象需要采取多种方式监督。

4. 形式的多样性与知识内容的把握应如何做到统一？一节课的政治理论知识如何转化到学生的头脑中，并运用这些理论去解决问题，需要渗透一些解题方法的分析。

以上仅是个人看法，说得不对的地方请领导老师们批评指正，再次感谢王老师给我们提供了一节精彩的课。

案例点评：该教师的评课稿内容详尽，从教学内容、教学方法、教师和学生层面全方位地对这一堂课进行了评价。教师评课态度诚恳，既说出了课堂教学的优点，又指出了几个值得商榷之处，评价中肯。

第十四章　微课制作与中学思想政治教学

第一节　微课的制作

一、微课的定义及功能

（一）微课的定义

微课作为一种新的教学形式，近年来受到越来越多的教师和学者的青睐，“微课堂”是指教师在课堂内外的教育教学过程中，围绕一定的知识点或教学环节，以视频为主要载体开展的精彩教学活动。简言之，微课是指用5—15分钟的时间讲解一个零碎的知识点、测试点、例题、家庭作业题等，或用一个微视频来讲解和展示知识解答的方法、教学经验和其他技能。

微课是一个教学辅助工具，可以支持新的学习方法，如翻转学习、混合学习、移动学习和分段学习。微课的应用主要有两种方式：一种是将微课作为辅助课堂教学的教学工具，或在课后帮助学生巩固和补充知识。利用微课再现课堂的问题线索和知识点，不同层次的学生可以根据自己的基础和接受程度来控制视频的速度，从而更好地解决课堂教学中的学习进度差异性问题。另一种是将微课与翻转课堂、课堂学习或混合学习等教学方式相结合，用以辅助这些新的学习方法。例如，在翻转课堂教学模式中，教师通常将微课作为学生课前学习的材料，允许学生通过微课进行自主学习，在课堂上主要就知识点的实践与应用进行讨论和分析。再比如，在混合学习教学模式下，教师往往会将微课作为课堂上的一个小测试，以了解学生对课程内容的掌握情况。

对教师而言，微课堂的出现是教学形式和教学方法的创新，突破了传统的课堂讲授模式，成为促进政治教师专业成长的新途径。对学生来说，微课堂能更好地满足学生个性化的学习和对不同学科知识点的按需学习。它不仅可以帮助学生加强和巩固知识，还可以帮助学生发现并填补空白。它是对传统课堂教学和资源的重要补充及拓展。学生还可以借助微课堂进行自学，为养成学生自主学习的好习惯建构新平台。

随着信息通信技术的发展，特别是随着移动数字产品和无线网络的普及，基于微课程的移动学习、远程学习和在线学习将成为一种新的教学模式和学习方法。

微课与常规课堂教学在很多方面都存在着不同，具体对比见下表(表14-1)。

表14-1　微课与课堂教学差异对比表

项目	微课	课堂教学
教学情境	模拟一对一	一对多
教学时间	5—15分钟	40—45分钟
教学内容	碎片化的知识点或者方法、教学经验	教学内容复杂，覆盖面广
学习对象	任何人	以班级为单位的学生

在设计微课之前，教师应该根据需要解释的知识点选择合适的微课类型。适当的微课类型有助于提高微课的效果。微课程有很多种，常见的有以下几类。

1.讲授类

这种微课堂主要侧重于教授零碎的知识点和考点，适合政治教师在课前、课中、课后向学生传授知识。它是最为常见、也是最主要的一种微课类型，适用范围较广。

2.问答类

这种微课适合教师根据一定的教学要求向学生提问，让学生回答问题，通过问答引导学生获取或巩固检验知识。

3.启发类

适用于教师在教学过程中，根据教学任务、学生学情及学习客观规律，从学生实际出发，采用多种方式，以启发学生的思维为主要目的，调动学生学习的主动性和积极性，通过微课的启发，激起学生学习的兴趣，使他们快乐学习。

4.讨论类

这类微课适用于在教师指导下，由全班或小组围绕某一中心问题，通过发表各自的意见或看法，共同研讨，相互启发，集思广益地进行学习。

5.演示类

在政治教学实践过程中，受地域和经济条件的制约，学校需要展示的很多实物无法在课堂上向学生展示，影响了课堂教学的直观性。演示类微课正好可以解决这一问题。教师在课堂教学时，可通过演示类微课，把需要展示的实物和教具展示给学生看，用现代教学手段，让学生通过实际观察获得具体认知，以说明和印证相应的知识。

6.练习类

适用于在教师指导下依靠有意识地控制和校正，反复完成某些动作或活动，并通过这些练习帮助学生形成某些技能、技巧或行为习惯。

7.表演类

适用于在教师的指导下，组织学生对教学内容进行戏剧性的模仿和再现，达到学习、交流、娱乐的目的，提升美感，提高学生的学习兴趣。

8.自主学习类

这种微课适合以学生为学习主体的教学，通过学生自主分析、探索、实践、提问、创造等方式实现学习目标。

9.合作学习类

合作学习是以小组或团队的形式组织学生学习的一种策略。合作学习类的微课是要对以这样一种学习方式开展的课堂教学片段进行录制。

10.探究学习类

探究学习适合学生在积极参与学习的前提下，根据自己的猜想或假设，运用科学的方法研究问题，在研究过程中获得创新实践、思维发展和自主构建知识体系的能力。

（二）微课的作用

微课程具有教学时间短、教学内容少、资源容量小、资源使用方便等特点。微课程的出现和普及对学生的学习、教师的教学和教育自身的发展都起着非常重要的作用。在政治教学实践中，微课程的使用也越来越广泛。其作用主要表现在以下三个方面。

1.实施微课能促进学生有效自主学习

微课程的实施对学生的学习有很大的促进作用,包括以下七个方面。

(1)可以为学生提供自主学习的环境;

(2)能更好地满足学生对学科知识的个性化学习;

(3)让教师不再是讲台上的圣人,而是学生身边的导师;

(4)学生可以根据自己的需要选择微课进行学习,微课不仅可以检查和填补知识空白,还可以复习和巩固知识;

(5)是学生延伸个性化阅读和学习的最佳载体;

(6)作为传统课堂学习的补充和拓展,可以弥补课堂教学的不足;

(7)教师的教学过程可以以微课的形式永久保存,学生可以随时观看回放。

2.实施微课可以促进教师专业水平的提高

对教师来说,微课程的实施能在很大程度上促进他们的成长。具体包括:

(1)加深教师对教材的理解。

政治教师无论是自己录制微课,还是观看其他教师录制的微课,都可以加深对教材内容的理解。在录制微课程的过程中,教师必须明确教学目标,厘清教学内容。无论是对知识点的教学,还是对课程内容的拓展和延伸,都离不开教师对教材内容的理解和把握。

(2)提高教师掌控课堂的能力。

微课虽然是一种小型课堂,但也要求教师在课前做好充分的准备,并且要研究学生的学情,要求教师在上课时做到课堂无学生,心中有学生。在进行微课录制的时候,更要注意课堂的节奏,快慢适宜,这在无形之中能提高教师掌控课堂的能力。

(3)提高教师讲解知识与总结知识的能力。

微课录制的时间很短,且对教师的语言表达和逻辑思维能力有较高的要求,这十分考验教师对知识的讲解与归纳能力。这就要求政治教师在微课录制过程中做到语言简明扼要、逻辑性强、化繁为简,讲解过程流畅紧凑。教师经常录制微课,各方面的能力都会不断得到锻炼和提升。

(4)丰富教师的教学资源。

微课制作要求教师拓展知识点,这样制作而成的微课内容才不会空洞。这要求教师在录制微课之前,要查阅大量的资料充实教学内容,这样可以更好地开阔教师的视野,学习到更多“隐形的知识”，积累和丰富教学资源，进而促进教师教学观念、教学技能的提升。

（5）提高教师的自我反思能力。

微课制作与常规课堂教学存在一个较大的不同之处，就是在微课制作过程中，若教师在授课时出现失误，可以通过剪辑进行后期处理。而正式课堂教学却不一样，教师在教学过程中若有失误，或者是新的发现，不能重新来过，只能到下一堂课再来进行纠正或者补充。常规课堂教学相对于微课录制来说，更像是现场直播。而在整个制作微课的过程中，教师则经历着“研究—实践—反思—再研究—再实践—再反思”这样一个螺旋式上升的过程。教师可以不断反思，并体会着经历自我反思之后获得进步的快乐，教师的教学和教研水平也在不断反思的过程中得以提升。

（6）促进教师对现代信息技术的掌握。

教学视频是微课的核心内容，要通过视频组成一个融教学设计、多媒体素材、录制与后期制作为一体的主体资源包，这就要求教师必须熟练地掌握现代信息技术，并且还要掌握多个相关软件的使用，比如，PPT制作、录制、视频剪辑、音像处理等，这样可以更好地促进教师的成长和提高。

3.微课的实施对教育自身的发展具有促进作用

微课的兴起和发展，不仅对学生的学习与教师的教学发挥着巨大的作用，也会在很大程度上影响教育自身的发展。现在的微课是对过去“课堂实录”式视频课程的改良，也是对视频教学资源建设的反思和修正。过去制作的“课堂实录”式视频资源存在冗长、可操作性不强等缺陷，这些资源虽然十分全面，但很难直接应用于教学实践之中。微课就是鉴于“课堂实录”式教学资源这一缺陷，在其基础上进行反思与修正后，形成的另一种全新教学形式。

总而言之，微课的作用主要表现在启发学生学习与解答疑惑这两大方面，通常用于网络教育，具有不受时空限制的优点。微课虽然操作方便，给实践教学带来了极大的便利，但是，值得注意的是，微课作为一种讲解零碎知识的微视频，并不能完全代替常规政治课堂新知识的教学，它只能作为课堂教学的补充而存在。

二、微课制作的流程

微课制作的过程与常规课堂教学的过程有相似之处，但又不完全相同。微课制作的流程一般来说有选题—教案编写—制作课件—录制与剪辑—后期制作五个步骤,微课制作一定要按照这五个步骤逐步展开,且一定要环环相扣,任何一个环节都不能马虎。下面对这五个步骤进行具体阐述。

(一)选题

微课选题是微课制作的关键,好的选题就意味着微课的制作已经成功了一半。题目选得好,教师在微课制作过程中就可以事半功倍地进行讲解,不好的选题会给后期录制造成极大的阻碍,也会使得制作出来的微课毫无新意甚至十分平常。教师在选题的过程中,应该注意以下两点。

1.选题应是教学中的重难点

一节微课一般讲授的都是一个知识点,这个知识点对整个微课的知识结构十分重要。选用教学过程中的重难点作为微课的教学内容是一个较好的选择。首先,教学的重难点是教师和学生共同关心的问题,具有录制微课的价值;其次,进行重难点讲解时,内容较为充实,不会让录课教师觉得无话可讲;最后,这样的选题符合微课制作的初衷——教学资源分享、为学生和教师答疑解惑、启发教学。

2.选题要适合用多媒体表达

微课作为一种媒体,内容的设计一定要适合用多媒体表达,否则微课将难以录制,即便勉强录制,制作出的效果也会差强人意。要判断一个教学内容是否适合用多媒体进行表达,就要看这一内容在教学的过程中,加入丰富的图形图像、生动的动画、声色兼具的视频之后,是否能呈现出更好的教学效果,录制出来的结果是否引人注目,是否能激起观看者的学习欲望。录制微课一定要注意,并不是所有的教学内容都适合用多媒体进行教学,有些内容使用黑板教学或进行活动实践教学效果更佳。

(二)教案编写

教案编写又称为教学设计,微课虽然只有短短十几分钟,但同样需要编写教案,做出良好的教学设计。只有事先对教学内容进行了良好的设计,微课录制的过程才会表现得井然有序;缺乏良好的教学设计,微课必定随意而杂乱,这与微课的理念背道而驰,这样的微课也没有任何价值。因此,微课录制教师应该更加注重教学设计的编排,要达到以下三点要求。

1.考虑教学对象的学情

微课不但应有学科学段的区别，还要适应同一学段不同水平学生的要求。例如，同一政治知识点，对于不同层次的学生，传授的方法以及教学内容的深度是有差异的。录课教师在进行教学设计编写的时候，就应该考虑自己所录制的微课是提供给哪一学段、哪一层次学生的，确定教学对象之后，就应该深入思考这一教学群体的身心特点、能力水平，在此基础上选择最适宜的教学方式。

2.符合认知过程

良好的微课设计应该是循序渐进的，符合观看对象认知特点的，不能跳跃式展开，天马行空地讲解知识点。录课教师在编写教学设计的时候应该考虑不同年龄段学生认知的差异性。例如，对中学阶段的学生来说，认知上已经更易于接受抽象知识的学习，教师在教学设计上可以给予学生更多的思考和想象的空间。但具体到高中政治学科"哲学生活"模块的内容，因为太过抽象，学生理解起来存在困难，教师在对这一模块的内容进行微课设计的时候，就要考虑到学生认知的困难，并选用化繁为简、深入浅出、列举案例等教学方法，来对教学内容进行分析讲解。此外，对高年级的学生进行知识灌输显然已经不符合他们的认知风格了，以这种方式进行教学肯定是低效的，引导学生进行知识的思考、归纳、总结，才符合高年级学生的认知风格，这样的教学方式才是高效且具有建设性的。

如果微课的学习对象是教师，录课教师在编写微课设计的过程中，也要考虑到教师的认知风格，对于重点内容要多次重复，帮助教师记忆。同时，有些年纪大的教师观念容易固化，他们在接受新事物的时候需要一定的缓冲。录课教师在陈述内容或者观点时，转折应当圆融、智慧，充分考虑到观课教师的认知风格，由此促成微课讲课效率的最大化。

（三）制作课件

微课课件是微课的重要组成部分，制作良好的课件可以为微课加分不少。课件的制作过程中，要注意课件内容的设计、版面的设计和美学设计三大要点。

1.内容的设计

微课课件只需要放核心内容，细枝末节的东西可以通过教师上课时口述表达，或者通过一定的动作表现出来。微课课件的内容设计要有启发性，以简洁为主，不能长篇大论。同时，教师在微课录制的时候，不要照本宣科，优秀的微课绝不是照着课件念出来的，课件只是起到给教师以提示，向观看者展示重要信息的作用。

2.版面的设计

课件版面的设计十分重要，一份版面设计优良的课件，从头到尾都能做到主题鲜明、信息清晰、布局新颖、逻辑严谨。好的版面设计能让录制出来的微课有吸引眼球、入脑入心的效果。

（1）首页与封面的设计：最好采用课件的首页作为封面，在封面注明课题并且交代作者。第一张PPT作为微课课件的“脸面”，应当有以下清晰的“五官”：第一是“额头”，若是系列微课，就可以在此处注明；第二是“眼睛”，在此处应该写明微课标题，做到简明扼要；第三是“鼻子”，在此处要写明课件制作者以及单位；第四是“耳朵”，在封面的旁边加上装饰，缺乏装饰，整个封面就会显得古板、单调，但此处不建议放教师个人照片，若封面背景较为艳丽俏皮，此处也可省略边饰。

（2）背景：PPT的背景就好似人的皮肤，尽量以素雅为主，非必要时不采用过于艳丽或深色的背景，这样会使得字体不易辨识。此外，还应注意的是，选用背景的颜色、气质、图案最好要与课程内容吻合，形式与内容之间做到统一。切忌教师根据自己的喜好，胡乱添加背景，完全不顾及教学内容。

（3）中间页：中间页是教学内容要点的重要记载，中间页设计得是否合理，是影响PPT成败的关键，所以中间页的设置一定不能随意、凌乱。中间页最好这样安排：每一页的顶端可以写上知识点的小标题，一目了然；中间放置主题内容；左下角或者右下角留出空白，可以放置图片，同时，应该注意图片与文字之间不能相互遮挡。因为中间页的文字较多，背景图片页要简单、素雅，这样才能突出文字，但不建议采用纯色背景或者没有背景。

（4）尾页设计：可以加入感谢语、微课课题或者欢迎观看其他系列微课等等。此页还可以加入一些能表达感谢的动画，使得结尾更加轻松，给观看者愉悦的感觉。

3.美学设计

PPT除了要将重要的内容放置到合适的位置之外，还需要注意美观，观课者看起来才会觉得赏心悦目。因此，在制作PPT的时候，应该从整体到细节都尽可能符合大众的审美标准。

（1）一般在整个PPT当中，百分之五十的空间为文字，百分之二十的地方是图片，要留出百分之三十的地方为空白。这样的页面才不会让观看者感觉太过压抑,减轻观看者阅读的负担。

(2)整个PPT文字的颜色不要超过三种,最好只使用两种。文字颜色过多,会让观看者难以抓住重点,又会显得整个课件花里胡哨,给人留下粗制滥造的印象。

(3)整个课件的页面还应做到上下一致,左右协调,PPT的上半页与下半页占比差不多,不能出现头重脚轻,或者左重右轻的现象,整个页面布局应该和谐匀称。

(4)翻页动画设计可以使得整个PPT更加生动活泼,翻页动画效果可以选用几种,但不能太多,2—5种翻页效果最为合适。

(5)教师在制作PPT时,最好不要连续好几张页面全都是图片或者全都是文字,这样容易使观看者审美疲劳。

(四)录制与剪辑

微课的录制是微课成型的关键。若是录制方面出现问题,那么,设计再好的微课最终呈现的效果也会大打折扣。在录制的过程中应该注意以下四点。

(1)录制背景最好选择白色或者浅色,不要出现其他杂物。

(2)音量大小合理,摄像头清晰,摄像角度最好从正面开始摄像。

(3)教师在录制微课的过程中,一般是没有学生参与的,如若教师觉得不习惯,录制过程感觉不够自然,可以安排一两个学生坐在教师正对面,帮助教师找到常规课堂教学的感觉。

(4)微课录制时,一般情况下,若PPT画面比例为16:9,电脑分辨率设置为1280×720最佳;PPT画面比例为4:3,电脑分辨率设置为1024×768最佳。

(五)后期制作

微课不同于常规课堂授课,教师在录制过程中出现知识点讲解错误或者遗漏,或是隔了一段时间之后,突然想起了更加合适的教学方式,教师都没必要重新开始讲解录制,只需在后期制作的时候,对相应的内容进行补充剪辑就好。由此可见后期制作对微课制作的重要性。此外,在进行后期制作的时候,还应注意,微课时间一般为5—15分钟,时间太长就失去了微课的作用和意义。微课声音的大小可以进行适当调整,以听起来适宜为准。视频尺寸一般为640×480或320×240,视频格式为FLV、MP4,建议音频最好采用MP3格式。

第二节　微课与中学思想政治教学设计

一、微课在中学思想政治教学设计中的运用

近年，微课在中学思想政治学科教学中受到了广泛关注，不少教师开始在课程教学设计中使用微课，并逐渐探索出既运用微课的方法与理念又结合中学思想政治学科特点的微课形式。其对中学学科教学改革的作用主要体现在以下四个方面。

（一）通过微课来弥补课堂教学的不足

微课对中学学科教学改革的作用是毋庸置疑的，越来越多的教师开始将微课与中学政治教学设计联系起来，提高政治学科的教学质量，激发学生学习政治学科的兴趣。微课的特点是短小精悍，时间一般都不会超过15分钟，并且搜索资源也很简单，学生随时随地都可以通过观看微课进行自学。同时，微课一般通过震撼的画面、唯美的音乐、精练的文字让学生在短时间内就可以凭视觉、听觉的刺激去记忆理解并掌握一些重难点以及学习方法。如高中思想政治学科《文化生活》这一模块中，含有很多与中华文化相关的教学内容，这些内容以多媒体的方式呈现效果更好，因此，该板块的教学设计最适宜与微课结合。以高中《思想政治》必修四《哲学与文化》第三单元“文化传承与文化创新”第七课《继承发展中华优秀传统文化》第三课时《弘扬中华优秀传统文化与民族精神》的教学设计为例，这一课时主要讲了中华优秀传统文化的创造性转换和创新性发展。

在对这一课时的教学内容进行设计的时候就可以与微课相结合，选择以微课视频的方式导入教学，向同学们展示竹雕、沙雕、冰雕的制作过程，引入中国传统文化。而且竹雕、沙雕、冰雕是流淌着中国文化起源与发展的图案，这些精美的图片辅之以优美的配音讲解，可以帮助学生更加直观地感受到，要实现中华优秀传统文化创造性转化，必须对传统文化中有借鉴意义的内涵和陈旧的表达形式予以改造，转化为符合时代特点和要求的新的呈现形式。这样的设计就能加深学生对中华优秀传统文化的认识和理解，不仅能让学生在短时间内掌握教学要点，还能起到熏陶学生爱国主义情怀的作用。

（二）促进政治教师专业素养的提升

微课在中学思想政治学科中的应用为政治教师提供了一门不断学习的新“课程”，有助于发挥教师创造新颖教学方式的才能，促进教师专业素养的发展。其一，由于目前国内对微课的研究仍处于探索阶段，对其理论研究较少，更多的是靠教师和专家的一些经验总结。且现代信息技术处于不断发展的态势，微课的内涵也随着信息技术的发展而不断完善。这需要教师不断学习系统的理论知识，亲自参与到政治微课教学设计之中，丰富自己的理论水平、开阔自己的教学视野。其二，“微课”具有“短、小、精”的特点，这对教师的教学能力提出了更高的要求。政治教师必须熟悉教学内容，能准确地找出重难点，能用简明扼要的语言将教学中的重难点讲解清楚。例如，在学习高中《思想政治》必修四《哲学与文化》第三单元“文化传承与文化创新”第八课《学习借鉴外来文化的有益成果》第一课时《文化的民族性与多样性》时，其中“尊重文化的多样性”是重点知识，“文化是民族的，又是世界的”是难点知识，学生理解起来有一定难度。教师在教学过程中，利用微课展示对冬季奥运会会徽含义的解读及我们对待会徽的正确态度，以小见大，让同学们从中领悟到“文化是共性与个性的统一，既是民族的，又是世界的”，教会学生尊重文化的多样性，从而突破教学重难点，使学生深刻理解所学内容，做到学以致用。最后还要求政治教师研究学生的学情，做到心中有教材，更有学生，如此制成的政治微课才能更好地为学生的政治学科知识的学习服务。

（三）激发学生的学习兴趣，提高学习效率

微课在中学政治教学中的运用有效地提高了学生对教材内容的理解。尤其是高中阶段，政治学科理论性较强，教材中的很多内容系统且抽象，并且是学生平时生活中很少接触到的知识。这些知识远远超出了学生的理解能力，导致很多学生对政治学科的学习丧失了兴趣，成为困扰高中思想政治学科教学的一大难题。微课形式多变，内容丰富，教师可以在政治学科教学设计过程中，利用微课把教材内容和学生实际生活结合起来，采用视频、图像等多种教学素材，通过多媒体展示，激发学生兴趣，吸引学生注意力，加深学生对政治学科和课本知识的认识与理解。例如，在学习高中《思想政治》必修三《政治与法治》第二单元“人民当家作主”第五课《我国的根本政治制度》第二课时《人民代表大会：我国的国家权力机关》时，这一课主要介绍了人民代表大会制度，但对高中生而言，人民代表大会远远高于他们的实际生活，其中一些专业概念更是给学生的理解造成了困扰。

因此，教师在导入新课时就可以采用微课的形式，通过播放本地召开人民代表大会会议的视频，并结合人大的职权，设计相关的问题，让学生带着问题看微课，边看视频边思考，从而激起学生学习的兴趣，能更加高效地解决政治学科教学中的难点问题。

（四）微课的出现在一定程度上推动了政治学科的革新

微课在政治教学设计中的应用，丰富了政治教学资源，促进了教师教学经验的学习与交流，适应了新课改对政治教学提出的新要求。从提升教师专业素养，到提高学生学习效率，增强中学政治课程教学的有效性，真正适应新课程改革的需要。

二、微课在中学政治课程教学应用中存在的问题

随着新课改的深入，微媒体时代的来临，微课在教学中的作用日益凸显，各类微课平台也悄然兴起，为教师的教学提供了便利。微课平台是区域性微课资源建设、共享和应用的基础。这类平台致力于在满足微课资源建设、共享和应用的基础上增加便于用户“应用、研究”的功能模块，形成微课建设、管理、应用和研究的“一站式”服务环境，供学校和教师有针对性地开发和使用。但是，微课在中学政治课程教学应用过程中也存在一些亟待解决的问题，主要表现在以下三个方面。

首先，不少政治教师对微课的定位存在错误的认识。从微课的定义来看，微课视频并不是完整的课堂教学实录，微课与课堂教学在上课时间、场所、情境、内容等方面都存在着很大的差别。很多教师由于对微课理解不够深入，在制作微课时会把所有的教学内容都塞入微课之中，这种做法是错误的。政治教师应该把政治微课的制作作为教学活动中的一环，与其他内容共同构成一个完整的教学过程，如此才能达到预期的教学效果。制作政治微课应从解决政治学科教学中的实际问题出发，并不是简单地将原来的面授课程直接分割成若干段的视频课程，而应考虑视频资源能否在教学环节中发挥作用。微课的主要任务是在建构特定情境的条件下，帮助教师完成碎片化知识点或者整个知识框架的讲授。学生在学习活动中，能够利用微课提升学习的主动性，能够利用微课作为辅助，完成在其他教学环节开展的练习、讨论和作业等活动。

其次，不少政治教师在微课设计选题时存在偏差。陶行知先生曾经说过：“先生的责任不在教，而在教学，在教学生学。”由此可见，教师的任务就是要让学生能够主动地学习新知识，培养学生良好的学习习惯，帮助学生解决学习过程中遇到的困难，提高学生学习

知识、建构知识框架以及运用知识的能力。微课作为一种新兴的课堂教学补充手段，也应当发挥“教学生学”的作用。这就要求教师在选择微课教学选题的时候，着眼于实际教学过程中的重难点，选择有价值的课题进行微课制作，以解决实际教学问题为目的，让学生在微课学习的过程中，直观感受到完成学习任务能解决哪些问题，激发学习者自主探索知识的欲望。

最后，不少教师在微课制作过程中简单套用多媒体课件的设计方式，未能很好地区别微课与传统的多媒体课件。微课不同于传统课件，它常应用于学生自主学习的环境中，没有教师参与，进度也由学习者自己掌控。这就要求政治微课的教学设计要有具体的情境建构，并且主题一定要鲜明，能发挥引导学生持续自主学习的作用。但是，在政治微课的制作实践过程中，部分教师制作出了一种由PPT录像转变而来的微课，简单地将多媒体课件配上录音讲解。这种微课形式老套，不能激起学生学习的兴趣，在进度控制上也无法保证学生有耐心地按录像式微课的节奏进行学习，难以发挥政治微课的实际效用，达不到理想的效果。

三、政治微课教学设计的基本策略

鉴于上述政治微课的重要作用，以及政治微课教学设计过程中存在的一些问题，为最大限度地发挥政治微课在政治学科建设中的作用，可对微课教学设计作出以下改进。

（一）根据主题内容选择合适的微课程类型

微课程有很多种，有些侧重于介绍新知识，有些侧重于解释重点和难点，有些侧重于互动展示。在设计微课程之前，教师应根据微课程的主题和教学策略选择微课程的类型。如果微课程类型选择得当，教学效果会更加显著。

（二）增强微课的吸引力

微课作为课堂教学的补充和调整，具有记录时间短的特点。因此，在制作微课的过程中，教师必须采取相应的诸如制作动画、设计小故事等教学方法以增强微课的吸引力，让学生爱上微课，自觉使用微课。可以从以下三个方面入手。

1.标题明确,立意新颖

标题就像是微课的门面,一个好的标题可以激起学习者的好奇心和继续探索的愿望。在设计题目时,教师应注意两点:第一,对一些侧重于讲解知识的微课,教师应根据教学内容定制题目,简洁明了,让学生一眼就能知道这个微课视频在讲什么。它一般以知识点的名称命名,如微课《树立正确的消费观——消费心理学》;第二,在对以知识的探析、讨论为主要教学内容的一些微课命名时,要有创新,让有趣的命题激发学生观看的兴趣,调动学生的积极性和探索精神。例如,一位老师将自己的讨论型微课命名为"做一个聪明的消费者"。

2.生动有趣的表达形式

为了达到理想的微课教学效果,我们不仅要把握好微课的内容,还要在课堂表达形式上下功夫。传统的教学方法主要是灌输,学生主动性差,思维不活跃。如果微课仍然采用传统的教学方法,将会事倍功半。因此,录课教师应该寻找新的教学方法,以适应新的微课形式,使教学内容有趣、课堂教学生动,让学生在无压力的环境中学习,感受学习的快乐。微课图片、音频和视频的选择必须符合中学生的喜好,以增加微课的感染力。

3.清晰的知识背景

在微课讲解过程中,政治教师讲解教学内容中的重点和难点时,可以首先介绍该知识点的背景,或以重点和难点为中心,确立问题导向。这种方式可以使学科知识背景更清晰,知识点也更容易让学生接受。如果没有这些背景作为铺垫,而是直接展示知识点或解释知识,会让学生感到乏味。他们不了解这些知识点与生活的联系在哪里,也不知道如何灵活运用这些知识,教学效果自然就不理想。因此,在微课录制过程中,教师必须对教学内容的知识背景有清晰的讲解,帮助学生更好地理解教学的重点和难点。

(三)拓展微课载体

微课教学时间短,不能像传统课堂教学那样全面,但仅仅依靠一个简单的短视频远远达不到微课应有的教学效果。因此,微课还应辅以微课件、微练习等内容。在满足学生视觉感官的愉悦感、激发学生学习兴趣的同时,还应该安排一些适当的问题和练习,以引导学生进一步思考和学习。因此,教师不仅要设计好习题,还需要精心设计问题,以便适时提出问题,从而控制学生学习微课的进度,收集反馈。好的微课堂学习不能局限于微视频，而是讲授者与学习者具有一定的互动性，教师可以在视频的暂停环节设计问题和练习（如使用互动课件制作工具），逐步提升教学效果，使学生在微课视频学习前、学习中、学习后形成完整、深入、持续的学习链。

第三节　智慧课堂在中学思想政治教学中的实践运用

一、智慧课堂的定义及作用

中国著名科学家钱学森曾这样讨论未来教育："未来教育=人脑+计算机+网络。"事实证明，随着现代信息技术的进步，在全面实施教育改革和教育创新的新时期，仅使用传统的方法已经不能满足现代教育教学的新要求。只有将信息技术融入中学政治课堂教学，实现政治课程资源的整合，才能丰富政治课的教学形式，优化中学思想政治课的教学过程，这就需要构建智慧课堂。信息技术与中学思想政治课程整合已成为教育改革的大势所趋，同时，它也成为改革教育模式、教学方法和教学手段的重要途径。使用强大的智能学习平台功能，可以提高教学效果和效率，促进学生的个性化学习和发展，让课堂更加精彩。

（一）智慧课堂的定义

智慧课堂是基于建构主义学习理论，利用"互联网+"思维模式和大数据、云计算等新一代信息技术设计的智能高效课堂。智慧课堂基于动态学习数据分析和"云、网、端"的应用，为了实现教学决策的数字化、即时评估与反馈、三维交流与互动、智能资源推送，通过智能教学创造一个有利于协作交流的学习环境，促进全体学生实现符合个性化成长规律的智能课堂形式。早在几年前，全国许多中小学就投入了全面实施智慧课堂的试验，总结出"先学后教、学本教学、生生互动、师生互动"的教学理念，使课堂教学更加精彩，为传统课堂注入了活力。随着新课程改革的深入和现代信息技术的不断发展，平板电脑的功能不断完善，智慧教室的功能也在不断探索中逐步发展和完善。同时，随着教育投资的增加，越来越多的学校具备建设智慧教室和开展智慧教学活动的经济实力，专业技术人员深入学校，指导教师使用智慧课堂软件，教育部门还安排各年级教师分批接受智慧教学技术技能培训。在教学实践中，各学校在智慧课堂及教学创新的研究方面取得很好的成绩。

（二）智慧课堂的功能

1.有利于提高教师的教学质量

智慧学习平台具有强大的功能，其中最重要的功能之一就是帮助教师提高教学质量。通过智慧学习平台，教师掌握了更丰富的教学资源，开发了更多的教学方法，学会了将媒体应用到实际教学中，使教学更加便捷，提高了教学质量。同时，骨干教师具有丰富的教学经验，他们的教学经验往往就能成为智慧平台上其他教师努力学习的资源，促进了教师之间的资源共享。

此外，智慧课堂还可以与微课堂相结合，共同促进教师教学的发展。教师一方面可以借助智能智慧平台和大数据分析学生的学习状况、学习其他教师的教学经验；另一方面可以以大数据为基础，制作适合学生自主学习的微课上传到智慧平台，供学生提前预习。还可以结合课程的学习重点和难点，设计试题，利用平台对学生的预习效果进行测试，并以此为依据对课堂教学进行更有针对性的设计，以便在课堂教学中弥补学生自学的不足。智慧学习平台有个明显的优势，就是能收集到大量的学生学习数据，便于教师动态掌握学生学习情况。即使是年轻教师，在掌握了丰富的教学资源、教学数据后，也能便捷地分析学生的学习情况，紧紧把控教学的重点和难点，及时进行教学反思，不断在改进中提升教学质量。

2.有利于提高教师的教学效率

智慧平台中的一些智能数据处理系统可以帮助教师提高教学效率。众所周知，在教师的教育教学工作中，批改作业占用了大量的时间，使教师无法抽出更多的时间来反思教学，为新课程做准备，而且批改作业的工作机械重复，持续地消耗教师大量的精力，造成心理上的疲惫感，不利于教师身心健康。通过智慧学习平台，用于测试学生学习效果的所有客观题都可以由设计好的系统自动批改，教师只需要批改主观题。批改后，学生的家庭作业和各类考试结果都可以生成相应的学习报告和错误的题本，并自动生成作业和测试结果的数据分析，将学生的家庭作业完成情况及测试结果直观地反馈给教师。另外，教师在智慧课堂上可以展示学生在学习过程中出现的问题，以问题为导向，提升课堂的教学目标指向性，帮助学生解决个性化问题，扩大课堂容量。

由此可见，智慧学习平台极大地减轻了教师的工作负担，大大提高了教师的教学效率，将教师从繁重无意义的劳动中解放出来，去钻研教学、学习理论、实践实训，还可以帮助教师多视角、多维度地进行教学总结和归纳，有效实现教学改革。

3.有助于学生制定个性化的学习目标

政治教师在使用智慧平台进行教学时，通常会在课前以微课的形式将本课的学习重点和难点上传到平台。学生可以在课前预习中反复观看和思考，通过查找相关材料并与同学讨论，初步掌握知识点。在掌握了微课的内容后，学生将完成老师的课堂测试作业。而完成作业后，智慧平台将自动纠正客观问题，形成的作业评价结果不仅可以被老师看到，也可以被学生自己看到。学生可以借助智能平台观察各种数据，了解自己在本课程中的成绩，了解自己的优缺点，从而明确努力方向，为自己制定更合适的学习目标。

4.拓宽学生学习的时间与空间

智慧平台的另一大优势是可以借助内部网络进行无线传输。学生可以随时随地通过移动终端在互联网上查看家庭作业的完成情况、老师给出的反馈和微课视频。学生可以对老师的批改进行反思，也可以在网上与其他学生的答案进行比较，发现自己的不足，及时检查弥补、巩固复习。智慧课堂打破了学生只能在课堂上学习知识的传统模式，拓展了学生学习的时间和空间。只要有移动终端，学生就可以随时随地学习。他们可以利用终端设备和分散的时间进行零散的学习，提高学习效率，真正实现无师学习的状态，形成自主学习和自我反思的良好习惯。

5.有利于优化师生互动

传统的课堂教学模式大多是由教师“满堂灌”，教师是整个课堂的主导者。教学过程以教师为中心，难以调动学生的积极性，师生之间的互动较少。此外，由于诸多因素的制约，教师只能假设所有学生的基础知识、理解能力都处于同一水平，并在这个前提下备课和教学，难以在课堂上对学生实施个性化教育。智慧课堂正好弥补了传统课堂教学的这一缺陷，教师通过智慧平台连接自己和学生的移动终端，并可以在课前以微课和学习任务清单的形式将一些主要内容传递给学生。到了正式的课堂教学时间，教师会根据学生的作业完成情况、学生的自我评价与互相评价、师生集体评价等活动来完成整个课堂教学。通过这些形式的师生互动，学生与教师、学生与学生之间的关系更加密切。

此外，教师通过智慧平台引导全体学生对知识点和重难点进行具体分析，有利于学生理解和真正掌握知识。教师也可以利用这个网络平台来引导更多的学生。教师的指导不仅是学习知识的指导,也是思维方法和学习方法的指导。通过实施智慧课堂教学模式,能促进师生互动,充分发挥学生在课堂中的主体地位,最大限度地调动学生的学习积极性和主动性,激发学生的学习兴趣,改善师生关系,活跃课堂气氛。

二、智慧课堂在中学思想政治教学中的应用

智慧课堂作为一种新型的课堂教学形式,在各学科的教学实践中得到了越来越广泛的应用,政治学科的教学也不例外。近年,越来越多的一线教师和专家参与了智慧课堂与中学思想政治学科相结合的教学。由于平板电脑的便携性,它可以为中学政治课智慧课堂的建设带来新的发展机遇,为教师教学方法和学生学习方法的改革带来新的发展动力。教育信息技术的发展,也为智慧课堂教学带来了不可估量的发展空间。与此同时,科学技术与中学思想政治教育的进一步结合,可以使我们的政治课堂更加精彩,教学效果更加明显。目前,关于智慧课堂在中学政治教学中应用的理论文献很少,这就要求政治教师在实际教学过程中进行研究,观察和记录智慧课堂在政治教学中的应用,发现问题、分析问题、解决问题,提高教学质量,并努力结合所学知识,不断优化智慧课堂教学。

智慧课堂作为一种新的教学模式,对政治教师的专业素养提出了更高的要求。政治教师作为政治智慧课堂的主要参与者和引导者,应该尽最大努力将智慧课堂应用于政治教学的实践中。为了体现"教育智慧",更应该努力建设"智慧课堂"。而"智慧课堂"的建设与"智慧教师"密切相关,没有智慧的教师,就没有智慧的课堂。首先,大数据背景下的智慧教师应该是"学习型"教师。学习型教师应善于学习教材,善于分析学情,能够快速接触和应用新技术,敢于走在教育改革的前沿,勇于实践新事物,敢于犯错误,乐于发现和解决问题。其次,智慧的教师应该是"创新型"教师。创新型教师应在大数据背景下,在智慧平台的支持下,在实践中勇于探索并提出更先进有效的教育教学理念和方法。毕竟,智慧平台为我们提供了提高教学效率和教学质量的服务。我们应该在实践中发现它的不足并加以改进,这是每一位政治教师都应尽的责任。最后,智慧的教师应该是"反思型"教师。教学反思是整个教育活动的重要环节,也是教师教育生活的重要组成部分。在完成智慧课堂与政治教学相结合的活动后,政治教师应该及时进行教学反思,包括反思自己是否能通过现代教育信息技术实现教学目标,是否能根据教学需要自如地利用和控制智慧课堂,技术方面是否娴熟,是否能冷静应对设备故障等等。

智慧课堂在中学政治教学中的应用，是政治教学整体面貌的创新。通过在智慧平台的移动终端上提交作业，在课堂上师生互动，政治教师可以识别学生的独特性和差异性，实施学生个体之间的差异化教学。同时，通过对大数据提供的课堂作业报告的对比，我们可以得出每个班级的学情和教学状态，实施班级之间的差异化教学，从而达到更好的教学效果。此外，通过多次收集大数据，教师也可以了解自己在教学过程中的不足，努力学习提升，达到自我完善的效果。而智慧平台上的智能检测系统则大大减轻了教师组织考试批改作业的负担，是对政治教师的解放，让他们可以有更多的自由时间来从事教研教学工作、获得成长。

目前，学术界对智慧课堂教学模式有不同的看法。许多学生家长对将平板电脑用于课堂教学提出了质疑。他们大多认为，在教学过程中使用平板电脑会鼓励孩子的攀比心理，影响孩子的视力和自控能力。他们甚至担心孩子可能会在课堂上使用平板电脑玩网络游戏，最终影响学习并养成不良习惯。一些教师对智慧课堂也持否定态度，他们认为，开展智慧课堂教学活动会导致教学秩序混乱、学生上课注意力不集中、设备故障，影响正常教学。对这些问题，教师应该坚信，智慧课堂作为一种新的教学形式，仍在发展和完善之中，我们应该从发展的角度来看待它。同时，作为智慧课堂实践和实施的主导者，教师应该辩证地看待平板电脑在课堂上的优势和劣势，而不是盲目抵制新事物。教师在实践中发现新的教学方法存在问题后，不应该逃避，而要面对困难，并结合专业教育理论知识解决这些问题。事实证明，智慧课堂对教师在获取信息、批改作业和学习反馈方面确实提供了很大的帮助。将平板电脑引入课堂，对改善教师的教学、学生的学习及推动政治学科的建设都起到了很大的作用。

主要参考文献

[1]韦广玉.中学生课前预习行为中的主体建构——以中学语文为视角[J].现代语文(教学研究版),2016(05).

[2]孙峻.论建构主义理论下翻转教学模式中课前教学行为[J].中外企业家,2015(23).

[3]丛培胜.调整课前情绪规范教学行为[J].中国学校体育,2012(10).

[4]陈希梅.探索教师课前教学准备行为路径[J].福建基础教育研究,2017(01).

[5]符玲利.基于学情分析的教学活动设计[J].小学教学参考,2018(05).

[6]张伟斌,吴旋州.利用学情分析数据提升教学有效性的实践探索[J].基础教育参考,2018(23).

[7]姚艳艳.中学政治课堂教学的实效性探析[J].兵团教育学院学报,2017(04).

[8]方拥香,唐家洛,马乐.案例教学法在教学中的实践运用——以"中学政治教学论"课程教学为例[J].通化师范学院学报,2018(06).

[9]李寒梅.立足核心素养的中学政治课堂教学改进研究[J].教育参考,2018(04).

[10]李翔,李俊宇.行动研究视域下中学政治教师专业发展刍议[J].学理论,2018(08).

[11]张昕春.探析中学政治课堂教学的实效性[J].才智,2018(23).

[12]覃耀.新课改背景下中学政治教学的问题及对策研究[J].科教导刊(中旬刊),2018(Z6).

[13]杨辉祥.中学政治教学参考总是动人心魄[J].中学政治教学参考,2018(32).

[14]王洪斌.中学政治学科教学设计的七个意识[J].中学政治教学参考,2018(36).

[15]周英洁.对政治理论课教学语言的几点思考[J].文教资料,2018(11).

[16]韩一凡,刘艺娃.新时代高校思想政治理论课教学语言运用的矛盾与范式转变[J].学校党建与思想教育,2018(17).

[17]张俊敏.思想政治教育教学语言特征浅析[J].学周刊,2018(30).

[18]刘海燕.高校思政理论课教学语言的构建与评价[J].黑河学刊,2019(02).

[19]刘颖.在政治教学中如何恰当使用教学媒体[J].文教资料,2009(31).

[20]李明菊.重视政治课堂提问的艺术[J].青海教育,2009(Z1).

[21]赵鹭.新课改背景下的课堂教学变化技能[J].辽宁教育行政学院学报,2008(08).

[22]胡兴松.谈谈见教学设计教案的艺术[J].课程·教材·教法,1986(05).

[23]汪清泉.课堂教学中的强化技能及运用[J].延边教育学院学报,2005(08).

[24]郑汉明.新课程下政治教师怎么听课[J].新课程学习(中),2015(04).

[25]李明明.高三政治教学反思[J].青少年日记(教育教学研究),2012(04).

[26]崔懿琳.中学政治课堂有效提问研究[D].陕西师范大学,2014(06).

[27]吴臻.中学思想政治课情境教学的策略研究[D].华东师范大学,2010(10).

[28]刘凤.中学教师课堂讲授有效性现状与对策研究[D].湖南大学,2016(04).

[29]郑敬斌.学校思想政治教育内容体系整体构建研究[D].东北师范大学,2012(06).

[30]姚萍.高中思想政治听评课存在的问题以及对策[D].南京师范大学,2014.

[31]杨静.新课改背景下初高中政治课教学过渡问题研究[D].河南师范大学,2015(05).

[32]陈振发.新课程理念下高中思想政治课情境教学研究[D].湖北大学,2011(05).

[33]毛剑锋.思想政治课课堂观察的实践研究[D].东北师范大学,2011(05).

[34]邢凯茜.课堂观察在高中思想政治课教学中的运用研究[D].鲁东大学,2017(06).

[35]肖志明.启发式教学在高中思想政治课中的应用研究[D].华中师范大学,2008(05).

[36]干晓甜.情境教学法在高中思想政治课教学中的有效实施研究[D].西华师范大学,2016(05).

[37]胡映霞.高中思想政治教师课堂提问存在的问题及优化研究[D].华中师范大学,2018(05).

[38]舒艳.高中思想政治课教师教学反思存在的问题与对策[D].华中师范大学,2013.

[39]费金娟.高中政治微课程的开发策略与应用管理研究[D].苏州大学,2014.

[40]王燕.微课在思想政治教学中的运用研究[D].南京师范大学,2014.

[41]谭咏梅,崔立宏,庄瑞杰.思想政治(品德)教学设计与案例分析[M].北京:科学出版社,2014.

[42]王道俊,郭文安.教育学[M].北京:人民教育出版社,2017.

[43]张华,钟启泉.课程与教学论[M].上海:上海教育出版社,2018.

[44]孟庆男,马宝娟,谭咏梅.思想政治(品德)课程与教学论[M].北京:北京师范大学出版社,2011.

[45]张建文.思想政治课程与教学论[M].北京:人民出版社,2008.

[46]罗越媚.思想政治课程与教学论[M].广东:广东高等教育出版社,2013.